本书为国家社会科学基金青年项目

"列宁的社会主义观及当代启示"（06CKS001）研究成果

中国社会科学院创新工程学术出版资助项目

列宁社会主义观的当代解读

苑秀丽 著

中国社会科学出版社

图书在版编目(CIP)数据

列宁社会主义观的当代解读／苑秀丽著．—北京：中国社会科学出版社，
2016.3

ISBN 978 - 7 - 5161 - 7956 - 7

Ⅰ.①列… Ⅱ.①苑… Ⅲ.①列宁主义—科学社会主义理论—理论研究
Ⅳ.①A821.64

中国版本图书馆 CIP 数据核字（2016）第 070495 号

出 版 人　赵剑英
责任编辑　田　文
特约编辑　陈　琳
责任校对　张爱华
责任印制　王　超

出　　　版　中国社会科学出版社
社　　　址　北京鼓楼西大街甲 158 号
邮　　　编　100720
网　　　址　http://www.csspw.cn
发 行 部　010 - 84083685
门 市 部　010 - 84029450
经　　　销　新华书店及其他书店

印刷装订　三河市君旺印务有限公司
版　　　次　2016 年 3 月第 1 版
印　　　次　2016 年 3 月第 1 次印刷

开　　　本　710×1000　1/16
印　　　张　16
插　　　页　2
字　　　数　216 千字
定　　　价　59.00 元

目　　录

导　　论

　　列宁关于社会主义的理论与实践特别是新经济政策的理论与实践，对新时期中国实行改革开放具有重大现实借鉴意义，也是当代中国改革开放的重要理论依据和实践指导。这是近年来列宁晚期思想在中国受到重视的一个重要原因。人们深入研究和挖掘列宁的晚期思想，以期从中获得对改革开放事业有益的启示和宝贵的经验。列宁的社会主义观就是一个受到广泛关注的热点问题。中国学术界围绕新经济政策实施前后列宁社会主义思想的新进展、列宁晚期是否形成了新社会主义观、列宁的社会主义观与马克思的社会主义观的关系、列宁的社会主义观与邓小平的社会主义观以及中国特色社会主义观的关系等重大理论问题和现实问题展开了热烈的讨论。综观学术界的相关研究，可以看出在社会主义观的认识上，存在很多模糊的、似是而非的甚至是错误的观点，需要在理论上对这些观点加以辨析和澄清。

　　近年来，人们对"什么是社会主义"有一种说不清楚的看法。这些困惑在如何认识列宁的社会主义观与马克思主义的社会主义观上也反映出来，出现了很多新的提法和不同看法。一些人把马克思、恩格斯创立的科学社会主义理论称为"传统社会主义观"或"经典社会主义观"，把列宁的社会主义思想划分为早期和晚期两个阶段，把列宁晚期的社会主义观、邓小平的社会主义观及中国特色社会主义观都称为"新社会主义观"。"列宁晚年突破了传统社会主义观的束缚，创造出新的社会主义理论，形成了新的社会主义观"、"邓小平新社会主义观是对传统社会主义观的突破"等都是比较流行的说法。在这些新提法中，一些人认为存在着新旧两种不同的科学社会主义理论、社会主义观念。那么，列宁的社会主义观发生过从"传统社会主义观"向"新社会主义观"的根本转变吗？马克思、恩格斯创立的科学社会主义理论是"传统社会主义观"或"经典社会主义观"吗？"新社会主义观"与马克思的社会主义观是什么关系？这一系列问题事关对马克思主义基本理论的理解和坚持，需要在理论上作出科学深入的解答。

科学地理解列宁的社会主义观对当代中国意义重大。如何建设社会主义，如何巩固和发展社会主义，这个问题仍需要在实践中不断探索。社会主义建设的探索只有在坚持科学的社会主义理想信念的基础上，才能不断开拓前进。

一　关于"社会主义观"一词的说明

"社会主义观"一词是中国改革开放以来出现的提法。学术界在使用这个词时有很多种用法和含义，大体上可以划分为两大类。一类看法认为，社会主义观就是社会主义思想、社会主义理论，就是关于什么是社会主义和怎样建设社会主义的总的看法和根本观点。如由湖南师范大学出版社 2002 年出版的马克思主义社会主义观研究丛书，对马克思、恩格斯、列宁、斯大林、毛泽东、邓小平、江泽民的社会主义观一一评介，包括周仲秋的《马克思的社会主义观》，彭大成的《列宁的社会主义观》、吴家庆、蒋国海等著的《邓小平的社会主义观》等。该丛书认为："马克思主义的社会主义观是什么呢？概括地讲，就是邓小平所概括的：什么是社会主义，怎样建设社会主义。"① 该丛书还提出，

---

① 周仲秋：《马克思的社会主义观》，湖南师范大学出版社 2002 年版，第 1 页。

"马克思主义社会主义观的诞生和发展，标志着社会主义理论从空想到科学、社会主义运动从理论到现实的历史性转折。但如何对待马克思主义社会主义观，有一个如何正确对待的问题。至少要考虑三点：第一，要看到马克思主义社会主义观的普遍性。第二，要看到马克思主义社会主义观的历史性。第三，要看到马克思主义社会主义观在不同国家、不同时期运用、发展过程中的特殊性。"①

《历史演进中的马克思主义社会主义观》一书作了这样的阐述："'社会主义观'是最近时兴起来的新提法。由于'社会主义'一词在日常的用法中往往是指作为社会主义存在形态的一种社会关系体系，因而用来表达这种社会关系体系的思想学说往往被称之为社会主义观。这种新提法的着眼点在于把'社会主义'概念看作为本体概念，看作是第一性概念，即反映实在方面的概念。而与此相应，'社会主义观'则是摹本概念，是第二性概念，即反映精神方面的概念。所谓社会主义观，一般是指关于社会主义的思想体系。过去人们常用'社会主义认识'、'社会主义思想'、'社会主义学说'、'社会主义理论'等关于反映社会主义的主观形态的词语，而较少用'社会主义观'一词。随着研究的深入，人们感到用'社会主义观'更能表达'社会主义思想'、'社会主义理论'这些概念所不能表达的含义。与'社会主义思想'概念比较起来，'社会主义观'则更强调思想的系统性、理论性；与'社会主义理论'概念比较起来，'社会主义观'则强调主体性待验证性和抽象概括性。特别是当代社会主义实践处在不断的发展过程中，人们就越来越偏向选择用'社会主义观'这个词来表达思想了。在一定意义上'社会主义思想''社会主义理论'和'社会主义观'又是同一序列的概念，包含着一些共

---

① 彭大成：《列宁的社会主义观》，湖南师范大学出版社 2002 年版，第 3 页。

同的内涵。"①

　　《马克思主义社会主义观的演进》一书认为，"社会主义观是关于什么是社会主义和怎样建设社会主义的总的看法和根本观点"。"科学社会主义既是关于无产阶级革命的学说，又是关于建设社会主义和实现共产主义的学说，由于社会主义建设实践是不断发展变化的，因此，这一学说也必然会随着实践的发展而不断地得以发展丰富和完善。加之，各个国家的国情不同，发展阶段不同，因此，选择的道路和战略策略也就不尽相同，这也就出现了在不同国家以及同一个国家的不同发展阶段关于什么是社会主义以及怎样建设社会主义这个关系到社会主义建设成败问题的看法也就不一样，从而形成了不同的社会主义观。"②

　　《恩格斯晚年的社会主义观》一文指出，社会主义观，或者说社会主义学说和社会主义思想，是马克思主义的社会政治理论；它与马克思主义哲学和政治经济学是一个有机的整体，同时三者之间又具有相对独立性。③

　　总体而言，持这种观点的研究成果多以马克思、恩格斯、列宁、斯大林、毛泽东、邓小平、江泽民各位无产阶级领袖及党和国家领导人思想理论中的各个组成部分为社会主义观的内容。

　　另一类看法认为，社会主义观是关于社会主义的内在规定性、发展规律和价值追求等的总的基本的看法，但其中不同的人的认识也存在较大差异。

　　《邓小平社会主义观再探》一书认为："'社会主义观'中的'社会主义'，不是指已有的社会主义学说理论，也不是指社会主

---

① 谢钟：《历史演进中的马克思主义社会主义观》，武汉出版社 1998 年版，第33 页。
② 刘小燕：《马克思主义社会主义观的演进》，广西人民出版社 2012 年版，第1—3 页。
③ 李涛：《恩格斯晚年的社会主义观》，《马克思主义哲学论丛》2014 年第 4辑。

义运动或者具体的社会主义国家。根据马克思在《哥达纲领批判》和列宁在《国家与革命》中的思想，'社会主义'是指一种符合历史发展规律而出现的客观社会存在形态，是未来社会的第一阶段。'观'作为名词，是'看法'、'观点'之意。'社会主义观'是指认识主体关于社会主义这种社会形态的看法和观点。""所谓'社会主义观'，应是对社会主义这种社会形态的总的、基本的看法，主要是要认识社会主义社会的内在规定性、发展规律和价值追求等，解答社会主义发展中的存在论问题。"①"科学社会主义的诞生，确立了一种科学的社会主义观。它以唯物史观和剩余价值学说为理论基础，根据人类社会发展规律，揭示了社会主义的历史必然性，阐明了无产阶级及其政党是实现社会主义的物质力量，制定了无产阶级政党行动的策略原则，而且以资本主义为参照，以继承资本主义的一切文明成果、超越资本主义一切弊端为目标，对未来社会的物质前提、制度特征和价值追求作了科学预设和原则描述。"②

《"传统的社会主义观"辨析》一文认为，"马克思主义的社会主义观应是指马克思主义关于社会主义总的根本的看法，而不是个别观点，因而一般地说，它是指马克思主义科学揭示和概括的关于社会主义的本质和基本特征等方面的基本原则和基本理论，如社会主义代替资本主义的历史必然性，如生产资料公有制、按劳分配原则、共产党领导的人民政权、马克思主义居于指导地位的意识形态，以及创造高于资本主义的劳动生产率、大力发展生产力，等等"③。

我基本认同第二类观点。具体来讲，本书所讲的社会主义观是指马克思主义关于什么是社会主义的基本观点和基本原则，是

---

① 杨军：《邓小平社会主义观再探》，中国社会科学出版社 2010 年版，第 6 页。
② 同上书，第 7 页。
③ 木子、廖鹤：《"传统的社会主义观"辨析》，《教学与研究》1994 年第 6 期。

马克思、恩格斯对未来社会的物质基础、制度特征和价值追求的科学预测和设想，这些科学理论是社会主义革命和建设的思想理论指南。

二　关于列宁社会主义观和马克思主义社会主义观的一些看法

在这个问题上，学术界有很多种认识，在此，我列举一些代表性的观点。

观点一：列宁的社会主义观可以划分为早期的社会主义观和晚期的社会主义观，十月革命胜利之初，列宁受到传统社会主义观念的束缚，而在晚期，经过深刻反思和实践检验之后，不再拘泥于马克思、恩格斯的某些论断，也改变了过去对社会主义的误解、曲解和某些错误的做法，提出了新经济政策等许多有独创性的理论观点和战略举措，形成了新社会主义观。

观点二：列宁的社会主义观非常灵活，他的社会主义观实际上是从马克思、恩格斯关于社会主义的设想中一步步向后退却，逐步地向现实和实际贴近。列宁说"我们不得不承认我们对社会主义的整个看法根本改变了"所指的根本改变了的社会，是与列宁一直坚信的马克思、恩格斯设想的未来社会相对应的社会。列宁的新社会，是在实施新经济政策的基础上形成的，是以新经济政策的发展思路为前提，并沿着新经济政策的发展思路而建立的社会。"我们不得不承认我们对社会主义的整个看法根本改变了"这一命题的提出，表明列宁已经突破了马克思、恩格斯对社会主义的基本看法，初步揭示了没有经过典型的资本主义社会发展阶段的介于东西方之间的经济文化较为落后的俄国应建设什么样的社会主义的问题。列宁的新社会主义，是在直接按照马克思、恩格斯对未来社会的设想建立新社会制度的尝试遭受严重挫折之后，逐步形成的一种新的文明的社会主义制度。这种新的社会制度，既不同于资本主义制度，又有别于马克思、恩格斯设想的在主要资本主义国家取得共同胜利之后所要建立的那种理想的社会制度，是落后国家自主选择的摆脱愚昧落后走向共产主义社会的一种独特的社会制度。这种社会主义与马克思、恩格斯曾设想的未来社会存在质的差别。它不是取代资本主义之后的那种社会主义社会，而是基本上在前资本主义社会之上建立起来的跨越了资本主义制度的社会。①

观点三：列宁提出了"经验社会主义观"。所谓"经验社会主义观"，是指根据社会主义革命和建设的实际情况、实践经验去认识、判断、确定和创建社会主义，解决怎样建设社会主义的问题。这种科学的社会主义观，是列宁长期思考和探索的结果。具体来说，列宁经过了从"本本社会主义观"转变为"经验社会主义观"的曲折过程。所谓"本本社会主义观"，则是指以前人书本上的东西为出发点，根据已有的社会主义结论和模式去认识、判断、规定和创建社会主义模式及其建设的道路。②

观点四：列宁对社会主义与商品货币、市场经济关系的认识的变化，说明列宁认识到了社会主义存在商品货币关系，并且把合作制及其赖以存在的商品经济看作是与社会主义完全一致的，这是一个对社会主义看法的"根本改变"。

观点五：列宁在社会主义问题上的解放思想，就是他不囿于前人因历史条件局限而作出的个别结论，敢于在社会主义观念上冲破传统观念的束缚，突破马克思主义经典作家的有关预言和论述，得出前人没有得出的结论。③

观点六：列宁的社会主义观与马克思的社会主义观存在严重

---

①　贺瑞：《从〈论粮食税〉到〈论合作社〉看列宁发展经济的新思路》，《中共四川省委省级机关党校学报》2012 年第 3 期。

②　陈湘舸、包松、宋红颜：《列宁与邓小平社会主义观比较研究》，《毛泽东思想研究》2004 年第 1 期。

③　叶剑锋：《列宁社会主义观动态发展评析》，《湖北行政学院学报》2002 第 3 期。

分歧和对立，列宁歪曲和修正了马克思社会主义观的原意，列宁后期的社会主义观是与马克思主义无关的"实用主义"式的社会主义观。

观点七：在列宁的思想深处总有一种"纯社会主义"的先验观念在时隐时现地缠绕他。后来，列宁认识到所谓"纯社会主义"的形式是不存在的，这种观念是违背社会现实的。列宁的晚期思想是"社会主义改良思想"，列宁晚年关于社会主义改良思想的提出，表明他在经历了艰难的探索和沉痛的反思之后，终于从传统的"纯社会主义"观念的束缚中解放出来，回归感性的物质生活，从而实现了思想上的一次伟大飞跃，达到新的理论升华。①"列宁晚年对社会主义的新认识，既不是从传统的固有观念出发，也不是囿于前人的'本本'和'原理'，而是随着客观情况的变化和实践的经验教训而不断变化、创新、发展。"②

观点八：马克思未完成对什么是社会主义的认识。由于受所处时代条件的限制，马克思、恩格斯对未来社会的描述，只能是在资本主义现实的基础上进行抽象的预测和一般原则性的说明。这一事实必然决定马克思、恩格斯对未来社会的认识和把握具有不确定性，尚需后来的社会主义者在实践中进一步发展和完善。事实上，马克思和恩格斯并不认为自己的观点是最终的定论。③

观点九：马克思的社会主义观产生于 19 世纪，而现在人类社会已经进入 21 世纪，实践是不断发展的，人的认识也是不断发展的，所以对社会主义的看法也应该是不断发展的。马克思的社会主义观也是需要不断发展的，这是因为马克思对社会主义的

---

① 参见左亚文、王梅清《列宁晚年社会主义改良思想解读》，《理论探讨》2010 年第 3 期。

② 参见张喜德、张富文《列宁晚年对社会主义的新认识及其现代启示——兼论中国特色社会主义道路的科学性》，《湖湘论坛》2010 年第 1 期。

③ 晁霞：《邓小平的社会主义观：多维视角中的概念——兼论在邓小平社会主义本质论认识上的两个误区》，《西北师大学报》（社会科学版）2005 年第 3 期。

认识也是有局限性的。因此今天的人们不应该拘泥于马克思对社会主义的预测，而应该与时俱进地发展马克思的社会主义理论。

从以上列举可以看到，理论界关于马克思主义社会主义观、列宁的社会主义观存在多种认识，涉及如何科学认识马克思主义理论的基本问题、如何全面认识列宁的社会主义观、如何科学理解列宁对马克思主义的继承与发展等重大问题，应当对列宁社会主义观的多种认识进行理论上的辨析、澄清以及评判。

三　研究的理论价值和现实意义

当前学术界关于马克思主义社会主义观的各种观点的纷呈显现，显示了人们在社会主义观念上的分歧，反映出正确认识列宁的社会主义观是否发生过根本转变，列宁的社会主义观与马克思的社会主义观之间的关系，列宁的社会主义观与邓小平开创的中国特色社会主义观之间的关系，马克思的社会主义与我们今天的社会主义究竟是一种什么样的关系，以及坚持马克思主义的社会主义观在当今时代的意义，具有重要的理论价值和现实意义。

第一，我认为，当前关于列宁的社会主义观的认识存在许多似是而非甚至错误的观点，需要予以澄清和辨别。本书对列宁的社会主义观的认识和阐释，不是人云亦云，随意附和社会上流行的观点，而是潜心独立思考，发表自己的见解，期望本书的探索能够推进理论的深入。

本书将认真重读列宁的原著文本，探照其真实思想，考察其演进过程，对列宁的社会主义观作出正本清源的阐释。当前对于列宁的社会主义观的理解不够全面甚至存在偏颇，应当予以关注。虽然，国内思想界对于如何认识和评判列宁的社会主义观存在的一些分歧多属于研究中的不同认识，但也有贬低、歪曲甚至否定列宁主义的倾向。当前，一些错误思想动摇和破坏着人们的社会主义理想信念，其消极作用不能低估，这关涉中国社会主改革能否始终坚持正确的方向的重大问题，在事关马克思主义的重大原则问题上，我们必须正本清源，本书就是基于这样的思考而展开的。列宁的思想特别是后期思想着眼于无产阶级怎样巩固政权和怎样建设社会主义的根本问题，在列宁思想史上地位重要、影响深远。当时列宁面临的问题及其实践，当前和今后会不断地以新的形式出现在改革开放中的中国共产党人面前，深入研究列宁的社会主义观对中国的改革开放事业具有重要的理论价值和现实意义。

第二，近年来，"列宁晚年突破了传统社会主义观的束缚，创造出新的社会主义理论，形成了新的社会主义观"是一种常见的说法。那么，列宁的社会主义观发生过从"传统社会主义观"向"新社会主义观"的根本转变吗？马克思的社会主义观是"传统社会主义观"吗？"传统社会主义观"是束缚吗？"新社会主义观"与马克思的社会主义观是什么关系？这一系列问题事关对马克思主义基本理论的理解和坚持，需要在理论上作出科学深入的解答。

马克思关于未来社会的科学预测是社会主义革命和建设的理论指南，列宁作为现实社会主义制度的缔造者，从革命导师的构想中去探索社会主义建设的现实道路，本应是无可厚非的。但是，一些人却把列宁坚持马克思的思想称为是"传统的"、"僵化的"、"保守的"，"列宁敢于突破马克思主义的教条和框框"是常见的提法。实际上，这种认识否定了马克思主义的科学性和真理性，曲解并割裂了列宁与马克思的关系。的确，社会主义在落后的俄国首先取得革命胜利，使得现实建立的社会主义同马克思所设想的社会主义有着很大的差别，但这无损于马克思思想的科学性。列宁晚年对社会主义道路的新探索，正视这种差别，立足于现实国情，提出了全面建设社会主义的途径、手段、方式和方法，开启了落后国家建设社会主义的新思路。新经济政策的提出体现了列宁和布尔什维克党在社会主义建设方式上的新变化，而并不在于社会主义观的根本转变。列宁始终坚持和捍卫马克思关于未来社会的科学设想，向着这一目标奋力前进。

第三，辨析"传统社会主义观"与"新社会主义观"。近年来，在关于社会主义观的研究中，频繁出现了"传统社会主义观"和"新社会主义观"的提法。"传统社会主义观"，大体指的是马克思的社会主义观、列宁的早期社会主义观、斯大林的社会主义观及毛泽东的社会主义观，"新社会主义观"指的是列宁晚年的社会主义观、邓小平的社会主义观及邓小平开创的中国特色社会主义观。"列宁晚年形成了新的社会主义观"，"邓小平新社会主义观是对传统社会主义观的突破"是比较流行的说法。"传统社会主义观"与"新社会主义观"的提法，在有些人那里肯定了中国特色社会主义对马克思主义的科学继承与发展，在有些人那里却是模糊不清、似是而非的。"传统社会主义观"这个提法带有强烈的否定含义，实际上有一种"过时"、"落后"甚至"错误"的意思在里面。一些人把中国特色社会主义的"新社会主义观"与马克思主义的社会主义观对立起来，用前者来贬低或否定后者。鉴于"传统社会主义观"与"新社会主义观"提法的流行，显示出讲清楚将马克思主义的社会主义观划分为"传统社会主义观"和"新社会主义观"是否科学，中国特色社会主义的"新社会主义观"与马克思的社会主义观究竟是一种什么样的关系，列宁晚期的社会主义观是否发生过根本改变非常必要。

本书认为制造"传统社会主义观"与"新社会主义观"的对立是对马克思主义的误读。马克思、恩格斯的社会主义观反映了社会主义的一般规律和基本原则，只要是搞社会主义，无论过去、现在和将来，都必须坚持这些根本原则。没有也不能有什么"传统的"和"新的"区分。随意使用"传统的社会主义观"、"新社会主义观"这种含义模糊、不科学的概念，既不利于完整、准确地理解与把握马克思主义的社会主义观，也不能科学地说明马克思主义的社会主义观的发展，甚至会引起思想和理论上的混乱。

第四，科学认识马克思的社会主义观，辨清对它的贬低和责难。一些研究者认为，马克思的社会主义观仍然是科学的，对现实是有解释力的，不能要求马克思对后来社会主义实践中的曲折负责。但是，也有一些研究者对马克思的社会主义观进行种种责难、贬低甚至否定。比如，有研究者提出，马克思的社会主义观包含着一些不尽符合实际之处，带有一定的空想成分或曰理想主义成分，已经过时了。也有人把马克思关于社会主义社会的科学预见看作是从头脑中构造出来的一种"设想"，并认为这种"设想"早已被苏东社会主义国家的实践证明是"空想"。还有一种流传甚广的说法是认为马克思的社会主义观是空想，因为他没有预料到社会主义仍然存在商品经济，还存在多种所有制形式等；甚至还有人把坚持马克思的社会主义观斥之为"左"。总之，在一些人看来，马克思的社会主义观是过时的、错误的，这其中有盲目跟风、模糊不清，也有对马克思主义的彻底否定。

本书关注现实社会发展中的思想新动向，对于当前社会主义观问题上的各种观点进行了较为全面的了解，以马克思主义的立场、观点和方法进行分析。本书在研究中立足于列宁的思想与实践，不主观推断，不迎合现实，力求客观全面，有理有据地驳斥那种抛弃马克思的科学社会主义理论来谈发展马克思主义的错误思想。

社会主义观问题是马克思主义的基本问题，在这一问题上的似是而非甚至错误认识，搅乱了人们的思想，破坏了理论的科学性，具有极大的危害。对于在社会主义观问题上的纷乱认识，显示出讲清楚马克思的社会主义观的科学性，以及我们今天的现实社会主义与马克思的社会主义之间的关系，这将有助于消除人们对马克思主义、社会主义的种种误解，有助于人们坚定共产主义远大理想和中国特色社会主义共同理想。

四　主要内容

列宁领导俄国取得了十月社会主义革命的胜利，开辟了社会主义建设事业的新篇章，主要可以划分为三个时期：十月革命胜利初期、"战时共产主义"时期和新经济政策时期，本书将分别对这三个时期列宁的社会主义观进行解读和阐释，以期对当代中国社会主义的理论发展与实践探索有所裨益。

本书包括导论和七章。

第一章，马克思的社会主义观。

阅读马克思、恩格斯的著作，可以看到他们在《共产主义原理》、《共产党宣言》、《资本论》、《法兰西内战》、《哥达纲领批判》、《反杜林论》、《社会主义从空想到科学的发展》等著作中，对未来社会的基本规定性或基本特征作了科学的预测和描述。在马克思关于未来社会的描绘中，社会主义和共产主义是同一社会形态，是同一社会形态的两个大的发展阶段——共产主义的第一阶段和高级阶段。马克思科学论述了未来社会不同于资本主义社会的基本特征、实现共产主义的条件以及未来社会的发展阶段及发展方向等，这几方面的基本内容就是本书讲的社会主义观。马克思在物质基础、生产资料所有制、经济运行机制、分配原则、价值目标等几个方面，阐明了共产主义社会与资本主义社会截然不同的基本原则。在马克思看来，共产主义社会作为资本主义社会的代替物和对立物，作为高于和优于资本主义社会的一种社会制度，它具有一些基本的规定性或基本特征。这些基本内容构成了马克思的社会主义观。

马克思的社会主义观是建立在对资本主义生产关系及其矛盾的深刻分析基础上的，他科学揭示了人类社会发展的基本矛盾和基本规律，阐明了社会主义代替资本主义的历史必然性。马克思主义是无产阶级解放自身与解放全人类的思想指南。全面认识马克思关于未来社会的构想，正确理解马克思主义的科学性，对我们坚定共产主义理想信念具有重要意义。

第二章，列宁对未来社会的基本认识。

马克思关于未来社会的构想是列宁的理论指导和实践指南。列宁始终坚持马克思关于未来社会的科学预测，没有发生过从"传统社会主义观"向"新社会主义观"的转变。列宁只是结合现实社会主义的相对落后状态进行了建设方式的大胆探索。十月革命胜利后，苏维埃政权面临的任务是在实践上怎样具体地从资本主义过渡到社会主义。这是一个最困难的任务。列宁一方面坚定地坚持马克思的基本理论，使社会主义建设奠定在科学的理论基础上；另一方面，又立足于现实，积极探索符合实际的建设方式，解决社会主义建设面临的迫切问题。

本章概括总结了列宁关于未来社会主义的基本认识，包括列宁关于未来社会的发展阶段、关于社会主义和共产主义的区别和基本特征、共产主义是生产力高度发达的结果、关于未来社会的发展规律、关于经济落后国家社会主义建设的根本任务、经济落后国家建设社会主义的方式、关于建设社会主义的战略计划以及关于未来社会的价值目标等，从而对列宁的社会主义观建立了一个总体把握。

第三章，十月革命胜利初期列宁的社会主义观。

十月革命的胜利是坚持马克思主义理论旗帜的结果。革命胜利后，列宁及布尔什维克党继续坚持马克思的理论，坚持马克思的社会主义观，以此为指南。在建设社会主义的最初构想中，理所当然地把马克思关于未来社会的科学预测作为建设现实社会主义的蓝本和依据。在最初的社会主义改造时期，苏维埃政权实行了一系列的社会主义改造措施，包括废除土地私有制，实行土地国有化，将大工业、银行、交通、铁路、外贸、邮电、商船等国有化，掌握了国家的经济命脉，夺取了主要的经济阵地，为社会主义经济建设创造了必要的前提。

　　在实施一系列社会主义改造措施的同时，列宁以马克思的社会主义观为指导审视俄国的现实，认识到在俄国落后的现实情况下，虽然已经建立了无产阶级专政，也不可能立即实现社会主义。列宁明确指出，在苏维埃俄国实行社会主义需要两个条件：一是政治上坚持无产阶级专政；二是经济上具有高度发达的生产力。在发展生产力的道路上，苏维埃俄国还有很长的路要走。在这一时期，列宁利用1918年春短暂的和平局面，提出向社会主义渐进过渡的规划，但这一规划随着国内战争的爆发和大规模的外国武装干涉而停止。一些原来企图通过渐进的形式逐步改造旧经济的比较谨慎的政策措施，很快被更加激烈的"战时共产主义"政策所代替。

　　第四章，"战时共产主义"与列宁的社会主义观。

　　列宁一再说明实行"战时共产主义"是迫不得已的同时，承认曾试图将"战时共产主义"当作向共产主义直接过渡的捷径。"战时共产主义"政策一方面是出于战争造成的紧迫形势的需要而实行的；另一方面也与列宁及布尔什维克党当时对社会主义的认识一致，与他们的社会主义观念相吻合。"战时共产主义"体现着列宁及布尔什维克党的共产主义观念和对共产主义的真诚追求，体现着马克思关于未来社会的科学预测对列宁的深刻影响。"战时共产主义"强调在组织生产、管理和分配方面的统一，这些强制性措施短期内在获取粮食、集中生产和分配以满足前线军需供应和居民的物质供应方面取得了成效，这使列宁及布尔什维克党认为这种高度集中的管理体制是建设社会主义的最好方式，而集中程度越高便越能发挥社会主义的优越性。列宁及布尔什维克党企图直接过渡到共产主义的生产和分配。但是，现实很快显示出，把这些基本特征机械地照搬于俄国这样的经济文化落后条件下所建立的社会主义社会，理论原则与现实实践出现了尖锐的矛盾。"战时共产主义"政策对保证战争的胜利起到了重要作用，但如将其作为建设俄国社会主义的长期方针，必然因其脱离现实而遭到失败。

第五章，新经济政策与列宁的社会主义观。

新经济政策的实施巩固了新生的苏维埃政权，也引出这样一个问题：新经济政策是否标志着列宁的社会主义观的根本改变？如果孤立地、表面化地看新经济政策，就会认为列宁的社会主义观发生了根本性改变。列宁提出在一定时期内允许其他经济成分的存在和发展，改变了原来认为社会主义必须坚持公有制的观点；列宁强调不能单凭热情建设社会主义，国家利益要同个人利益相结合，反对直接实行共产主义的分配，改变了原来坚持的按劳分配思想；列宁提出利用商品市场关系，改变了未来社会应当实行计划经济的观点。事实上，这样的认识没有真正理解新经济政策，忽视和否定了列宁思想中所蕴含的理论策略和政治立场的原则性一面。探究列宁的思想，可以看到，新经济政策的实施改变的只是建设社会主义的策略和方式，改变的仅仅是如何过渡到社会主义的看法，并没有从根本上革新社会主义的观念，列宁的社会主义观并未发生根本改变。新经济政策的实质是无产阶级政权通过发展商品市场关系，改善无产阶级政权同农民的关系，通过发展非公有制经济、国家资本主义等措施，大力发展生产力，从而实现向社会主义的过渡。列宁对新经济政策的实施是坚定的，迫切的，同时对新经济政策的性质、目的及影响的认识是清醒的、全面的。列宁对新经济政策的退却性质，对商品、市场关系的性质及影响，资产阶级势力的增强一直保持清醒的认识，要完整准确地把握列宁的社会主义观。

第六章，列宁的世界革命思想折射其社会主义观。

列宁的世界革命思想是一个受到颇多关注、同时存在颇多争议的问题。本书认为，列宁关于世界革命的思想也反映出列宁的社会主义观并没有发生过改变。在列宁的一生中，在不同时期对世界革命的认识存在一些变化，但是，对世界革命的期盼却是其不变的追求。无论是十月革命胜利初期对欧洲革命的欢呼，进军波兰的尝试，和平共处时期的"韬光养晦"，还是生命晚期对亚洲革命的期盼，无不显示着列宁对世界社会主义革命胜利的热烈期盼。列宁坚持马克思的社会主义观，坚信社会主义革命是国际性的、全世界无产阶级的共同事业，他期盼世界革命在全世界的胜利。

列宁没有一刻不关心国际局势的发展，并把社会主义建设的成败与世界政治经济形势的发展紧密联系在一起，既能把握住时代的本质，对社会主义的最终胜利充满信心，更注意观察局部的变化，提醒全党在欧洲革命推迟的情况下采取符合现实的策略，以便保存自己，巩固和发展自己。列宁在生命晚期在期盼世界革命的同时，为苏维埃俄国制定了正确的发展策略，就是利用国际关系中出现的稳定局面，积极开展社会主义建设，争取建成社会主义的基础，以迎接世界革命的到来和社会主义的最终胜利。

第七章，"传统社会主义观"与"新社会主义观"评析。

本章对这种较为流行的提法进行评析。在一些人那里，"传统社会主义观"这个提法带有强烈的否定含义。但是，马克思的理论及其后继者对它的正确发展，是社会主义革命和建设的科学指南。而以其他的什么"新"的马克思主义理论为指导，那就不是我们所说的科学社会主义了。"传统社会主义观"万万不可丢弃。科学社会主义作为理论体系只有一个，在无产阶级全部完成其历史使命的过程中，这个理论都是指导，不会过时；不能因革命和建设的发展阶段的变化把它分割成"传统的"和"新的"社会主义观。

邓小平开创的中国特色社会主义观的"新"不是创立了新社会主义观，而在于认识清楚了马克思的经典社会主义与现实社会主义的异同，搞清楚了现实社会主义的历史方位与基本任务，从而使社会主义建设立足于现实基础之上。当前中国特色社会主义取得了举世瞩目的成绩，引起了各方的关注和议论。如何认识中国特色社会主义与马克思主义的关系，在理论界存在着不同认识，在一些问题的认识上还存在尖锐的对立。例如，有的人固守苏联的社会主义建设模式而认为中国是离经叛道；有的人则在为中国走上了市场经济的发展道路而欢呼的同时，把马克思的学说当作彻底失败的空想。种种分歧显示出搞不清马克思讲的社会主义与现实中的社会主义之间的关系，无助于理解马克思社会主义观的科学性，相反还会造成社会主义观的多元化和随意性，各讲各的社会主义。

中国特色社会主义的伟大成功，显示了各国走向社会主义的具体道路和各国社会主义的实践形式应当结合各国的实际实事求是地进行理论和实践的探索。但在当前社会主义观上的割裂与分歧仍然警示我们，科学理解马克思、恩格斯关于未来社会的科学预测与现实社会主义的关系，是关涉能否始终坚持科学社会主义发展道路、发展方向的重大问题。近年来关于社会主义观的争论，显示出对马克思有关理论的不同理解，这一争论的背景是现实社会主义与马克思讲的社会主义不相一致的问题。在现实社会主义建设的漫长征途中，这将始终是一个重要问题，马克思主义者应当始终保持警醒。

第一章　马克思的社会主义观

19世纪40年代，英国、法国等西欧资本主义国家产业革命的完成，社会生产力的大发展，资本主义制度基本矛盾的日益暴露，无产阶级反对资产阶级的阶级斗争和独立工人运动的崛起，自然科学和社会科学的突破，为社会主义从空想发展为科学提供了较为全面的客观条件。马克思和恩格斯在参加阶级斗争、工人运动和科学研究的基础上，通过对人类社会发展一般规律的考察，特别是对资本主义社会发展规律的考察，得出资本主义必然灭亡，社会主义必然胜利，揭示出人类社会的未来走向是实现共产主义。当马克思发现了人类历史发展的客观规律之时，也就揭示了人类社会发展的共产主义的目标。他们科学论述了未来共产主义社会不同于资本主义社会的基本特征，这些内容构成了含义明确的马克思的社会主义观。

一　马克思的"社会主义"和"共产主义"二词的使用情况

"把社会主义和共产主义二词作为未来取代资本主义的理想社会的名称，起源于19世纪30年代英、法两国的空想社会主义者和空想共产主义者。他们在使用这二词时大体上含义相同，但是又有一些差别。'社会主义'主要在社会中上层、在知识界流行较多，含义较为宽泛；'共产主义'主要在社会下层、在工人中传播更广，意为公共、财产公有。马克思、恩格斯是在1842—1844年间由革命民主主义者转变为科学社会主义者、科学共产主义者。因此，社会主义、共产主义二词也是从1842、1843年起才开始先后出现在他们的著述中。"① 马克思对当时流行的社会主义和共产主义思潮非常关注，但他们并不赞同。在马克思那里，"社会主义"和"共产主义"的使用是存在很大变化的。起初，马克思多用"共产主义"一词来表达自己的思想。恩格斯在为《共产党宣言》写的《1888年英文版序言》和《1890年德文版序言》等著作中作了说明。"在1847年，所谓社会主义者，一方面是指各种空想主义体系的信徒，即英国的欧文派和法国的傅立叶派，这两个流派都已经降到纯粹宗派的地位，并在逐步走向灭亡；另一方面是指形形色色的社会庸医，他们凭着各种各样的补缀办法，自称要消除一切社会弊病而毫不危及资本和利润，这两种人都是站在工人阶级运动以外，宁愿向'有教养的'阶级寻求支持。只有工人阶级中确信单纯政治变革还不够而公开表明必须根本改造全部社会的那一部分人，只有他们当时把自己叫作共产主义者。""可见，在1847年，社会主义是中等阶级的运动，而共产主义则是工人阶级的运动。当时，社会主义，至少在大陆上，是'上流社会的'，而共产主义却恰恰相反。既然我们自始就认定'工人阶级的解放应当是工人阶级自己的事情'，那么，在这两个名称中间我们应当选择哪一个，就是毫无疑义的了。而且后来我们也没有想到要把这个名称抛弃。"②

马克思和恩格斯在一些著作中使用和评论过当时的社会主义和共产主义。比如在马克思1842年10月15日的《共产主义和

---

① 高放：《也谈马克思主义经典著作中未来社会名称的历史演变》，《理论视野》1999年第6期。

② 《马克思恩格斯选集》第1卷，人民出版社1995年版，第256—257页。

奥格斯堡"总汇报"》、《1844 年经济学哲学手稿》，恩格斯 1843
年 5—6 月间写的《伦敦来信》、1845 年的《在爱北裴特的演说》
中。他们反对对共产主义简单化的理解。1848 年欧洲革命失败
后，到 60 年代初，欧洲工人运动和民主运动再次高涨。当时工
人中的各种社会主义流派众多，马克思和恩格斯也开始较多地使
用社会主义一词。在《资本论》、《哥达纲领批判》等著作中，
马克思使用的还是共产主义这个概念，一是为了同当时其他各种
社会主义流派相区别，二是为了强调无产阶级革命不同于以往的
彻底的社会革命的性质。19 世纪 70 年代以后，马克思、恩格斯
开始较多地使用"社会主义"。恩格斯在《反杜林论》一书中指
出：完成从必然王国进入自由王国的飞跃，"完成这一解放世界
的事业，是现代无产阶级的历史使命。深入考察这一事业的历史
条件以及这一事业的性质本身，从而使负有使命完成这一事业的
今天受压迫的阶级认识到自己的行动的条件和性质，这就是无产
阶级运动的理论表现即科学社会主义的任务"①。马克思、恩格
斯曾表达过之所以使用"科学社会主义"主要是为了与空想社会
主义相区分。恩格斯指出了科学社会主义理论基础："必须从大
工业的历史中，从它目前的现实状况中，特别是从那个成为大工
业发源地并唯一地使大工业获得典型发展的国家中，去了解真正
的大工业；这样就不会想到要把现代科学社会主义浅薄化，并把
它降低为杜林先生的独特的普鲁士的社会主义。"② 在他们那里，
"社会主义"和"共产主义"在描述他们所预测的未来社会时含
义基本一样。只是在《哥达纲领批判》中，马克思对社会主义和
共产主义进行了较为系统的论述并阐述它们的特征。1880 年恩
格斯写作《社会主义从空想到科学的发展》一书后，"科学社会
主义"开始广为流传。正是在唯物史观的基础上，马克思、恩格

---

① 《马克思恩格斯选集》第 3 卷，人民出版社 1995 年版，第 634 页。
② 同上书，第 648 页。

斯使社会主义、共产主义有了全新的内涵，成为指导无产阶级革命的科学理论。

现在我们使用社会主义与共产主义这两个词语，二者的区别还是很明显的，但是"在马克思恩格斯那里，社会主义、共产主义这两个概念是作为同义词使用的，只有在评述早期社会主义、共产主义思想时他们才加以区别"①。很多研究者持相同看法。有研究者这样说道："社会主义社会和共产主义社会这两个名称，有时加以区分，指明它们在未来社会中所处的不同阶段或实现未来社会中所起的不同作用；有时又不加区分，即社会主义社会就是共产主义社会，共产主义社会也就是社会主义社会，这两个名称指的是同一种社会；在对两个名称加以区分时，有时共产主义社会在社会主义社会之前，而不像我们现在这样把社会主义社会放在共产主义社会之前；还有时只把未来社会称为共产主义社会而不称为社会主义社会，又有时只把未来社会称为社会主义社会而不称为共产主义社会。""社会主义社会和共产主义社会这两个名称所标示的社会基本特征就没有区别了。"② 我也持类似认识。马克思、恩格斯适应不同的语境使用了社会主义、共产主义和未来社会三个名词，其中所指的含义在很多时候并没有本质区别。"马克思就把代替资本主义的未来社会，既称为社会主义社会，又称为共产主义社会，社会主义社会和共产主义社会这两个名称所反映的社会发展阶段就没有区别了，换句话说，社会主义社会和共产主义社会指的是同一个代替资本主义社会的未来新社会。"③ 在本书的使用中，也是出于使用习惯，在不同的语境中

---

① 秦刚：《社会主义、共产主义概念的源流梳理》，《科学社会主义》2015 年第5 期。

② 赵家祥：《马克思恩格斯对未来社会基本特征的设想》，《马克思主义与现实》2014 年第6 期。

③ 赵家祥：《准确把握马恩著作中未来社会名称的含义》，《北京大学学报》2001 年第1 期。

使用了社会主义、共产主义和未来社会这三个词语。

二　马克思社会主义观的基本内容

马克思、恩格斯主要在《德意志意识形态》、《共产主义原理》、《共产党宣言》、《资本论》、《法兰西内战》、《哥达纲领批判》、《反杜林论》、《论住宅问题》、《社会主义从空想到科学的发展》等著作中，通过对资本主义基本矛盾及发展趋势的科学分析，对于未来社会的基本规定性或基本特征作了科学的预测和设想。马克思曾指出，恩格斯是当代社会主义最杰出的代表人物之一，他在 1844 年发表的《政治经济学批判大纲》中"已经表述了科学社会主义的某些一般原则"①。恩格斯的《反杜林论》中关于社会主义的理论是"科学社会主义的入门"②。马克思、恩格斯在物质基础、生产资料所有制、经济运行机制、分配原则、价值目标等方面，阐明了共产主义社会与资本主义社会截然不同的基本原则。在马克思、恩格斯看来，共产主义社会作为资本主义社会的代替物和对立物，作为高于和优于资本主义社会的一种社会制度，它具有一些基本的规定性或基本特征；这些基本内容构成了马克思、恩格斯的社会主义观。马克思主义是无产阶级解放自身与解放全人类的思想指南。全面认识马克思关于未来社会的构想，正确理解马克思主义的科学性，对我们坚定共产主义理想信念具有重要意义。

《德意志意识形态》概述了未来共产主义社会的基本特征：私有制将消灭；社会的阶级划分和阶级统治将消失；随着阶级和分工的消灭，城乡对立、脑力劳动和体力劳动的对立也将消灭；劳动将变成自由人的真正的自主活动；个人的才能将得到全面发

---

① 《马克思恩格斯选集》第 3 卷，人民出版社 1995 年版，第 687 页。
② 同上书，第 689 页。

展。马克思主要在《哥达纲领批判》中分别论述了共产主义社会第一阶段和共产主义社会高级阶段的基本特征。在很多时候他们都是将未来社会作为一个整体来阐述其基本特征的。

第一，生产力高度发达。

社会生产力的高度发展，既是共产主义社会实现的必要条件，也是共产主义社会本身的重要特征。在马克思看来，生产力是社会发展的决定力量。生产力的发展在推动社会变革和社会形态更替中起根本作用。生产力和生产关系的矛盾运动推动着人类社会的发展和社会形态的更替。在资产阶级社会的胎胞里发展的生产力同时又创造着解决这种对抗的物质条件。"资本主义生产一方面神奇地发展了社会的生产力，但是另一方面，也表现出它同自己所产生的社会生产力本身是不相容的。它的历史今后只是对抗、危机、冲突和灾难的历史。结果，资本主义生产向一切人（除了因自身利益而瞎了眼的人）表明了它的纯粹的暂时性。"[①]资产阶级生产方式既孕育和推动了现代生产力的发展，最终资本主义又不能适应现代生产力发展的本性了。

大工业不仅是资本主义社会产生一切对抗的根源，它也是解决这些对抗所必需的物质条件和精神条件的创造者。在资本主义生产方式内部所造成的、它自己不再能驾驭的，大量的生产力，正在等待着为了有计划地工作而组织起来的社会去占有，以便保证而且是以不断增长的规模来保证全体社会成员都有生存和自由发展其才能的手段。生产力的高度发展是未来社会的基础。"只有通过大工业所达到的生产力的大大提高，才有可能把劳动无例外地分配于一切社会成员，从而把每个人的劳动时间大大缩短，使一切人都有足够的自由时间来参加社会的理论的和实际的公共事务。"[②] 实现共产主义的重要前提之一是生产力的巨大增长和

---

① 《马克思恩格斯全集》第 19 卷，人民出版社 1963 年版，第 443 页。
② 《马克思恩格斯选集》第 3 卷，人民出版社 1995 年版，第 525 页。

高度发展，因为"如果没有这种发展，那就只会有贫穷、极端贫困的普遍化；而在极端贫困的情况下，必须重新开始争取必需品的斗争，全部陈腐污浊的东西又要死灰复燃"①。

空论的社会主义者不懂得这一历史规律，他们看不到社会的物质条件的根本性作用而必然走向空想。马克思指出了空论社会主义的局限。"空论的社会主义实质上只是把现代社会理想化，描绘出一幅没有阴暗面的现代社会的图画，并且不顾这个社会的现实而力求实现自己的理想。"② 他们虽然在批判现存社会时明确地描述了社会运动的目的，废除雇佣劳动制度及其一切实际阶级统治的经济条件，但是他们既不能在社会本身中找到改造它的物质条件，也不能在工人阶级身上找到运动的有组织的力量和对运动的认识。马克思认为，人的解放不是依靠自我意识，只有在现实的世界中并使用现实的手段才能实现真正的解放；"没有蒸汽机和珍妮走锭精纺机就不能消灭奴隶制；没有改良的农业就不能消灭农奴制；当人们还不能使自己的吃喝住穿在质和量方面得到充分保证的时候，人们就根本不能获得解放"③。

第二，消灭私有制，生产资料归全社会所有。

在马克思、恩格斯的著作中，关于"公有制"有许多表述，如"财产共有"、"公有"、"社会所有"、"社会个人所有"、"全部生产集中在联合起来的个人手里"，等等。他们认为，共产党人可以用一句话把自己的理论概括起来：消灭私有制。马克思设想有一个自由人的联合体，他们用公共的生产资料进行劳动，并且自觉地把他们许多个人劳动力当作一个社会劳动力来使用。马克思认为，土地国有化将彻底改变劳动和资本的关系，并最终完全消灭工业和农业中的资本主义的生产。"只有到那时，阶级差

---

① 《马克思恩格斯选集》第1卷，人民出版社1995年版，第86页。
② 同上书，第461—462页。
③ 同上书，第74页。

别和各种特权才会随着它们赖以存在的经济基础一同消失。靠他人的劳动而生活将成为往事。与社会相对立的政府或国家将不复存在！农业、矿业、工业，总之，一切生产部门将用最合理的方式逐渐组织起来。生产资料的全国性的集中将成为由自由平等的生产者的各联合体所构成的社会的全国性的基础，这些生产者将按照共同的合理的计划进行社会劳动。"①

马克思认为，建立在一定生产力基础上的社会经济关系，是社会其他关系的基础。生产关系的性质和形式是区分各种社会经济形态的重要依据。生产关系包括所有制关系、分配关系等，其中所有制关系是表征一个社会的质的规定性的基本内容。所有制关系决定着人们在生产中的关系，决定着交换关系和分配关系，进而决定了阶级和社会属性。共产主义革命是要废除私有制、消灭任何阶级的统治和阶级本身。马克思指出，未来社会的基本经济关系是建立在生产力高度发达基础上的生产资料公有制，生产资料全社会所有。马克思把所有制问题即消灭私有制代之以公有制作为无产阶级解放运动的基本问题。

马克思将公有制的建立奠定在科学的基础之上，私有制的废除不是人们想象的结果，"大工业和机器设备、交通工具、世界贸易发展的巨大规模使这一切越来越不可能为个别资本家所利用，因为日益加剧的世界市场危机在这方面提供了最有力的证明，因为现代生产方式和交换方式下的生产力和交换手段日益超出了个人交换和私有财产的范围，总之，因为工业、农业、交换的共同管理将成为工业、农业和交换本身的物质必然性的日子日益逼近，所以，私有财产一定要被废除"②。马克思指出，把作为无产阶级解放条件的废除私有财产同这种废除本身的条件分离开来，如果把废除私有财产置于同现实世界的一切联系之外，作

① 《马克思恩格斯选集》第 3 卷，人民出版社 1995 年版，第 129—130 页。
② 《马克思恩格斯选集》第 1 卷，人民出版社 1995 年版，第 211 页。

为臆想，那么，这种废除就成了纯粹的空谈，才是在追求空中楼阁。

第三，社会生产将有计划地进行。

马克思深刻考察了资本主义经济运行方式的一般特点和弊端，科学地论证了未来社会经济运行方式的本质内容，论述了在未来的社会制度中没有商品和货币交换，实行有计划的生产。恩格斯在《反杜林论》中指出："一旦社会占有了生产资料，商品生产就将被消除，而产品对生产者的统治也将随之消除。社会生产内部的无政府状态将为有计划的自觉的组织所代替。"①

经济运行方式是社会基本经济关系的实现形式和途径。按照马克思的设想，在共同占有生产资料的社会里，整个社会成为一个经济主体，所有的生产、分配、消费都在这个经济主体内部完成。无论是生产资料的流动，还是产品的流动，都不发生所有权的变更，因而不需要经过商品和货币的形式。商品生产、商品交换和货币关系将被消灭。在这个新的社会组织里，由整个社会按照确定的计划和社会全体成员的需要来运转。"在一个集体的、以生产资料公有为基础的社会中，生产者不交换自己的产品；用在产品上的劳动，在这里也不表现为这些产品的价值，不表现为这些产品所具有的某种物的属性，因为这时，同资本主义社会相反，个人的劳动不再经过迂回曲折的道路，而是直接作为总劳动的组成部分存在着。"②

共产主义社会的生产将按照全社会的需要，有计划地组织整个社会的生产。只有按照一个统一的大的计划协调地配置自己的生产力的社会，才能使工业在全国分布得最适合于它自身的发展和其他生产要素的保持或发展。马克思认为，等一切生产部门逐渐地用最合理的方式组织起来，实行了真正完全的计划生产，商

① 《马克思恩格斯选集》第3卷，人民出版社1995年版，第633页。
② 同上书，第303页。

品生产就成为多余的了。马克思无情地批判过蒲鲁东、杜林的小资产阶级的社会主义观，他们虽然批判资本主义、批判资本主义剥削，却企图永远保留商品生产。有学者进行了这样的评论："在马克思恩格斯看来，资本主义商品生产是从劳动者能够得到其创造的价值、能够实现其商品所有权的小商品生产发展而来的，又要永远保留商品生产，又不想要资本主义这个结果，是办不到的。""我们也有同样的理由，对那种不把现实社会主义中的商品生产看作是一个阶段，而认为商品生产万世不灭，与社会主义—共产主义永远'共存共荣'的观点不能不感到惊讶！在马克思恩格斯那里，消灭商品生产是在'共产主义社会第一阶段'就已经实现了的。社会所有制消灭了商品生产的基础，个人劳动直接作为社会总劳动的组成部分存在着，劳动也就不再表现为价值。"① 我认为应当这样理解。

第四，实现从按劳分配走向按需分配。

马克思认为，根据生产力的发展水平，未来的共产主义社会的分配将经历两个发展阶段，逐步从按劳分配向按需分配过渡。在《哥达纲领批判》中，马克思在分析社会主义的特征时指出，它是刚刚从资本主义社会中产生出来的，因此它在各方面在经济道德和精神方面还带着它脱胎出来的那个旧社会的痕迹。基于这个状况，社会只能实行各尽所能、按劳分配。对于劳动者来说他以一种形式给予社会的劳动量又以另一种形式领回来。马克思分析说，由于赡养人口的多寡，个人能力的高低，实行按劳分配，仍然会导致富裕程度的差异，那么能不能把按劳分配改为按需分配呢？不能。"这些弊病，在经过长久阵痛刚刚从资本主义社会产生出来的共产主义社会第一阶段，是不可避免的。权利决不能超出社会的经济结构以及由经济结构制约的社会的文化发展。"②

---

① 智效和：《辨正马克思的社会主义观》，《经济科学》2002 年第 4 期。
② 《马克思恩格斯选集》第 3 卷，人民出版社 1995 年版，第 305 页。

马克思预测："在共产主义社会高级阶段，在迫使个人奴隶般地服从分工的情形已经消失，从而脑力劳动和体力劳动的对立也随之消失之后；在劳动已经不仅仅是谋生的手段，而且本身成了生活的第一需要之后；在随着个人的全面发展，他们的生产力也增长起来，而集体财富的一切源泉都充分涌流之后，——只有在那个时候，才能完全超出资产阶级权利的狭隘眼界，社会才能在自己的旗帜上写上：各尽所能，按需分配！"① 马克思不是仅围绕分配谈分配，而是把分配与生产联系起来，用生产及其发展来说明分配。这就使各尽所能、按需分配建立在历史唯物主义基础上。

第五，阶级、国家将彻底消亡。

生产力的高度发展和生产资料归全社会所有，是消灭阶级和阶级差别的前提。恩格斯在《论住宅问题》中批判了"阶级永恒"："人的劳动生产力既然已发展到这样高的水平，统治阶级存在的任何借口便都被打破了。为阶级差别辩护的最新理由总是说：一定要有一个阶级无须为生产每天的生活必需品操劳，以便有时间为社会从事脑力劳动。这种废话在此以前曾有其充分的历史合理性，而现在被近百年来的工业革命一下子永远根除了。统治阶级的存在，日益成为工业生产力发展的障碍，同样也日益成为科学和艺术发展，特别是文明社交方式发展的障碍。"② 无产阶级通过革命推翻资产阶级的统治使自己成为统治阶级，并以统治阶级的力量消灭旧的生产关系，而它在消灭这种生产关系的同时，就消灭了阶级对立和阶级本身的存在条件，从而消灭了它自己这个阶级的统治，从而也就消灭了一切阶级和阶级差别。

共产主义社会的高级阶段还有一个重要特征，即国家完全消亡。马克思认为，国家是一个历史范畴，它不是从来就有，也不

---

① 《马克思恩格斯选集》第3卷，人民出版社1995年版，第305—306页。
② 同上书，第150—151页。

会永世长存。"阶级不可避免地要消失，正如它们从前不可避免地产生一样。随着阶级的消失，国家也不可避免地要消失。在生产者自由平等的联合体的基础上按新方式来组织生产的社会，将把全部国家机器放到它应该去的地方，即放到古物陈列馆去，同纺车和青铜斧陈列在一起。"① 恩格斯在1875年3月给奥·倍倍尔的信中批判哥达纲领所谓"自由的人民国家"的荒谬观点时，再一次肯定了马克思在《哲学的贫困》、《共产党宣言》中对国家的认识，"随着社会主义社会制度的建立，国家就会自行解体和消失。既然国家只是在斗争中、在革命中用来对敌人实行暴力镇压的一种暂时的设施，那么，说自由的人民国家，就纯粹是无稽之谈了：当无产阶级还需要国家的时候，它需要国家不是为了自由，而是为了镇压自己的敌人，一到有可能谈自由的时候，国家本身就不再存在了"②。

马克思认为，人类进入未来共产主义社会，国家将不存在。这是因为，阶级消灭了，国家的政治职能和阶级压迫工具性质也将不再存在，国家的社会职能将失去其政治性质，只具有社会管理职能，国家作为阶级压迫的工具将消亡。到了共产主义的高级阶段，国家就完全消亡了，而代之以社会管理机构。在马克思看来，国家消亡是必然的，但也是一个长期的过程。无产阶级专政的建立开启了国家消亡的进程，但国家的彻底消亡只能在共产主义社会。

第六，实现了人的全面而自由的发展。

马克思预测，随着生产资料公有关系的确立，社会生产力的巨大发展和每个人共产主义觉悟、科学文化水平的提高，工农之间、城乡之间、脑力劳动和体力劳动之间的差别将逐步被消灭，每个人从被迫奴隶般服从的社会分工的束缚中解脱出来，从而得

---

① 《马克思恩格斯选集》第4卷，人民出版社1995年版，第174页。
② 《马克思恩格斯选集》第3卷，人民出版社1995年版，第324页。

到全面而自由的发展。马克思认为，由于阶级差别在发展进程中消失在全部生产集中在联合起来的个人手里，这时的公共权力就失去了政治性质，原来资本主义社会中的一个阶级压迫另一个阶级的暴力机构就失去了存在的根据，而代替那存在着阶级和阶级对立的资产阶级旧社会的，将是这样一个联合体，在那里，每个人的自由发展是一切人的自由发展的条件。

马克思肯定了生产力发展的根本作用，"正是由于这种工业革命，人的劳动生产力才达到了相当高的水平，以致在人类历史上破天荒第一次创造了这样的可能性：在所有的人实行明智分工的条件下，不仅生产的东西可以满足全体社会成员丰裕的消费和造成充足的储备，而且使每个人都有充分的闲暇时间去获得历史上遗留下来的文化——科学、艺术、社交方式等等——中一切真正有价值的东西；并且不仅是去获得，而且还要把这一切从统治阶级的独占品变成全社会的共同财富并加以进一步发展"①。在共产主义社会中，个人的独创和自由的发展不再是一句空话，个人会在艺术、科学等方面得到发展，公共利益和个人利益已没有什么差别，社会的每一个成员都能完全自由地发展和发挥他的全部才能和力量，并且不会因此而危及这个社会的基本条件。"在共产主义社会里，任何人都没有特殊的活动范围，而是都可以在任何部门内发展，社会调节着整个生产，因而使我有可能随自己的兴趣今天干这事，明天干那事，上午打猎，下午捕鱼，傍晚从事畜牧，晚饭后从事批判，这样就不会使我老是一个猎人、渔夫、牧人或批判者。"②

马克思关于未来社会的预测是科学的预测。对此，列宁在《国家与革命》中的话语作了很好的阐释："马克思的这些解释的伟大意义，就在于他在这里也彻底地运用了唯物主义辩证法，

---

① 《马克思恩格斯选集》第 3 卷，人民出版社 1995 年版，第 150 页。
② 《马克思恩格斯选集》第 1 卷，人民出版社 1995 年版，第 85 页。

即发展学说，把共产主义看成是从资本主义中发展出来的。马克思没有经院式地臆造和'虚构'种种定义，没有从事毫无意义的字面上的争论（什么是社会主义，什么是共产主义），而是分析了可以称为共产主义在经济上成熟程度的两个阶段的东西。"① 综观马克思关于共产主义的学说，可以看到，共产主义是现实运动，是社会制度也是价值理想。马克思认为，共产主义是用实际手段来追求实际目的的最实际的运动。共产主义是现实运动是指，共产主义并不是在未来才实现的东西，不是一个遥远的理想，共产主义是社会发展的过程与未来。"共产主义对我们来说不是应当确立的状况，不是现实应当与之相适应的理想。我们所称为共产主义的是那种消灭现存状况的现实的运动。这个运动的条件是由现有的前提产生的。"② 共产主义是一种社会制度，它与资本主义制度有原则的区别。共产主义是价值理想，是人类实现人的全面而自由的发展的理想阶段。我们要坚持马克思的社会主义观，在社会主义建设的征程中一步一步走向共产主义的未来。

三　正确理解和坚持马克思的社会主义观

当前马克思的社会主义观受到了歪曲甚至否定。有人将马克思的社会主义观称为"过时的"、"传统的"社会主义观；有人将共产主义称为是"空想"、是"乌托邦"；有人认为"什么是社会主义"根本说不清楚。我们应当关注这些错误的认识，予以辨析批驳，坚定人们对共产主义的理想信念。

---

① 《列宁选集》第 3 卷，人民出版社 1995 年版，第 200 页。
② 《马克思恩格斯选集》第 1 卷，人民出版社 1995 年版，第 87 页。

（一）反对"空想论"，捍卫马克思社会主义观的科学性

对马克思社会主义观理解的典型错误是"乌托邦论"或者"空想论"。这种观点认为，马克思没有明确讲什么是社会主义，他们的理论缺乏实际基础，他们借助思辨和逻辑，对社会主义的本质特征作了预测和设想。未来的社会主义社会到底是什么样子，怎样建成这样的社会，只是一种推测、空想。

这种错误认识否定了马克思社会主义观的科学性。马克思关于未来社会的科学预见不是主观设计或设想，不是凭空设想的社会理想，而是对人类社会发展的历史规律的客观概括，马克思社会主义观的科学性是不容置疑的。马克思在 1843 年 9 月写给卢格的信中就提出，他不主张竖起任何教条主义的旗帜，"我们不是教条地以新原理面向世界：真理在这里，下跪吧！我们是从世界的原理中为世界阐发新原理"①。马克思在深入探究人类社会发展的客观历史过程的基础上，揭示了未来社会实现的物质和社会条件，使共产主义运动从构建一种新社会的幻想，走向了从空想到科学的转变。

马克思关于未来社会的设想建立在对人类社会发展规律的深入考察和科学概括基础上，"马克思的全部理论，就是运用最彻底、最完整、最周密、内容最丰富的发展论去考察现代资本主义。自然，他也就要运用这个理论去考察资本主义的即将到来的崩溃和未来共产主义的未来的发展"②。马克思揭示了资本主义的基本矛盾，阐明资本主义所有制越来越不能驾驭以社会化生产为特征的生产力，社会化生产最终走向生产的社会占有，从而导致商品生产的消亡，导致阶级和国家的消亡。唯物主义历史观和剩余价值这两大发现，使社会主义从空想变成了科学，科学社会

---

① 《马克思恩格斯文集》第 10 卷，人民出版社 2009 年版，第 9 页。
② 《列宁专题文集·论社会主义》，人民出版社 2009 年版，第 25 页。

主义同形形色色的社会主义划清了界限。"共产主义的崇高目标不是马克思凭空提出来的,它依据的是不依人的意志为转移的客观发展规律,当马克思发现了人类历史发展的客观规律之时,也就揭示了人类的共产主义崇高目标。必须明确,共产主义的崇高目标是'客观'存在的,它是社会矛盾首先是社会基本矛盾合乎规律地运动发展的必然结果。如前所述,生产力和生产关系之间存在着内在的本质的必然的联系。马克思的唯物史观把社会发展中的这种必然联系称作生产关系一定要适合生产力状况的客观规律,根据这一规律,人类最终走向共产主义是不可避免的,因为生产力总有一天会发展到这样一种程度:唯有共产主义的生产关系才能适合它的状况。共产主义的必然性存在于生产力和生产关系的矛盾运动之中。在唯物史观产生之前,人们对这个规律基本上是没有认识的,即使谈到'大同世界',那也只是空想的臆测。唯物史观产生以后,由于人们从社会发展的必然趋势来认识共产主义的崇高目标,从而对共产主义追求才真正变得科学、理性、现实。"[①]

列宁在 19 世纪初批判自由民粹主义对马克思主义的攻击时阐述和肯定了马克思共产主义学说的科学性。自由民粹主义认为,马克思主义之所以能在工人中广泛传播,不是因为它具有科学性,而是因为它答应给工人们美好的"未来的远景"。列宁指出,只有空想社会主义才极详细地描绘未来的社会,想以这种制度的美景吸引人类,而马克思靠的是科学地分析现代资产阶级制度,说明在这个制度下剥削的必然性,探讨这个制度的发展规律,研究它的发展趋势,"社会主义学说正是在它抛弃了关于合乎人的本性的社会条件的议论,而着手唯物主义地分析现代社会关系并说明现在剥削制度的必然性的时候取得成就的"[②]。

---

①　陈学明:《唯物史观与共产主义信念》,《浙江学刊》2006 年第 3 期。

②　《列宁全集》第 1 卷,人民出版社 1984 年版,第 155 页。

现实社会主义社会的建立与马克思设想的未来社会有着很大的区别。我们既要反对教条主义地生搬硬套马克思主义基本原理，也反对简单对照现实状况从而对马克思社会主义观的否定。我们也不能因为现实社会主义仍然处于初级阶段就认为共产主义很渺茫，就认为它是空想。"尽管共产主义离开我们当前是那么遥远，尽管共产主义的实现不是一朝一夕之功，但共产主义决不是什么虚无缥缈的、可望而不可及的东西，它是客观存在的人类社会的发展目标。共产主义是从现实中发展出来的一种合理的社会制度，是人类最崇高的理想。"① 马克思主义并不是要求人们对它的信仰，而是它以自身的科学性赢得了人们对它的真诚信仰与自觉捍卫。

（二）反对"实践论"，坚定对马克思主义社会主义观的认同

一些人从实践是不断发展的论断出发否定马克思的社会主义观。他们认为，从马克思主义经典作家的文本中界定社会主义，而不是立足当前的实践界定社会主义，是一种从理论、从原则出发的僵化的、教条的、传统的社会主义观。马克思的传统社会主义观脱离中国实际，社会主义存在于实践当中，而实践又是不断发展变动的，因此，无法界定什么是社会主义，关于什么是社会主义不可能有一个完备的定义。社会主义只能从实践中去体会，从原则上阐述社会主义毫无意义。这种错误观点可以称为"实践论"。这种观点实际上否认了社会主义的质的规定性，否认了马克思关于未来社会的科学设想。这种否定具有极大危害。"改革开放以来，我们经常可以看到，一讲发展马克思主义，就有人想否定某个马克思主义基本原理，说它是空想，或说它过时了。打着理论创新的旗号，否定马克思主义的一些基本原理，成为一种

---

① 陈学明：《唯物史观与共产主义信念》，《浙江学刊》2006 年第 3 期。

时髦。这是十分危险的，会毁灭整个马克思主义。"①

以实践是不断发展变化的来否定社会主义的本质特征和基本原则，否定马克思的社会主义观，是错误的。任何一种社会制度都有自己的本质属性和基本原则，社会主义与资本主义也不例外，它们的本质属性和基本原则使它们成为两种根本不同的社会制度。而且，实践就是没有目标，没有方向吗？这些人眼中的实践是什么呢？没有任何方向、目标？社会主义实践中是可以不用理会生产资料所有制是私有制还是公有制，不用理会社会分配是按资分配还是按需分配，不用理会社会发展是实现少数人的发展还是每个人自由而全面的发展吗？社会发展必然要作出发展方向和发展道路的选择的。

可以看到，中国的改革开放是存在方向选择的，特别是进入新世纪新阶段，改革方向之争一度甚嚣尘上。中国应该向什么方向去？改革应该走什么道路、实现什么目标？一度成为引起各种力量、各种思潮分歧争论的焦点。有的人全面否定改革开放，认为应该回到过去；有的人贬低、诋毁马克思主义，把改革的矛头指向社会主义基本制度，否定和抛弃社会主义基本制度，要求中国全盘西化；有的人攻击中国共产党、虚无中国近现代的历史，思想混乱。

为什么会出现这样尖锐的争论呢？若实践是无方向的、自行发展的，为什么不同的思想都想影响中国的发展道路的选择呢？实践必然是有方向的。那么，中国特色社会主义建设实践到底应该举什么旗、走什么路呢？习近平总书记明确指出：科学社会主义基本原则不能丢，丢了就不是社会主义。这是一个十分重要的论断。在社会主义建设的漫长征途中，必须坚持共产主义远大目标同当前实践的统一，坚定的共产主义信念同灵活的实践策略的

---

① 周新城：《关于怎样理解马克思主义的几个问题》，《思想教育研究》2015 年第 8 期。

辩证统一，共产主义才能最终实现。

苏联和中国在社会主义建设的历史上曾经犯过片面追求理想而超越阶段的错误，教训是深刻的、沉痛的，但是当前否定、抛弃共产主义理想和最终目标对社会主义事业同样是危险的。什么是社会主义，走向哪里是必须在思想中认识清楚、在实践中始终坚持和贯彻的重要原则性问题。中国特色社会主义实践的发展是以马克思主义为指导的发展，是有着确定目标的发展，我们现在所做的就是走向共产主义理想社会的发展，是为了走向未来共产主义社会。在漫长的社会主义建设实践中，坚持科学地理解和践行马克思的社会主义观，是一个保证现实社会主义走向最终成功的根本性的问题。

（三）反对"割裂论"，捍卫马克思主义

一些人制造"两个马克思主义"：中国特色社会主义同科学社会主义的对立。他们往往以否定马克思主义某些原理来证明中国特色社会主义的正确，说马克思主义这个原理错了、那个原理过时了，甚至宣布马克思主义基本原理不能解决中国的问题。他们认为，之所以要推进马克思主义中国化，是因为传统马克思主义固守公有制、计划经济和按劳分配等制度或体制特征，脱离了实践，传统的马克思主义不能回答和解决当前中国面临的问题，不管用了；只有现代马克思主义，也就是中国特色社会主义才能解决中国的现实问题。这种观点架空了中国特色社会主义，否定了马克思主义，割断了马克思主义的发展。

习近平强调，我们必须坚定不移地高举中国特色社会主义伟大旗帜，既不走封闭僵化的老路子，也不走到改旗易帜的邪路上去。这就告诉我们对于举什么旗、走什么路这一大是大非的问题，我们必须旗帜鲜明，立场坚定，来不得丝毫的犹疑、动摇和马虎。那么，我们的旗帜是抛掉了马克思主义的中国特色社会主义？当然不是。习近平总书记语重心长：老祖宗不能丢，丢了就

丧失根本。

这种"割裂论"常常用中国特色社会主义实践中的具体建设方式方法来否定马克思的社会主义观。比如，中国实行公有制为主体、多种所有制经济共同发展的基本经济制度，被一些人认为是否定了马克思消灭私有制的理论，认为社会主义也可以建立在私有制基础上。这反映出这些人并没有科学理解这一政策的初衷与原则。实际上，这一制度的实行是因为我国尚处于社会主义初级阶段，非公有制经济还有存在的土壤，还能发挥积极作用，处于主体地位的公有制经济需要利用非公有制经济发展社会主义生产力。但在发展的过程中，同时还始终将公有制作为社会经济的主体，以保证社会主义的性质不改变。随着社会生产力的发展，多种所有制形式必将不会存在。

习近平坚决反对这种割裂，他指出："中国特色社会主义是社会主义而不是其他什么主义，科学社会主义基本原则不能丢，丢了就不是社会主义。"① 这是总书记向全党全国人民发出的告诫。我国的社会主义仍然处于初级阶段，建设社会主义的任务仍然艰巨，任重道远。我们正处在"十三五"规划的开局阶段。贯彻落实"四个全面"发展战略以及全面建成小康社会，既需要坚定地高举马克思主义伟大旗帜，又需要高举中国特色社会主义伟大旗帜。习近平一系列旗帜鲜明的话语有力地回应了"割裂论"的错误主张，告诫全党要对中国特色社会主义保持必胜信念，同时要坚持正确的基本立场，在涉及中国特色社会主义道路、理论、制度等重大原则问题上必须立场坚定、态度坚决，不能在政治方向上走岔了、走偏了。

---

① 《习近平在新进中央委员会的委员、候补委员学习贯彻党的十八大精神研讨班开班式上的讲话》，《人民日报》2013年1月6日。

（四）反对"信仰虚无论"，坚定共产主义远大理想

实现共产主义、解放全人类是中国共产党人的崇高理想。但是，当前在党员干部队伍里，也有人对共产主义心存怀疑，认为那是虚无缥缈、难以企及的幻想。有的甚至向往西方的社会制度和价值观念，对社会主义前途命运丧失信心。也有人认为，讲共产主义理想就是"左"的、不合时宜的。不需要什么理想、信念，不用管什么发展道路，不用区分社会主义、资本主义，只要能把经济搞上去就行了。这些认识否认了信仰及其作用，是"信仰虚无论"。

习近平看到了"信仰虚无论"的危害，他严正指出：共产主义决不是"土豆烧牛肉"那么简单，不可能唾手可得、一蹴而就，但我们不能因为实现共产主义理想是一个漫长的过程，就认为那是虚无缥缈的海市蜃楼，就不去做一个忠诚的共产党员。革命理想高于天。实现共产主义是我们共产党人的最高理想，而这个最高理想是需要一代又一代人接力奋斗的。如果大家都觉得这是看不见摸不着的东西，没有必要为之奋斗和牺牲，那共产主义就真的永远实现不了了。我们现在坚持和发展中国特色社会主义，就是向着最高理想所进行的实实在在的努力。[1] 共产党必须坚持共产主义理想，引导社会主义朝着共产主义方向前进。

习近平还深刻指出，理想渺茫、信仰动摇的"虚无论"，究其根本"是历史唯物主义观点不牢固"。[2] 这个论断指明了历史唯物主义观是奠定共产主义理想世界观、历史观的基础。马克思以社会发展的客观规律科学论证了共产主义理想的必然实现。我们共产党人的根本，就是对马克思主义的信仰，对共产主义和社会主

---

① 《习近平同志在中央党校县委书记研修班学员座谈会上的讲话》，《人民日报》2015年1月13日。

② 中共中央文献研究室编：《十八大以来重要文献选编》（上），中央文献出版社2014年版，第116页。

义的信念，对党和人民的忠诚。立根固本，就是要坚定这份信仰、信念和忠诚，只有在立根固本上下足了功夫，才会有强大的免疫力和抵抗力。的确，在反马克思主义思潮的进攻面前，如果没有坚定的共产主义理想和马克思主义信仰，就会自觉不自觉地接受错误思潮的影响，在实践中自发地往资本主义化方向走。

　　同时，我们还要看到实现共产主义理想的长期性。习近平在强调"资本主义必然消亡、社会主义必然胜利"的同时，又指出这"必然是一个很长的历史过程"。但是，长期的历史过程并不等于共产主义是可望而不可即，甚至是虚无缥缈的。习近平指出："我们既要坚定走中国特色社会主义道路的信念，也要胸怀共产主义的崇高理想，矢志不移贯彻执行党在社会主义初级阶段的基本路线和基本纲领，做好当前每一项工作。"① 共产主义理想也是一个在实践中践行的过程。共产党人一定要坚定共产主义信念，在前进的道路上大步向前。

　　当前对马克思社会主义观的种种歪曲、肢解与否定，暴露出对经典著作的忽视，这种忽视必然会导致对马克思主义基本理论理解的偏颇，导致实践活动中的偏差。有学者肯定了马克思主义经典著作的基础性和重要性。当代中国的"意识形态领域并不平静，思想理论领域呈现十分活跃、十分复杂的状态。一些错误思潮往往采取折中主义的、混合主义的手法，提出一些模棱两可、似是而非的观点，歪曲、肢解马克思主义的基本原理，以混淆视听。面对多种思潮的交流、交融和交锋，只有研读原著，才能正本清源，与各种错误观点划清思想界限"②。思想意识形态领域，马克思主义不去占领，其他错误的思想理论必然会大行其道。这对社会主义建设事业是相当危险的。认真学习、深刻领会马克思

---

　　① 中共中央文献研究室编：《十八大以来重要文献选编》（上），中央文献出版社 2014 年版，第 116 页。

　　② 梅荣政：《抓好马克思列宁主义、毛泽东思想经典著作的研读和教育——马克思主义理论学科建设的一个根本性问题》，《贵州师范大学学报》2011 年第 1 期。

关于未来社会的科学预测，才能对马克思社会主义观的种种错误理解有辨别能力、抵御能力。

习近平肯定了学习和运用马克思主义经典著作的重要作用："马克思主义经典著作是马克思主义理论的本源。学习马克思主义经典著作，有利于从源头上完整准确地理解马克思主义，系统掌握马克思主义科学真理，也有利于深化对中国特色社会主义理论体系的理解和运用。没有马克思主义的理论基础，就谈不上把马克思主义基本原理同中国具体实际相结合。"① 深入研读马克思主义著作，完整理解马克思主义的丰富内涵，准确把握马克思主义理论的实质，才能运用好马克思主义理论。在当前中国特色社会主义不断谱写社会主义建设事业伟大篇章的新时期，我们要阅读原著、运用原著，增强对种种错误理解的辨别能力、抵御能力，同时，既要避免对马克思主义经典理论教条化理解，又不能抛弃马克思主义。

---

① 习近平：《做好新形势下干部教育培训工作》，《学习时报》2010 年 10 月 25 日。

第二章　列宁对未来社会的基本认识

"列宁在使用'社会主义'和'共产主义'概念时，有时对它们未加以明确区分，有时对它们加以严格区分和界定，不能混淆；有时随着场合和情境的变化而侧重和突出某一或某些方面。"① 的确如此。这就需要对列宁的思想进行全面的把握才能得到科学准确的理解。那么，列宁心目中的未来社会到底是个什么样子呢？列宁在《卡尔·马克思》、《马克思主义的三个来源和三个组成部分》、《马克思主义论国家》、《国家与革命》等许多著作中都讲到了对未来社会的基本认识。

一　列宁关于未来社会的基本思想

列宁关于社会主义的基本思想经受住了历史的考验，符合马克思主义基本理论，推动了马克思主义在现实中的运用和发展，推进了社会主义这一人类伟大事业的实现，是今天我们回答"什么是社会主义、怎样建设社会主义"的理论依据和实践财富。

---

① 谷亚红：《论列宁著作中"共产主义"和"社会主义"概念的使用及其历史演变》，《社会主义研究》2006 年第 6 期。

（一）关于未来社会的发展阶段及基本特征

列宁认为无产阶级夺取政权后，社会的发展进程将分为过渡时期、社会主义社会和共产主义社会三个大的阶段。列宁的贡献在于把共产主义社会的第一阶段命名为社会主义社会，对社会主义和共产主义进行了严格的区分，发展了马克思关于未来社会发展阶段的思想。他先后使用过社会主义的最初形式、发达的社会主义、完全的社会主义等概念，描述不同的社会主义阶段。列宁在 1915 年 8 月 23 日发表的《论欧洲联邦口号》一文中，首次把社会主义与共产主义区别为未来发展的两个进程。他说："在共产主义的彻底胜利使一切国家包括民主国家完全消失以前，世界联邦（而不是欧洲联邦）是同社会主义相联系的、各民族实行联合并共享自由的国家形式。"① 在 1916 年 7 月写的《关于自决问题的争论总结》中，列宁把社会主义和共产主义二词用来指称未来社会的两个前后相继的不同发展阶段。但这些著作中的有关阐述并不明确。

在一些时候，在列宁那里，社会主义与共产主义的使用及内涵并没有作出明确的区分。在 1903 年的《告贫苦农民》中，列宁这样说道："我们要争取新的、更好的社会制度：在这个新的、更好的社会里不应该有穷有富，大家都应该做工。共同劳动的成果不应该归一小撮富人享受，应该归全体劳动者享受。机器和其他技术改进应该用来减轻大家的劳动，不应该用来使少数人发财，让千百万人民受穷。这个新的、更好的社会就叫社会主义社会。关于这个社会的学说就叫社会主义。"② 1921 年 3 月 27 日，列宁《在全俄运输工人代表大会上的讲话》中，从会场上的一条标语谈到了对社会主义的基本认识。列宁在会场上看到这样一条

---

① 《列宁选集》第 2 卷，人民出版社 1995 年版，第 554 页。
② 《列宁全集》第 7 卷，人民出版社 1986 年版，第 112 页。

标语："工农王国万世长存"。虽然，这条标语不是挂在通常的地方，而是放在会场角上——也许，是谁看出这条标语有毛病，把它移到一边去了。列宁认识到，这表现出"在我们这里连对这种最起码最基本的东西也存在着误解和不正确的认识"。因为，"如果工农王国真的万世长存，那么也就永远不会有社会主义了，因为社会主义就是消灭阶级，而既然存在着工人和农民，也就存在着不同的阶级，因而也就不能有完全的社会主义"①。

在《国家与革命》一书中，列宁系统阐发了马克思《哥达纲领批判》中提出的关于共产主义社会分为第一阶段和高级阶段的学说，把社会主义和共产主义看作未来社会主义发展的两个不同阶段，论述了这两个阶段的基本特征，指明它们是共产主义在经济上成熟程度不同的两个阶段，并把马克思所说的"共产主义社会第一阶段"或低级阶段称为社会主义。"把共产主义社会的第一阶段称为社会主义社会，把共产主义社会高级阶段称为共产主义社会，就成为苏联理论界和中国理论界的通行说法，这种通行说法一直延续至今。"②

列宁阐述了未来社会的基本特征。"历史上必然会有一个从资本主义向共产主义过渡的特殊时期或特殊阶段。"③这个过渡时期不能不兼有这两种社会经济结构的特点，"已被打败但还未被消灭的资本主义和已经诞生但还非常幼弱的共产主义彼此斗争的时期"④。列宁把过渡时期看作是一段很长的阵痛时期，他还对过渡时期长期性的原因和过渡时期的特征进行了论述。他说："现在我们经历着一个由资本主义到社会主义的最困难和最痛苦的过渡时期，这个时期在一切国家里都必然会是很长的，我再说

---

① 《列宁全集》第41卷，人民出版社1986年版，第121页。
② 赵家祥：《马克思恩格斯对未来社会基本特征的设想》，《马克思主义与现实》2014年第6期。
③ 《列宁专题文集·论社会主义》，人民出版社2009年版，第26页。
④ 同上书，第154页。

一遍，这是因为被压迫阶级的每一个胜利都会引起压迫者一次又一次的反抗和推翻被压迫阶级政权的活动。"① 在列宁看来，共产主义是很遥远的事情。他说：自然，在那些为彻底战胜资本主义正在采取最初步骤的人看来，"共产主义"的概念是很遥远的。的确，"如果把'共产党'这个名称解释为似乎现在就实现共产主义制度，那就是极大的歪曲，那就是胡乱吹嘘，会带来实际的害处"②。

在《国家与革命》中讲到过渡时期，列宁指出，从资本主义向共产主义过渡的时期，这是一个推翻资产阶级并完全消灭资产阶级的时期。这个时期必然是阶级斗争空前残酷、阶级斗争的形式空前尖锐的时期，因而这个时期的国家就不可避免地应当是新型民主的（对无产者和一般穷人是民主的）和新型专政的（对资产阶级是专政的）国家。列宁指出："只有懂得一个阶级的专政不仅对一般阶级社会是必要的，不仅对推翻了资产阶级的无产阶级是必要的，而且对介于资本主义和'无阶级社会'即共产主义之间的整整一个历史时期都是必要的，——只有懂得这一点的人，才算掌握了马克思国家学说的实质。"③ 列宁特别强调过渡时期始终坚持无产阶级专政的必要性，把它作为检验真假是否真正理解和承认马克思主义的试金石。因为机会主义者恰巧不把承认阶级斗争贯彻到最主要之点，贯彻到从资本主义向共产主义过渡的时期，贯彻到推翻资产阶级并完全消灭资产阶级的时期。实际上，这个时期必然是阶级斗争空前残酷、阶级斗争的形式空前尖锐的时期，因而这个时期的国家就不可避免地应当是无产阶级专政。列宁还指出，要摆脱资本主义，无产阶级专政是不可避免的，是非有不可的，是绝对必需的。但是，专政虽然离不开暴

---

① 《列宁全集》第34卷，人民出版社1985年版，第414页。
② 《列宁选集》第4卷，人民出版社1995年版，第92页。
③ 《列宁选集》第3卷，人民出版社1995年版，第140页。

力，但它并不仅仅意味着暴力，它还意味着比先前的劳动组织更高级的劳动组织。

列宁认为社会主义社会与共产主义社会既相互联系又存在若干明显的区别，二者在科学上的差别是很明显的。"社会主义和共产主义之间的科学区别，只在于第一个词是指从资本主义生长起来的新社会的第一阶段，第二个词是指它的下一个阶段，更高的阶段。"① 在1919年的《在俄共（布）莫斯科市代表会议上关于星期六义务劳动的报告》中也表达了类似的意思："共产主义同社会主义的区别是什么，那么我们应当说，社会主义是直接从资本主义生长出来的社会，是新社会的初级形式。共产主义则是更高的社会形式，只有在社会主义完全巩固的时候才能得到发展。"②

列宁从多个角度论述了这两个阶段的区别和基本特征。社会主义已经实现了生产资料共有的、共产主义的第一阶段，但还不是完全的共产主义。"社会主义的前提是在没有资本家帮助的情况下进行工作，是在劳动者的有组织的先锋队即先进部分施行最严格的计算、监督和监察下进行社会劳动；同时还应该规定劳动量和劳动报酬。这种规定所以必要，是因为资本主义社会给我们留下了诸如分散的劳动、对公共经济的不信任、小业主的各种旧习惯这样一些遗迹和习惯，这些在所有农民国家中都是最常见的。这一切都是同真正共产主义经济背道而驰的。所谓共产主义，是指这样一种制度，在这种制度下，人们习惯于履行社会义务而不需要特殊的强制机构，不拿报酬地为公共利益工作成为普遍现象。"③

在共产主义的第一阶段，刚刚从资本主义社会中产生出来，

---

① 《列宁专题文集·论社会主义》，人民出版社2009年版，第145页。
② 《列宁选集》第4卷，人民出版社1995年版，第91页。
③ 同上。

"因此它在各方面，在经济、道德和精神方面都还带着它脱胎出来的那个旧社会的痕迹"①，列宁称之为社会主义社会。在这一阶段，由于资本主义的废除不能立即为共产主义的变革创造经济前提，所以，共产主义第一阶段与高级阶段不同。最初只能消灭私人占有生产资料这一现象，却不能立即消灭另一不公平现象：按劳动而不是按需要分配消费品。"仅仅把生产资料转归全社会公有（通常所说的'社会主义'）还不能消除分配方面的缺点和'资产阶级权利'的不平等，只要产品'按劳动'分配，'资产阶级权利'就会继续通行"，因为，"权利决不能超出社会的经济结构以及由经济结构制约的社会的文化发展"②。"在共产主义第一阶段还不能做到公平和平等，因为富裕的程度还会不同，而不同就是不公平。但是人剥削人已经不可能了，因为已经不能把工厂、机器、土地等生产资料攫为私有了。"③

　　列宁表示："我们在向往社会主义的同时深信：社会主义将发展为共产主义"④。他从不同方面描述了共产主义社会的基本特征：生产资料公有、生产力高度发达、消灭阶级、国家完全消亡、产品经济、按需分配、人的自由全面发展。"人类从资本主义只能直接过渡到社会主义，即过渡到生产资料公有和按每个人的劳动量分配产品。我们党看得更远些：社会主义必然会逐渐成长为共产主义，而在共产主义的旗帜上写的是：'各尽所能，按需分配'。"⑤列宁坚持共产主义将实现各尽所能、按需分配的原则。"我们开始社会主义改造的时候，应该给自己清楚地提出这些改造归根到底所要达到的目的，即建立共产主义社会。共产主义社会不仅仅限于剥夺工厂、土地和生产资料，不仅仅限于严格

---

① 《列宁专题文集·论社会主义》，人民出版社 2009 年版，第 32 页。
② 同上书，第 34 页。
③ 同上书，第 33 页。
④ 《列宁全集》第 31 卷，人民出版社 1985 年版，第 78 页。
⑤ 《列宁选集》第 3 卷，人民出版社 1995 年版，第 64 页。

地计算和监督产品的生产和分配，并且要更进一步实行各尽所能、按需分配的原则。"① "一旦社会全体成员在占有生产资料方面的平等即劳动平等、工资平等实现以后，在人类面前不可避免地立即就会产生一个问题：要更进一步，从形式上的平等进到事实上的平等，即实现'各尽所能，按需分配'的原则。"②

（二）关于未来社会的发展规律

列宁说："马克思和恩格斯的具有世界历史意义的伟大功绩，在于他们用科学的分析证明了，资本主义必然崩溃，资本主义必然过渡到不再有人剥削人现象的共产主义。"③ 共产主义是历史地从资本主义中发展出来的，是经济和政治发展的必不可免地结果。究竟根据什么材料可以提出未来共产主义的未来发展问题呢？"共产主义是从资本主义中产生出来的，它是历史地从资本主义中发展出来的，它是资本主义所产生的那种社会力量发生作用的结果。"④ 同时，列宁也认为，俄国社会发展所体现出的特殊性并不违背世界历史发展的一般规律，因为世界历史发展的一般规律，不仅丝毫不排斥个别发展阶段在发展的形式或顺序上表现出特殊性，反而是以此为前提的。

1915 年 8 月，列宁《论欧洲联邦口号》一文中，第一次提出了社会主义可能首先在少数甚至在单独一个资本主义国家内获得胜利的思想。在《无产阶级革命的军事纲领》中进一步阐发了这一思想。列宁认为，经济和政治发展的不平衡是资本主义的绝对规律，"资本主义的发展在各个国家是极不平衡的。而且在商品生产下也只能是这样。由此得出一个必然的结论：社会主义不能在所有国家内同时获得胜利。它将首先在一个或者几个国家内

① 《列宁专题文集·论社会主义》，人民出版社 2009 年版，第 64 页。
② 同上书，第 39 页。
③ 《列宁全集》第 35 卷，人民出版社 1985 年版，第 164 页。
④ 《列宁专题文集·论社会主义》，人民出版社 2009 年版，第 25 页。

获得胜利，而其余的国家在一段时间内将仍然是资产阶级的或资产阶级以前的国家"①。在《论面目全非的马克思主义和"帝国主义经济主义"》中，列宁指出："一切民族都将走向社会主义，这是不可避免的，但是一切民族的走法却不会完全一样，在民主的这种或那种形式上，在无产阶级专政的这种或那种形态上，在社会生活各方面的社会主义改造的速度上，每个民族都会有自己的特点。"② 1918 年，列宁在《论"左派"幼稚性和小资产阶级性》一文中说道："如果说我们既然承认我国经济'力量'和政治力量不相称，'因而'就不应该夺取政权，那就犯了不可救药的错误。所谓的'套中人'就是这样推论的，他们忘记了，'相称'是永远不会有的，在自然界的发展中，也和在社会的发展中一样，这样的相称都是不可能有的，只有经过多次的尝试——其中每次单独的尝试都会是片面的，都会有某种不相称的毛病——才能从一切国家无产者的革命合作中建立起完整的社会主义。"③

1918 年 5 月 26 日，列宁在全俄国民经济委员会第一次代表大会上的讲话中讲道："谁只指出明显的力量不相称的情况，而掉头不顾在俄国发生的社会主义革命，那他就象思想僵化的套中人，他只看到自己的鼻子尖，忘记了没有一次稍微重大的历史变革不出现许多力量不相称的情况。力量是在斗争过程中随着革命的增长而增长的。当国家已经走上了进行最伟大的改造的道路的时候，这个国家和已经在这个国家取得胜利的工人阶级政党的功绩，就在于我们已经在实践上直接着手实现那些以前在理论上抽象地提出的任务。这个经验是不会被忘掉的。无论如何，不管俄国革命和国际社会主义革命会有多么痛苦的曲折，终究不能夺去现在已经联合在工会和地方组织内、正在实践上着手在全国范围

① 《列宁专题文集·论社会主义》，人民出版社 2009 年版，第 8 页。
② 《列宁全集》第 28 卷，人民出版社 1991 年版，第 163 页。
③ 《列宁全集》第 34 卷，人民出版社 1985 年版，第 285 页。

内安排全部生产的工人们的这个经验。这个经验已经作为社会主义的成就载入史册，未来的国际革命将根据这个经验来建造自己的社会主义大厦。"①

　　俄国是一个经济文化比较落后的国家，在这样的国度里进行社会主义革命是否符合历史发展规律，是否符合马克思主义？这在俄国党内和国际共产主义运动中一直存在争论。苏汉诺夫、普列汉诺夫、考茨基等人大肆散布俄国不具备条件进行社会主义革命和建设社会主义的错误论调，认为十月革命是早产儿。在《论我国革命》一文中，列宁有力地驳斥了孟什维克和第二国际机会主义分子关于俄国没有实行社会主义的客观经济前提、俄国的生产力和文化发展水平没有达到能够实行社会主义的程度的论断。他指出，世界历史发展的一般规律不仅丝毫不排斥个别发展阶段在发展的形式或顺序上表现出的特殊性，反而是以此为前提的。由于特殊的历史条件，俄国没有从理论所规定的那一端开始，国内政治变革和社会变革先于经济进步和文化进步，因而能够用不同的方法来创造发展文明的根本条件，即先用革命手段取得实现社会主义的政治前提，然后从工农政权和苏维埃制度的基础上创造建设社会主义所需要的生产力水平和文化水平。这种特殊性并没有改变世界历史发展的总的路线。

（三）共产主义社会是生产力高度发达的结果

　　马克思预测社会主义必然代替资本主义，社会主义比资本主义更能适应社会化大生产的本性，是完全建立在资本主义关系所容纳不下的生产力发展的基础上的。在无产阶级夺取政权建立起生产资料的全社会占有后，资本主义生产的无政府状态将为有计划的社会生产所代替，那时，商品货币关系将消失，社会将按照统一的总计划协调地安排自己的生产力。列宁在他的理论研究和

---

① 《列宁全集》第34卷，人民出版社1985年版，第357—358页。

实践中，始终坚持这一基本思想原则。

列宁认为提高劳动生产率是保证新社会制度胜利的最重要的条件。资本主义造成了在农奴制度下所没有过的劳动生产率，所以资本主义必然要取代封建主义。针对俄国当时的情况，列宁一再强调提高劳动生产率是根本任务之一，不这样就不可能最终过渡到共产主义。共产主义生产力高度发达的结果，"国家完全消亡的经济基础就是共产主义的高度发展，那时脑力劳动和体力劳动的对立已经消失，因而现代社会不平等的最重要的根源之一也就消失，而这个根源光靠把生产资料转为公有财产，光靠剥夺资本家，是决不能立刻消除的"①。"当社会实现'各尽所能，按需分配'的原则时，也就是说，当人们已经十分习惯于遵守公共生活的基本规则，他们的劳动生产率已经极大地提高，以致他们能够自愿地尽其所能来劳动的时候，国家才会完全消亡。"②

由于特殊的历史条件，无产阶级革命首先在俄国这样一个经济和文化落后的国家取得胜利。在这种情况下，掌握了政权的俄国无产阶级尤其需要坚决地尽快地转向经济建设，大大发展社会生产力，使社会主义具有自己的物质基础。这是列宁领导世界上第一个社会主义国家的一贯指导思想。"一个社会主义政党能够做到大体上完成夺取政权和镇压剥削者的事业，能够做到直接着手管理任务，这在世界历史上是第一次。我们应该不愧为完成社会主义革命的这个最困难的（也是最能收效的）任务的人。应该考虑到，要有成效地进行管理，除了善于说服，除了善于在内战中取得胜利，还必须善于实际地进行组织工作。这是一项最困难的任务，因为这是要用新的方式去建立千百万人生活的最深刻的经济的基础。这也是一项最能收效的任务，因为只有解决（大体上和基本上解决）这项任务以后，才可以说，俄国不仅成了苏维

---

① 《列宁专题文集·论社会主义》，人民出版社 2009 年版，第 36 页。
② 同上。

埃共和国，而且成了社会主义共和国。"①

　　列宁在这方面有大量的论述，表现了他对待社会主义的科学态度。列宁科学判断了十月革命胜利后苏维埃俄国所处的发展阶段，俄国还只是处在由资本主义向社会主义过渡的第一阶段。"我们还没有超出从资本主义向社会主义过渡的最初几个阶段，俄国的特点使这一过渡更加复杂，这些特点在大多数文明国家内是没有的。"② 针对社会主义首先在经济文化落后的俄国胜利的现实，列宁一再指出，苏维埃政权面临的首要任务是发展经济，从资本主义过渡到社会主义具有长期性。劳动生产率归根到底是使新社会制度取得胜利的最重要最主要的东西。"共产主义就是利用先进技术的、自愿自觉的、联合起来的工人所创造的较资本主义更高的劳动生产率。"③ 他清醒地认识到，如果不愿陷入空想主义，就不能不看到，资本主义的废除不能立即为这种变更创造经济前提。新的建设任务是一个比推翻资产阶级更困难的任务，经济建设任务更重要，"因为归根到底，战胜资产阶级所需力量的最深源泉，这种胜利牢不可破的唯一保证，只能是新的更高的社会生产方式，只能是用社会主义的大生产代替资本主义的和小资产阶级的生产"④。列宁认为，共产主义就是苏维埃政权加全国电气化，只有当国家实现了电气化，为工业、农业和运输业打下了现代大工业的技术基础的时候，才能得到最后的胜利。"如果俄国布满了由电站和强大的技术设备组成的密网，那么，我们的共产主义经济建设就会成为未来的社会主义的欧洲和亚洲的榜样。"⑤

---

① 《列宁专题文集·论社会主义》，人民出版社 2009 年版，第 82—83 页。
② 同上书，第 69 页。
③ 同上书，第 151 页。
④ 同上书，第 148 页。
⑤ 同上书，第 184 页。

（四）关于经济落后国家建设社会主义的方式

马克思依据社会发展规律，在理论上加以科学地论述的未来社会为人类社会发展指明了发展的远景。当时苏维埃政权面临的任务是在实践上怎样具体地从资本主义过渡到社会主义。这是一个现实的也是困难的任务。

俄国十月革命的胜利，为消灭资本主义私有制创造了条件。但社会经济关系的变更和改造，消灭一切旧有的经济关系，取决于生产力的发展状况以及依存于一定生产方式社会阶级力量对比情况。由于俄国是一个十分落后的大国，社会经济成分十分复杂，如何把资本主义和前资本主义的经济成分改造成为社会主义因素，这是摆在列宁面前的现实问题。列宁从俄国实际出发，探讨适合俄国具体情况的社会主义建设方式，创造性地发展了科学社会主义理论。

列宁清醒地指出："我们所知道的一切，洞悉资本主义社会的最优秀的学者、预见到资本主义社会的发展的最大的思想家给我们准确地指出的一切，就是社会的改造在历史上必然要经过一段很长的路程，生产资料私有制的命运已为历史所注定，它必将崩溃，剥削者必然要被剥夺。这个道理已经以科学的精确性阐明了。当我们举起社会主义旗帜，宣布自己是社会主义者，建立社会主义政党，着手改造社会的时候，我们就知道这个道理了。当我们取得政权以便着手进行社会主义改造的时候，我们就知道这个道理了，但是，无论改造的形式或具体改造的发展速度，我们都不可能知道。只有集体的经验，只有千百万人的经验，才能在这方面给我们以决定性的指示，这是因为对于我们的事业，对于社会主义建设事业，以前无论在地主社会还是在资本主义社会中左右历史的成千上万上层分子的经验都是不够的。我们之所以不能这样做，正是因为我们依靠共同的经验，千百万劳动者的经验。"① 列宁一再指出，大农业的国家和小农业的国家向社会主义过渡的方法，是不可能一样的。列宁提出，推翻地主和资本家并不是最困难的任务，但是在一个农民国家里，要消灭工农差别，对农业实行社会主义改造，却是一个无比困难和非常长久的任务。他告诫说，采用急躁轻率的行政手段和立法手段，只会延缓小商品经济向公共的大经济的过渡，只会给这种过渡造成困难，而只有帮助农民大大改进以至根本改造全部农业技术，才能加速这种过渡。无产阶级专政绝不只是推翻资产阶级或推翻地主，而要保证建立秩序、纪律，提高劳动生产率，实行计算和监督，建立比过去更巩固更坚强的无产阶级苏维埃政权。

列宁根据俄国经济政策的演变和面临的经济现实，反复论证新经济政策的必要性，提出了一系列建设社会主义的方法。列宁一再强调要从经济上建设社会主义制度的基础，在经济建设的一些根本问题上必须采取"改良主义的"、渐进主义的、审慎迂回的行动方式。实力显然不足以用革命手段来实行某种过渡，"在试图马上直接实现即实际建立工业和农业之间的这种新的联系时未能用'强攻'方法完成这项任务，现在就不得不采取一系列缓慢的、渐进的、审慎的'围攻'行动来完成这项任务"②。新经济政策的提出体现出列宁对小农国家社会主义的建设方式、发展道路、商品货币关系、国家资本主义的认识发生了变化，是结合俄国现实而对社会主义建设途径的大胆创新。

列宁十分关注在国民经济建设中应用现代技术和先进科学的最新成就。他认为，应当把资本主义所积累的一切最丰富的、为建设社会主义所必需的全部文化、知识和技术由资本主义的工具变为社会主义的工具，把苏维埃政权和苏维埃管理组织同资本主

---

① 《列宁全集》第34卷，人民出版社1985年版，第355页。
② 《列宁专题文集·论社会主义》，人民出版社2009年版，第293—294页。

义最新的进步的东西结合起来。列宁指出，只有把资产阶级所积累的全部经验和知识同广大劳动群众的主动性、毅力和工作结合起来，才能架设起从资本主义旧社会通往社会主义新社会的桥梁。列宁一再指出，只有那些懂得不向托拉斯的组织者学习就不能建立社会主义的人，才配称为共产主义者。因为社会主义并不是臆想出来的，而是要靠夺得政权的工人阶级先锋队掌握和运用托拉斯所创造的一切有用的经验去建立的。无产阶级政党只有从资本主义的第一流的专家那里才能学到组织大生产的本领。列宁坚持认为，在共产主义的高级阶段到来以前，社会主义要求社会和国家实行极严格的监督。

（五）共产主义是一个客观的历史进程

人类社会实现共产主义是一个客观的历史进程。列宁说："无论是谁都不仅没有许诺过，而且连想也没有想到过'实施'共产主义的高级阶段，因为这根本无法'实施'。"①列宁多次指出，马克思并没有陷入空想，他只是较详细地确定了现在所能确定的东西，"自然，在那些为彻底战胜资本主义正在采取最初步骤的人看来，'共产主义'的概念是很遥远的"②。列宁认为马克思关于共产主义理论是科学的，共产主义一定会实现，马克思主义的全部困难和它的全部力量也就在于了解这个真理。那些没有花过一点功夫去研究马克思主义的极其深刻的内容的人，对于马克思主义的谴责是荒谬的。

列宁将共产主义社会的发展看成是一个动态的，社会主义必然走向共产主义，把社会主义看成一种僵死的、凝固的、一成不变的东西这种观念，是非常荒谬的。人们不可能预测人类会经过哪些阶段，通过哪些实际措施达到这个最高目的。社会发展是一

① 《列宁专题文集·论社会主义》，人民出版社2009年版，第37—38页。
② 《列宁选集》第4卷，人民出版社1995年版，第91—92页。

个"由量转化为质"的过程，"在社会主义完全取得胜利以后，从社会主义中必然会生长出共产主义来，生长出我们从星期六义务劳动中看到的那种不是书本上的而是活生生的现实当中的共产主义来"①。

列宁认为，共产主义的高度发展必将以生产力的高度发达为基础，但是，"生产力将以什么样的速度向前发展，将以什么样的速度发展到打破分工、消灭脑力劳动和体力劳动的对立、把劳动变为'生活的第一需要'，这都是我们所不知道而且也不可能知道的"②。"我们并不苛求马克思或马克思主义者知道走向社会主义的道路上的一切具体情况。这是痴想。我们只知道这条道路的方向，我们只知道引导走这条道路的是什么样的阶级力量；至于在实践中具体如何走，那只能在千百万人开始行动以后由千百万人的经验来表明。"③

列宁认为，社会主义变革是一个历史过程，不是一次行动；向社会主义过渡是逐步完成的，不是一蹴而就的。"先进工人在没有学会组织几千万人以前，他们还不是社会主义者和社会主义社会的创造者，还没有获得必要的组织知识。组织道路是一条漫长的道路，社会主义建设的任务要求顽强持久地工作和具备我们所缺乏的相应的知识。即使是我们的下一代，他们更加成熟一些，也未必能完全过渡到社会主义。"④

（六）关于阶级和国家的消亡

列宁认为，阶级的划分是与生产资料私有制相联系的，只有消灭了生产资料私有制，生产资料归整个社会所有，阶级才会消失。阶级已经不存在的含义，就是指社会各个成员在同社会生产

---

① 《列宁选集》第4卷，人民出版社1995年版，第93页。
② 《列宁专题文集·论社会主义》，人民出版社2009年版，第36页。
③ 《列宁全集》第32卷，人民出版社1985年版，第111页。
④ 《列宁全集》第34卷，人民出版社1985年版，第243页。

资料的关系上已经没有差别。列宁在《无产阶级专政时代的经济和政治》中提出："社会主义就是消灭阶级。为此，无产阶级专政已做了它能做的一切。但是要一下子消灭阶级是办不到的。在无产阶级专政时代，阶级始终是存在的。阶级一消失，专政也就不需要了。没有无产阶级专政，阶级是不会消失的。"①

列宁在《国家与革命》系统阐述和发展了马克思主义的国家学说。从资本主义向共产主义过渡时期的国家，不可避免地应当是新型民主的（对无产者和一般穷人是民主的）和新型专政的（对资产阶级是专政的）国家。列宁把无产阶级专政的国家称为"不是原来意义上的国家"②。在资本主义下存在的是原来意义上的国家，即一个阶级对另一个阶级、而且是少数人对多数人实行镇压的特殊机器。而无产阶级国家是一种新型国家类型。国家将一直存在到从社会主义转变为完全的共产主义为止。列宁探讨了国家消亡的经济基础，就是共产主义的高度发展。要使国家完全消亡，必须有完全的共产主义。"那时脑力劳动和体力劳动的对立已经消失，因而现代社会不平等的最重要的根源之一也就消失，而这个根源光靠把生产资料转为公有财产，光靠剥夺资本家，是决不能立刻消除的。"③ 那时，不需要任何强制和服从，国家就没有存在的必要而完全消亡了。在共产主义社会，国家正在消亡，因为资本家已经没有了，阶级已经没有了，因而也就没有什么阶级可以镇压了。

在 1917 年俄国革命前夕，在如何对待国家的问题上存在着尖锐分歧。正是国家与革命这个重要问题，被资产阶级和小资产阶级思想家以及形形色色的机会主义者和无政府主义者严重地歪曲、篡改，他们庸俗化马克思主义的国家学说，阉割它的革命灵

---

① 《列宁选集》第 4 卷，人民出版社 1995 年版，第 66 页。
② 《列宁选集》第 3 卷，人民出版社 1995 年版，第 192 页。
③ 同上书，第 197 页。

魂，反对无产阶级革命和无产阶级专政，制造思想混乱，对国际共产主义运动造成了极为恶劣的影响。"在目前这个时候，在社会主义革命在全世界已经开始并且恰好在几个国家内获得胜利的时候，在反对全世界资本的斗争特别尖锐的时候，这个问题即国家问题就具有最大的意义，可以说，已经成为最迫切的问题，成为当代一切政治问题和一切政治争论的焦点了。"① 如果不澄清这些思想混乱，不同机会主义和无政府主义的偏见作斗争，无产阶级的革命斗争就无法进行。列宁对以第二国际的著名领袖考茨基为代表的机会主义进行了有力的批判，批判了考茨基"盲目崇拜"国家、否认国家的阶级性、把国家说成是超阶级的阶级调和的机关，是维护全社会利益的机关、迷信资本主义官僚制度、否认打碎旧国家机器的任务、把无产阶级政治斗争的目的局限于"取得议会多数"、"使议会变成政府的主宰"等错误观点。

十月革命胜利后，列宁进一步阐述了无产阶级专政学说。他说："我们在投入战斗——这就是无产阶级专政的内容。以为只要说服大多数人，只要把社会主义社会的美好远景描绘出来，大多数人就会拥护社会主义的那种天真的、空想的、虚构的、机械的和书生气的社会主义的时代已经过去了。拿这些童话供自己和别人消遣的时代已经过去了。承认阶级斗争的必要性的马克思主义说：人类只有经过无产阶级专政，才能达到社会主义。"②

（七）关于未来社会的价值目标

列宁坚持马克思提出的人的全面而自由发展的思想。1902 年起草俄国社会民主工党的纲领时，列宁针对普列汉诺夫草案中关于价值目标不够明确的问题，提出社会主义就是变生产资料私有制为公有制，工人阶级要获得真正的解放，必须进行资本主义全

---

① 《列宁选集》第 4 卷，人民出版社 1995 年版，第 36 页。
② 《列宁选集》第 3 卷，人民出版社 1995 年版，第 813 页。

部发展所准备起来的社会革命，即消灭生产资料私有制，把它们变为公有财产，"组织由整个社会承担的社会主义的产品生产代替资本主义商品生产，以保证社会全体成员的充分福利和自由的全面发展"①。十月革命胜利后，在俄（布）八大制定第二个党纲时，列宁依然坚持"社会全体成员的福利和全面发展"这一目标。

　　列宁作为无产阶级革命领袖，毕生为无产阶级解放事业而奋斗，对社会主义美好前景热切向往。"如果目光稍微放远些去看看俄国无产阶级暂时还只能依靠本身不足的力量去完成的伟大的、具有世界历史意义的事业，那么立刻就会明白：甚至作更多次的改动，在实践中对各种管理制度和整顿纪律的各种规定进行试验，都是不可避免的；在这样的伟大的事业中，我们决不能要求，而且无论哪个谈论未来远景的有卓见的社会主义者也从来不会想到，我们能够根据某种预先作出的指示立即构思出和一下子规定出新社会的组织形式。"②"只有社会主义才能使科学摆脱资产阶级的桎梏，摆脱资本的奴役，摆脱做卑污的资本主义私利的奴隶的地位。只有社会主义才可能广泛推行和真正支配根据科学原则进行的产品的社会生产和分配，以便使所有劳动者过最美好的、最幸福的生活。只有社会主义才能实现这一点。而且我们知道，社会主义一定会实现这一点，而马克思主义的全部困难和它的全部力量也就在于了解这个真理。"③

二　列宁的社会主义观坚持和捍卫马克思主义

　　有研究者认为："列宁对社会主义的基本认识，虽然与马克

---

① 《列宁全集》第 6 卷，人民出版社 1986 年版，第 193 页。
② 《列宁全集》第 34 卷，人民出版社 1985 年版，第 355 页。
③ 同上书，第 356 页。

思、恩格斯原先的设想有所不同，却还是在相当程度上依然继承
了马克思的某些思想和主张。"但该研究者对列宁的认识并不持肯
定态度。他还认为："关于列宁主义是否即马克思主义的问题，后
人常常有非常不同的看法。一个最容易给出的批评，即如考茨基
所再三指出过的那样，列宁混淆了社会发展的不同历史阶段，无
限夸大了阶级斗争在社会进化过程中的推动作用。不过，说列宁
背离或曲解了马克思主义，那是不正确的。"① 我与这位研究者对
列宁的评价不同，但有一点相同，那就是：列宁并未背离或曲解
了马克思主义。

　　我的看法是，列宁对社会主义的基本认识完全继承了马克思
的思想和主张，只是在社会主义建设的具体策略和方式上发展了
马克思的思想。列宁更加具体地对人类社会从资本主义向社会主
义、共产主义的历史发展过程作出了理论论证和科学预测，丰富
和发展了马克思主义关于共产主义社会形态的基本思想。十月革
命的胜利是坚持马克思主义的结果。革命取得胜利后，列宁及布
尔什维克党继续坚持以马克思主义为理论指南。列宁用短暂的七
年历程，为苏俄找到了一条符合国情的社会主义建设道路，也用
内容丰富和含义深远的理论成果丰富和发展了科学社会主义，显
示了列宁实事求是的科学精神和与时俱进的探索精神。列宁关于
社会主义的基本认识，体现了对马克思、恩格斯思想的继承和弘
扬，凝聚着列宁立足于俄国革命和建设实际得出的智慧结晶。

　　列宁肯定了马克思共产主义学说的科学性，"马克思丝毫不想
制造乌托邦，不想凭空猜测无法知道的事情。马克思提出共产主
义的问题，正像一个自然科学家已经知道某一新的生物变种是怎
样产生以及朝着哪个方向演变才提出该生物变种的发展问题一

---

① 杨奎松：《十月革命前后列宁的社会主义主张与实践》，《俄罗斯研究》2013
年第 1 期。

样"①。列宁始终以马克思关于未来社会的科学预测为目标,并期望早日实现这一目标。列宁一方面尊重现实,努力探索一条适合俄国国情的、现实的社会主义建设道路;另一方面,作为忠诚的马克思主义者,他努力实现马克思对未来社会所作的科学预测。面临着在经济文化相对落后的国家建设、巩固和发展社会主义的新情况,列宁用新的思想、观点,继承和发展了马克思主义。列宁对马克思主义理论的科学性和指导作用坚信不疑。"主要由马克思创立的共产主义理论,共产主义科学,即马克思主义学说,已经不仅仅是 19 世纪一位社会主义者——虽说是天才的社会主义者——的个人著述,而成为全世界千百万无产者的学说;他们已经运用这个学说在同资本主义作斗争。"② 列宁还阐述了为什么马克思的学说能够掌握最革命阶级的千百万人的心灵,"这是因为马克思依靠了人类在资本主义制度下所获得的全部知识的坚固基础;马克思研究了人类社会发展的规律,认识到资本主义的发展必然导致共产主义,而主要的是他完全依据对资本主义社会所作的最确切、最缜密和最深刻的研究,借助于充分掌握以往的科学所提供的全部知识而证实了这个结论"③。

马克思关于未来社会的科学描述与世界上第一个社会主义制度的建立后的现实并不符合,由此带来了一系列的理论难题。在理想与现实的矛盾纠结中列宁坚持马克思的社会主义观,展现了对马克思主义理论的忠诚。列宁勇敢地维护马克思主义,批评和反对对马克思主义历史命运的种种错误认识。面对种种怀疑马克思主义理论的科学性和正确性、怀疑社会主义事业胜利的可能性和必然性、怀疑十月革命的不可避免性和必要性的论调,列宁给予无情的批评与批判。当前,伴随中国特色社会主义的改革进

---

① 《列宁专题文集·论马克思主义》,人民出版社 2009 年版,第 255—256 页。
② 《列宁选集》第 4 卷,人民出版社 1995 年版,第 284 页。
③ 同上。

程，对科学社会主义的种种歪曲和否定也是不断出现，我们的首要任务就是恢复科学社会主义的真面目，正确理解马克思的社会主义观，理解列宁的社会主义观，列宁从来没有抛弃马克思主义进行社会主义观的改变，进行社会主义理论的发展。列宁关于社会主义和共产主义的理论为我们认识当前中国社会主义建设的现实进程中存在的问题及发展趋向提供了科学的理论指导。

第三章　十月革命胜利初期
列宁的社会主义观

　　十月革命的胜利是坚持马克思的理论指导的结果。革命胜利后，列宁及布尔什维克党继续坚持马克思的理论，坚持马克思的社会主义观，并以此为社会主义建设的指南。在最初的社会主义改造时期，苏维埃政权实行了一系列的社会主义改造措施，包括废除土地私有制，实行土地国有化，将大工业、银行、交通、铁路、外贸、邮电、商船等国有化，掌握了国家的经济命脉，夺取了主要的经济阵地，为社会主义经济建设创造了必要的前提。在实施一系列社会主义改造措施的同时，列宁以马克思的社会主义观为指导审视俄国的现实，清醒地看待苏维埃俄国落后的现实。马克思关于未来社会的科学预测是建立在生产力高度发达的基础上，列宁高度重视这一点，他认为在俄国落后的经济状况下，苏维埃政权的建立只是表明向社会主义过渡的决心，而决不是表明新的经济制度就是社会主义制度。他认识到，俄国虽然已经建立了无产阶级政权，但也不可能立即实现社会主义，必须从苏俄的实际出发，谨慎地、渐进地推动建设社会主义的进程。列宁明确指出，在苏维埃俄国实行社会主义需要两个条件：一是政治上坚持无产阶级专政；二是经济上具有高度发达的生产力。在发展生产力的道路上，苏维埃俄国还有很长的路要走。在这一时期，列宁利用1918年春短暂的和平局面，提出向社会主义渐进过渡的规划，可惜的是这一规划实际上并未得以实施，随着国内战争的爆发和大规模的外国武装干涉的到来而不得不调整政策。但是，列宁在这一时期的思想并没有止步，而是随着社会主义建设事业的展开而不断完善发展成为党和国家的理论指针。

一　革命胜利初期的社会主义改造

在人类第一个社会主义国家建立之初，以列宁为领导的布尔什维克党就开始按照马克思、恩格斯在《共产党宣言》等经典著作中设计和描绘的未来社会的基本原则来进行社会主义改造。他们从马克思提出的社会主义将彻底消灭私有制，实行公有制、计划经济，消灭商品经济、市场关系等共产主义原理出发，对整个俄国进行社会主义改造。

十月革命胜利的第二天，1917 年 10 月 26 日（公历 11 月 8 日），全国工农兵代表苏维埃第二次代表大会通过了《和平法令》和《土地法令》。《和平法令》向各交战国发出呼吁，立即缔结至少 3 个月的停战协定，以便进行和平谈判。《土地法令》宣布：立刻无偿地废除地主土地所有制，不付任何赎金；把地主的田庄以及皇族、寺院和教会的土地连同所有耕畜、农具、农用建筑和一切附属物，都交给乡土地委员会和县农民代表苏维埃支配；将土地分配给农民。1917 年 11 月到 1918 年 2 月，苏维埃政权坚决实行了一系列的国有化措施，这被敌对分子说成是"用赤卫队进攻资本"的时期。从 1917 年 11 月列宁签署第一个《工业国有化法令》起，苏维埃政府先后颁布了关于银行、铁路、外贸、商船、大工业企业国有化的法令。苏维埃国家机关很快掌握了国民经济命脉，沉重打击了资本主义的经济势力，开始建立社会主义经济基础。从 1917 年 11 月到 1918 年底，国家基本实现了对全俄大企业的无偿国有化。"到 1918 年 5 月 31 日为止，全国由苏维埃政权的中央和地方机构收归国有的大型企业计有 500 余家。而根据工业普查材料，到 1918 年 8 月 31 日为止，被宣布国有化的大工厂已经超过 3,000 个。其中半数以上是重工业企业。截至 1918 年底，最高国民经济委员会实际上收归国家经营的企业计有 1,125 个。"① 生产资料公有制是社会主义生产关系的基础。工业国有化表明，大资产阶级作为一个阶级在俄国被消灭，资本主义的经济基础被摧毁，社会主义社会经济基础开始建立。

　　布尔什维克党和苏维埃政府通过对土地、银行、大工业实行国有化，掌握了国家的经济命脉，夺取了主要的经济阵地。列宁认为这是无产阶级革命和建设理所应当要达到的目标。1917 年 11 月 14 日，全俄苏维埃中央执行委员会通过了《工人监督条例》，条例规定各企业工人成立监督委员会，在所有使用雇佣劳动的工业企业、商业企业、农业企业、银行、运输企业中实施工人监督，监督的范围包括产品和原料的生产、购买、分配、销售及财务。至 1918 年初，几乎所有工业企业都实行了工人监督。1917 年 12 月 2 日，全俄中央执行委员会通过法令，在人民委员会下面设立最高国民经济委员会。一切现有的调节经济的机关都隶属于最高国民经济委员会，最高国民经济委员会有权对经济调节机关进行改革。最高国民经济委员会的任务是组织国民经济和国家财政，制定国家经济生活的总规划和计划。它有权对工商业各个部门实行没收、征用、限制经营、强制辛迪加化并在生产、分配和国家财政方面采取其他措施。最高国民经济委员会是管理和调节国民经济的全国性机构。1918 年 1 月，全俄苏维埃第三次代表大会颁布了《土地社会化法令》，进一步规定立即无偿地废除土地私有制，将所有土地都变成全民财产并交给耕地的劳动者使用。土地法令的颁布和土地改革的实行，使贫农、中农获得了 1.5 亿俄亩的土地和价值 3 亿卢布的农具。土地国有化加强了苏

---

　　① 苏联科学院经济研究所编：《苏联社会主义经济史》第一卷，生活·读书·新知三联书店 1979 年版，第 166—167 页。

维埃政权在农村的经济土地，巩固了工农联盟，广大农民成为苏维埃政权的可靠基础。1918 年 3 月，人民委员会通过了《关于铁路管理的集中化、铁路警卫工作和提高铁路运输能力》的法令。当时的情况是军用列车运行繁忙而且许多地区发生了饥荒，铁路却遭到破坏，必须制止对铁路的进一步破坏，同时提高许多地区的组织管理能力，因此，人民委员会决定交通人民委员部由交通人民委员领导。

当时国际资本主义不相信苏维埃政权会永久存在，他们加紧购买股票和有价证券，力图把俄国的工业和国家地下财富，包括石油、煤、黄金、白金等攫为己有。苏维埃政府制定了措施使国家许多大企业得以保存。1918 年 6 月 20 日，人民委员会关于石油工业国有化的法令就使资产阶级的阴谋破灭。法令宣布石油开采、石油加工、石油贸易、钻探和运输的企业及其全部动产和不动产为国家财产。就这样，苏维埃政权克服了种种阻碍，一系列法令的制定彻底击碎了资产阶级的种种企图。

新生的苏维埃政权受到敌对分子的责骂，敌对分子责骂苏维埃政权对资本采取了"赤卫队式的进攻"。列宁回应指出，这种责骂是荒谬的，这是当时的情况所绝对要求的，粉碎军事反抗非用军事手段不可，赤卫队正是完成了使被剥削劳动者摆脱剥削者压迫的极其崇高伟大的历史事业。用革命手段摧毁旧的经济关系，这都是必要的，应当充分肯定这些革命手段的历史功绩，如果没有这种激烈的斗争，苏维埃政权就不能巩固，就有被搞垮的危险。在国有化的过程中，遇到了种种困难。资本家们竭力破坏国有化。俄国和德国的资本家提出了建立国家资本主义大型托拉斯的计划，建议把中部地区、乌拉尔和俄罗斯南部最大的冶金厂和机器制造厂并入这个托拉斯。经过斗争，他们的计划被否定。

苏维埃政权实行社会主义改造的初步措施，为社会主义经济建设创造了必要的前提。列宁同时指出："这是不是说对资本采取'赤卫队式的'进攻在任何时候和任何形势之下都是适当的，是不是说我们没有其他办法同资本作斗争呢？这样想是幼稚无知。我们用轻骑兵获得了胜利，可是我们也有重炮兵。我们用镇压的方法获得了胜利，我们也能够用管理的方法获得胜利。形势改变了，对敌斗争的方法也要善于改变。"① 苏维埃政权通过企业国有化、银行业国有化、运输业国有化的实施，建立起社会主义的经济成分，但并没有完全改变原有的社会经济结构，也没有彻底改变不同类型的经济成分所占的比例。在五种经济成分（宗法式的农民经济；小商品生产，私人资本主义；国家资本主义；社会主义）中，小商品生产仍占优势，其中大多数是出卖粮食的农民。当时经济领域里的主要矛盾是小商品生产、私人资本主义同国家资本主义和社会主义的斗争，落后的小农经济阻碍着向社会主义的转变。

　　列宁很快意识到，由于俄国的落后条件，不能以继续向资本进攻来规定当前的任务了，要改变经济工作和政治工作的重心。在此以前，居首要地位的是直接剥夺剥夺者的措施。现在居首要地位的是在资本家已被剥夺的那些企业和其余一切企业中组织计算和监督。列宁认为，建立了使被压迫劳动群众能够十分积极地参加独立建设新社会的新型国家，即苏维埃类型的国家，这还只是解决了困难任务的一小部分。主要的困难在经济方面：对产品的生产和分配实行最严格的普遍的计算和监督，提高劳动生产率，使生产在事实上社会化。"在任何社会主义革命中，当无产阶级夺取政权的任务解决以后，随着剥夺剥夺者及镇压他们反抗的任务大体上和基本上解决，必然要把创造高于资本主义的社会结构的根本任务提到首要地位，这个根本任务就是：提高劳动生产率"②。但是在如何改造旧的经济关系，如何向社会主义过渡创造高于资本主义的社会经济制度方面，却是一个困难重重的探索

① 《列宁全集》第 34 卷，人民出版社 1985 年版，第 160 页。
② 同上书，第 168 页。

进程。

二　转变工作重心

　　从列宁的一系列报告和文章看，特别是从他 1918 年 3 月至 7 月间的有关报告和文章，可以看到他科学的、务实的、渐进发展社会主义的思想。"镇压反抗的任务目前大体上已经完成，现在提到日程上来的是管理国家的任务。"① 1918 年 3 月至 7 月是布列斯特和约签订后的"和平喘息"时期。这是十月革命胜利以后苏维埃俄国发展中的一个重要转折时期。在以列宁为首的布尔什维克党的领导下，历时三个月之久的对德和平谈判冲破重重阻力取得了成功。苏维埃俄国在 1918 年 3 月 3 日同德国签订了布列斯特和约，摆脱了帝国主义战争，赢得了宝贵的和平，从而有可能把工作重心从"剥夺剥夺者"转到社会主义的经济建设。从国际上来讲，布列斯特和约的签订使苏维埃政权获得了一个短暂的喘息时机。从国内来讲，无产阶级夺取政权和巩固政权的政治军事斗争已告一段落，党和苏维埃政权有条件实现工作重心的转移。列宁适时地把党和国家的工作重心转移到管理国家和发展生产经济建设上，并对俄国向社会主义过渡作了初步的规划。

　　马克思指出，从资本主义到社会主义有一个过渡时期，这个过渡时期的基本任务是改造资本主义旧经济、建设社会主义新经济。根据科学社会主义创始人的这一思想以及苏维埃政权面临的现实，列宁开始认真考虑在苏俄的具体情况下如何向社会主义过渡的问题。1918 年上半年，列宁相继发表了《苏维埃政权的当前任务》、《关于苏维埃政权当前任务的六条提纲》、《论"左派"幼稚性和小资产阶级性》等论著。在这些论著里，列宁明确提出和深刻论证了无产阶级在夺取政权之后要把主要力量转向社会主

---

　　① 《列宁全集》第 34 卷，人民出版社 1985 年版，第 122 页。

义经济建设的思想，提出了建设社会主义经济基础的计划，拟定
了在俄国从资本主义向社会主义过渡时期苏维埃国家经济建设的
主要方针和措施。

　　列宁在1918年4月的《苏维埃政权的当前任务》一文中提
出了转变党和国家工作重心的观点。他说："俄罗斯苏维埃共和
国取得了和平（虽然是条件极其苛刻和极不稳固的和平），因而
有可能在一段时间内把自己的力量集中到社会主义革命最重要和
最困难的方面，即集中到组织任务上来。"① 这里所谓的"组织
任务"，指组织经济建设的任务。他的意思是说，要把党和国家
的力量集中到组织经济建设上来。列宁总结了党在不同阶段的不
同任务。党的第一个任务是对群众做宣传工作，使大多数人相信
党的纲领和策略是正确的，这个任务在十月革命前夕已经大体完
成。党的第二个任务，是夺取政权和镇压剥削者的反抗，这个任
务在十月武装起义至1918年2月这一阶段大体已经完成。现在，
第三个迫切任务提上了日程，这就是组织对俄国的管理。这就是
说经济管理和生产管理成为迫切的任务。列宁对俄国的经济建设
有着强烈的危机感，"防御力如此薄弱的我们苏维埃社会主义共
和国，处于极不稳固、十分危急的国际环境中。我们必须竭尽全
力利用客观条件的凑合给我们造成的喘息时机，医治战争带给俄
国整个社会机体的极其严重的创伤，发展国家的经济。不这样
做，就谈不到使国防力量真正有所增强"②。无产阶级在革命的
过程中，相对于破坏旧制度的任务而言，更重要和更困难的任务
是建立新制度。列宁认识到："由于历史进程的曲折而不得不开
始社会主义革命的那个国家愈落后，它由旧的资本主义关系过渡
到社会主义关系就愈困难。这里除破坏任务以外，还加上了一些

---

① 《列宁全集》第34卷，人民出版社1985年版，第150页。
② 同上书，第153页。

空前困难的新任务，即组织任务。"①

"在任何社会主义革命中，因而也在我们于 1917 年 10 月 25 日所开始的俄国社会主义革命中，无产阶级和它所领导的贫苦农民的主要任务，却是进行积极的或者说创造性的工作，就是要把对千百万人生存所必需的产品进行有计划的生产和分配这一极其复杂和精密的新的组织系统建立起来。"② 在建立之初，无产阶级的斗争是政治革命方式的斗争，是军事方式的斗争，无产阶级正是通过这种方式的斗争，取得和巩固了自己的统治地位。但是，随着形势的发展，同政治革命和军事斗争相比较，经济和生产领域里的实践任务更繁重，情况更复杂，意义更深远。列宁把政治革命和军事斗争比作轻骑兵的进攻，把经济和生产领域里的实践比作重炮兵的行动：苏维埃用镇压的方法获得了胜利，也能够用管理的方法获得胜利。列宁在 1918 年春提出转变工作重心的思想，就是将党和国家的工作重心从政治斗争和军事斗争方面转移到经济建设，转移到管理国家和发展生产上。"现在提上日程的是恢复被战争和资产阶级统治所破坏的生产力，医治由战争、军事失败、投机活动和资产阶级妄图恢复被推翻的剥削者政权的行径所造成的创伤，发展国家的经济，稳固地维持基本秩序。"③

三　列宁关于社会主义建设的最初探索

在社会主义制度建立的最初时期，苏维埃俄国的社会主义改造和建设不得不在极端困难的条件下进行。新生的共和国处在资本主义的包围之中，和平很不稳固，外国帝国主义者随时可能进

---

① 《列宁全集》第 34 卷，人民出版社 1985 年版，第 3—4 页。
② 同上书，第 154 页。
③ 同上书，第 156 页。

行武装干涉，国内政局动荡，得到外国帝国主义者支持的反革命势力蠢蠢欲动。旧俄国遗留下来的社会经济、技术与文化极其落后，四年帝国主义战争的破坏更使俄国满目疮痍。而当时党内的"左派共产主义者"又不顾实际情况，在签订布列斯特和约问题以及其他一系列国际国内问题上竭力鼓吹各种错误主张。列宁在这种内忧外患的困难复杂条件下领导党和国家进行了坚韧不拔的斗争，并对马克思主义作出了卓越贡献。在这一时期，列宁提出了在俄国进行社会主义建设的思想方针和政策措施，主要包含这样一些内容。

（一）社会主义必须创造比资本主义更高的劳动生产率

社会主义革命首先在俄国这样经济文化较落后的国家取得胜利，摆在无产阶级政权面前的就是这样一个要求，即它必须创造比资本主义更高的劳动生产率，才能巩固自身并最终战胜资本主义。列宁坚持科学的认识，他指出，共产主义的前提并不是十月革命胜利后苏维埃俄国那样的劳动生产率。苏俄的生产率太低，社会主义要求广大群众自觉地在资本主义已经达到的基础上向高于资本主义的劳动生产率迈进。为了社会主义的胜利，重要的正是经济方面的竞赛。在大生产中受过纪律教育的无产阶级知道，只要一天不组织起更大的生产，只要一天不建立起更加严格的纪律，就一天不会有社会主义。列宁将对产品的生产和分配组织最严格的全民计算和监督与在全国范围内提高劳动生产率作为实施社会主义的两个非常重要的物质条件。

无产阶级的革命导师马克思和恩格斯提出从资本主义到社会主义将有一个过渡时期，这一时期也是一个不断探索的过程。列宁分析了俄国现有的各种社会经济结构成分。"（1）宗法式的，即在很大程度上属于自然经济的农民经济；（2）小商品生产（这里包括大多数出卖粮食的农民）；（3）私人资本主义；（4）国家资本主义；（5）社会主义。俄国幅员如此辽阔，情况如此复杂，社会经济结构中的所有这些不同的类型都互相错综地交织在一起。"① 其中，占优势的是小资产阶级自发势力，现实是小资产阶级和私人资本主义合在一起，既同国家资本主义又同社会主义作斗争。小资产阶级抗拒任何国家干涉、计算和监督，不论它是国家资本主义的还是国家社会主义的。列宁认识到，社会主义建设的任务——内部组织任务，将是苏维埃政权面临的十分困难的任务。"根据目前的劳动条件，这个任务无论如何不能象我们从前解决内战任务那样用高呼'乌拉'的方式来解决。"② 在苏俄，提高劳动生产率这个工作的长期性完全是由客观情况决定的。

列宁指出："没有一个社会主义者会不承认这样一个明显的真理：在社会主义和资本主义之间，有一个无产阶级专政的漫长的、比较困难的过渡时期；这个时期的形式，在很多方面将取决于占优势的是小私有制还是大私有制，是小农业还是大农业。"③ 列宁认为，在一个人人识字和全国都是大农业的小国家向社会主义过渡，和俄国这样一个小生产占优势的大国家向社会主义过渡，情况将是不同的，前者可能比较容易、比较快地完成过渡任务，而俄国是一个农民占人口大多数的国家。这样的国家向社会主义过渡，必须将个体农民经济变为公有制经济，将小生产变为社会主义大生产，这个任务决不是在短期内可以完成的。列宁估计到了从一个小农国家过渡到社会主义的困难，因而提出利用国家资本主义等中间环节逐步改造旧的经济关系，并在此基础上提出了一系列比较谨慎和渐进的政策措施。列宁指出，提高劳动生产率，首先需要保证大工业的物质基础，即发展燃料、铁、机器制造业、化学工业的生产。提高劳动生产率的另一种条件就是：

---

① 《列宁全集》第 34 卷，人民出版社 1985 年版，第 275 页。
② 同上书，第 5 页。
③ 《列宁全集》第 33 卷，人民出版社 1985 年版，第 264 页。

第一，提高居民群众的文化教育水平。第二，提高劳动者的纪律、工作技能、效率、劳动强度，改善劳动组织，这也是发展经济的条件。学会工作，这是苏维埃政权应该充分地向人民提出的一项任务。

列宁指出当前这一时期的过渡性质，决定了所采取的措施和手段将不同于以前。"看来，还没有一个专心研究俄国经济问题的人否认过这种经济的过渡性质。看来，也没有一个共产主义者否认过社会主义苏维埃共和国这个名称是表明苏维埃政权有决心实现向社会主义的过渡，而决不是表明新的经济制度就是社会主义制度。"① "社会主义国家只能在以下情况下产生：它已经成为一个生产消费公社网，这些公社诚实地计算自己的生产和消费，节省劳动，不断提高劳动生产率，因而能够把工作日缩短到每天 7 小时或 6 小时以至更少。这就非搞好对粮食和粮食生产（然后，再对一切其他必需品）的最严格的、无所不包的全民计算和监督不可。"②

列宁高度重视计算和监督，认为有决定意义的事情是对产品的生产和分配组织最严格的全民计算和监督，认为这是任何一个无产阶级专政的国家在过渡时期必须首先经历的阶段，是国家资本主义与社会主义共有的"中间站"。所谓"计算和监督"，指在不改变资本主义私有制的前提下，由工人团体或苏维埃国家的某些国家机关，对企业的生产和分配过程进行监督，对有关账目进行计算，从而达到制约资本家的活动和有利于无产阶级利益的目的。在 1918 年春赢得的宝贵和平时机，列宁提出必须改变经济工作和政治工作的重心。"如果我们现在想用以前的速度继续剥夺资本，那我们一定会失败，因为我们组织无产阶级的计算和监督的工作显然落后于直接'剥夺剥夺者'的工作，而这是任何一个有头脑的人都看得很清楚的。如果我们现在竭尽全力进行组

① 《列宁全集》第 34 卷，人民出版社 1985 年版，第 275 页。
② 同上书，第 167 页。

织计算和监督的工作，我们就能解决这个任务，就能弥补疏忽了
的事情，就能赢得我们反资本的整个'战役'。"①

（二）发展和利用国家资本主义

在这一时期，列宁在《论"左派"幼稚性和小资产阶级性》
等著作中，表达了他对国家资本主义的科学认识。在列宁看来，
国家资本主义是高于小农经济的经济发展阶段，在苏维埃的现实
国情下，是苏俄从资本主义向社会主义过渡的必经阶段。列宁在
谈到国家资本主义时曾说过，国家资本主义是以前的社会主义者
没有遇到过的新事物，连马克思也没有想到要就这个问题写下只
言片语，他没有留下任何明确的可供引用的文字和无可反驳的指
示就去世了，因此苏维埃俄国必须自己来找出路。真正的马克思
主义者不应当害怕国家资本主义发展这个阶段，而且还应当积极
推动这个阶段的发展。列宁提出了一个非常重要的思想：俄国是
一个小农占优势、小生产在社会生产中占主导地位的国家。国家
资本主义较之于苏维埃共和国当时的情况，是一个进步。如果国
家资本主义很快在俄国建立起来，那就是一个很大的胜利，那就
真正能够保证社会主义很快在俄国最终地巩固起来，立于不败之
地。"只有发展国家资本主义，只有精心做好计算和监督工作，
只有建立起最严密的组织和劳动纪律，我们才能达到社会主义。
否则，就不会有社会主义。"②

针对列宁提出向社会主义过渡的新举措，特别是关于国家资
本主义的新思路，使"左派共产主义者"再次表现出极大的不
满。"左派共产主义者"集团是在 1918 年 1 月，以布哈林、洛莫
夫等人为核心形成的。他们否定这些过渡时期的必要措施，反对
实施和利用国家资本主义，反对利用旧社会的专家等，他们提出

---

① 《列宁全集》第 34 卷，人民出版社 1985 年版，第 159 页。
② 同上书，第 239 页。

了强烈质疑：在苏维埃社会主义共和国内，向国家资本主义过渡竟会是一个进步？这岂不是背叛社会主义吗？他们发表了《目前形势的提纲》以表达对列宁的《关于苏维埃当前任务的提纲》的反对。他们认为，这是布尔什维克党向资产阶级及其小资产阶级知识分子的走卒投降，苏维埃共和国在"右派布尔什维克倾向"的影响下有演变到国家资本主义去的危险，是背叛社会主义。"左派共产主义者"继续主张进行立即实行社会主义，对全部工业企业实行国有化，实行农业集体化。"左派共产主义者"认为，只有实行最坚决的社会化，才能有计划地利用现存的生产资料，不是向资产阶级及其小资产阶级知识分子走卒投降，而是要完全打倒资产阶级和彻底粉碎怠工。列宁驳斥了"左派共产主义者"的言论，认为他们只抓住了书本上的只言片语而忘记了现实。列宁指出："在国有化问题和没收问题上，可以有坚决的或者是不坚决的态度。关键却在于：要从国有化和没收过渡到社会化，即使有世界上最大的'坚决性'也是不够的。我们的'左派'的不幸，就在于他们天真地、幼稚地把'最坚决的……社会化'这些字眼联在一起，从而暴露了他们对问题的关键完全无知，对'目前'形势的关键完全无知。'左派'的不幸，就在于他们没有看到'目前形势'的实质，没有看到从没收（在实行没收时，政治家的主要品质就是坚决性）到社会化（要实行社会化，就要求革命家有另一种品质）的过渡的实质。昨天，形势的关键在于尽量坚决地实行国有化，实行没收，打击和打倒资产阶级，粉碎怠工，今天，只有瞎子才看不到，我们已经国有化的，已经没收的，已经打倒的和粉碎的，比我们来得及加以计算的要多。可是社会化和简单的没收不同的地方就在于：实行没收单有'坚决性'就可以了，用不着有正确计算和正确分配的才能，而实行社会化，没有这种才能就不行。"① 这段话表明列宁对马克

---

① 《列宁全集》第34卷，人民出版社1985年版，第273页。

思主义基本原则的坚决坚持。在列宁看来，实现社会主义要以生产的社会化为前提，在大规模的社会主义改造基本完成后，问题的关键已经不在于"没收"和"国有化"，而是提高劳动生产率，发展生产力。

根据列宁的阐释，苏维埃政权下的国家资本主义，就是苏维埃社会主义国家能够加以限制、能够规定其范围、有利于全体人民的资本主义。"任何一个没有丧失理智、没有被书本上的只言片语塞满头脑的人都一定会说，国家资本主义是我们的救星。"①"国家资本主义在克伦斯基的民主制度下可以是走向社会主义的一个步骤，而在苏维埃政权下则会是 3/4 的社会主义，因为我们可以使国家资本主义企业的组织者成为我们的助手。"② 国家资本主义不仅不是洪水猛兽，相反是过渡到社会主义的正确途径，因为在列宁看来，国家资本主义是集中的，有计算和监督的，社会化的，而苏维埃俄国正好缺少这些。通过实施国家资本主义可以学习西方国家先进的管理经验，引进外国的先进科学技术，利用外国资本加速社会主义建设，赶上并超过西方发达的资本主义国家，早日建成社会主义。

（三）学习和利用资本主义

列宁提出了一个著名的论点："社会主义能否实现，就取决于我们把苏维埃政权和苏维埃管理组织同资本主义最新的进步的东西结合得好坏。"③ 他提出了著名的公式："乐于吸取外国的好东西：苏维埃政权 + 普鲁士的铁路秩序 + 美国的技术和托拉斯组织 + 美国的国民教育等等等等 + + = 总和 = 社会主义。"④

列宁形象地把德国和苏俄比作一个蛋壳中两只未来的鸡雏，

---

① 《列宁全集》第 34 卷，人民出版社 1985 年版，第 236 页。
② 同上书，第 237—238 页。
③ 同上书，第 170—171 页。
④ 同上书，第 520 页。

体现出分成了两半的社会主义：德国是实现社会主义的经济、生产、社会条件；苏俄是实现社会主义的政治条件。苏俄既然还不具备实现社会主义所需的全部条件，就应该学习德国在经营和管理资本主义上所取得的高度成就。列宁提出了向德国的国家资本主义学习的思想。"历史的发展是迂回曲折的。现在出现了这样的情况：正是德国人，除了体现残暴的帝国主义，同时又体现了纪律、组织、在现代机器工业基础上的紧密协作以及极严格的计算与监督的原则。而这正是我们所缺少的。这正是我们要学会的。这正是我们伟大革命由胜利的开始经过许多严重考验而走向胜利的结局所缺少的东西。这正是俄罗斯苏维埃社会主义共和国不再做又贫穷又衰弱的国家，而永远成为又强大又富饶的国家所需要的东西。"① 列宁认为，德国"那里有达到'最新成就'的现代大资本主义技术和服从于**容克资产阶级帝国主义**的有计划的组织。如果把这些黑体字删掉，不要军阀的、容克的、资产阶级的、帝国主义的国家，**同样用国家**，然而是另一种社会类型、另一种阶级内容的国家，**苏维埃国家**，即无产阶级国家来代替，那你们就会得到实现社会主义所需要的**全部条件**"②。

列宁将社会主义建设奠定在科学的基础之上："为了表明苏维埃政权要向社会主义过渡必须利用资产阶级知识分子的服务，我冒昧地说一句骤然听来似乎是奇谈怪论的话：学习社会主义，在很大程度上要向托拉斯的领导者学习，学习社会主义，要向资本主义最大的组织者学习。正是大工厂，正是把对劳动者的剥削发展到空前规模的大机器工业，是唯一能够消灭资本统治并开始向社会主义过渡的那个阶级集中的中心；凡是考虑到这一点的人都不难相信，上面的说法并不是奇谈怪论。因此，当社会主义的组织工作提到日程上时，为了解决社会主义的实际任务，我们就

---

① 《列宁全集》第 34 卷，人民出版社 1985 年版，第 77 页。
② 同上书，第 279 页。

必须吸收大批的资产阶级知识分子，特别是那些曾经从事过资本主义的最大生产的实际组织工作，首先是组织过辛迪加、卡特尔和托拉斯的人来协助苏维埃政权，这是毫不奇怪的。"① 列宁反复论述了在新的条件下使用愿意为苏维埃政权服务的科学技术专家的必要性，这是向社会主义过渡而绝对必需的，在俄国这样一个农民国家里尤其如此。没有各种学术、技术和实际工作领域的专家的指导，向社会主义过渡是不可能的，因为社会主义要求广大群众自觉地在资本主义已经达到的基础上向高于资本主义的劳动生产率迈进。"我们工人农民通过利用资产阶级专家，自己愈快地学会最好的劳动纪律和高级劳动技术，我们就能愈快地免除向这些专家交纳的一切'贡赋'。"②

列宁关于利用资本主义的认识和主张，遭到了党内外一些人的反对，一些人说这是忘掉了十月革命的传统，说这是同资产阶级专家妥协，同资产阶级调和，是小资产阶级倾向，是改良主义，等等。然而，列宁清醒地认识到这是在俄国这样一个落后的、被反动和不幸的战争严重破坏、又远远早于资本主义国家开始社会主义革命的国家必然要经历的特殊的阶段，不能把国家资本主义同理想的社会主义对立起来。

列宁还提出了一系列管理国家、发展经济的相关思想。他十分关注在国民经济建设中利用现代技术和先进科学的最新成就。列宁提出应该在俄国组织对泰罗制的研究和传授，有系统地试行这种制度并使之适用。泰罗制虽然是资产阶级剥削的最巧妙的残酷手段，但又包含着一系列最丰富的科学成就，它分析劳动中的机械动作，省去多余笨拙的动作，制定最适当的工作方法，实行最完善的计算和监督方法等。因此，苏维埃共和国无论如何都要采用这方面一切有价值的科学技术成果。企业要采用泰罗制这一

---

① 《列宁全集》第 34 卷，人民出版社 1985 年版，第 128 页。
② 同上书，第 163 页。

制度所提供的一切科学的工作方法。否则就无法提高生产率，而不提高生产率就不能建立社会主义。

这个时期非常短暂，列宁 1918 年春提出的向社会主义过渡的规划，随着国内战争的爆发和大规模的外国武装干涉而停止。一些原来企图通过渐进的形式逐步改造旧经济的比较谨慎的政策措施，很快被更加激烈的"战时共产主义"政策所代替。

四 简要评论

有研究者认为，十月革命胜利后究竟应该怎样来建设第一个社会主义国家，在最初的几个月里，包括列宁在内的布尔什维克党领导人没有一个明确的方案。在 1918 年 3 月上旬的俄共（布）第七次（紧急）代表大会上，列宁虽然提出新的历史时期已经到来，社会主义革命除破坏任务以外还有内部组织任务；但是，除了组织全国规模的生产，从贸易垄断到有计划有组织的分配，强迫居民参加消费生产公社和实行普遍义务劳动制等抽象原则外，并没有提出具体的计划来。因此，很长一个时期，史学家们都说列宁在这次代表大会上已经提出了一个完整的社会主义建设计划。这是不确切的。事实上，列宁和俄共（布）党这时关于国家社会主义建设计划的设想是模糊不清的。《苏维埃政权的当前任务》也不是列宁设想的建设社会主义的计划，而是他迅速恢复被破坏的经济，建立转向社会主义建设的基础的工作要点。历来的史学家出于对列宁的崇敬，显然是过高地估价了这一著作的意义。① 还有研究者认为，列宁在《苏维埃政权当前的任务》一文中所提出的经济建设的任务与措施实际上也包含着"军事共产主义"的内容。这一时期的经济政策与"军事共产主义"时期并

---

① 参见陈之骅、吴恩远、马龙闪主编《苏联兴亡史纲》，中国社会科学出版社 2004 年版，第 88—90 页。

无实质性的区别，可以说是"军事共产主义"政策实践的开始。① 我不赞同这样的认识，我认为这一时期列宁关于社会主义的基本认识与他的建设规划，其前后思想是一贯的，在这一时期他关于社会主义的建设计划的基本思想已经基本展现，并为后来的新经济政策所确认和发展。这一时期的思想是重要的、科学的，也是比较全面的，是对社会主义建设的最初的科学探索和规划，只是由于战争的来袭，没有来得及进行更深入的思考，也没有来得及将这些计划付诸实现。

列宁清醒地认识到，苏维埃俄国走向社会主义是一个极端困难的新道路。从社会主义观层面，对这一时期列宁的思想可以从两个层次来理解。

一是列宁对马克思社会主义观的坚持是坚定的。

马克思关于未来社会的构想对于革命胜利后热情高涨、憧憬未来的列宁具有强大吸引力。在建设社会主义的最初实践中，列宁及布尔什维克党理所当然地把马克思关于未来社会的特征作为建设现实社会主义的蓝本和依据。可以说，按照马克思关于未来社会的三大特征来改造和建设俄国的社会主义是当时俄国布尔什维克党的共识。对这种认识，列宁也毫不掩饰："你们回想一下我们党从 1917 年底到 1918 年初所作出的各种正式的和非正式的声明就可以发现，我们那时已认为，革命的发展、斗争的发展的道路，既可能是比较短的，也可能是漫长而艰辛的。但是，在估计可能的发展道路时，我们多半（我甚至不记得有什么例外）都是从直接过渡到社会主义建设这种设想出发的，这种设想也许不是每次都公开讲出来，但始终是心照不宣的。我特意重新翻阅了过去写的东西，例如 1918 年 3、4 月间所写的关于我国革命在社

① 参见陆南泉、姜长斌、徐葵、李静杰主编《苏联兴亡史论》（修订版），人民出版社 2004 年版，第 223、225 页。

会主义建设方面的任务的文章，我确信当时我们真有过这样的设想。"① 布哈林也认可了这样的说法："过去我们把事情想象成这个样子：我们取得政权，把差不多所有的东西抓到自己手里，马上开始计划经济，即使冒出一些什么小事情，我们有的追究责任，有的加以制止，这样就完事了。" 由此 "我们认为几乎立刻就能达到计划经济"②。

列宁对共产主义的发展方向坚信不疑。"在到达完全的共产主义以前，任何形式都不是最终的。我们不敢说我们准确地知道道路怎样走。但是我们必然会确定不移地走向共产主义。"③ 同时，列宁认为，不能苛求马克思或者马克思主义者知道走向社会主义的道路上的一切具体情况。知道这条道路的方向，知道引导走这条道路的是什么样的阶级力量，就足够了，至于在实践中具体如何走，那只能在千百万人开始行动以后由千百万人的经验来证明。

十月革命胜利后建立了世界上第一个无产阶级政权，然而，新政权的建立只是迈向社会主义的第一步。马克思在其理论中揭示了人类社会发展的客观规律——社会主义是一种高于资本主义的新制度，这种新制度的确立必然以高度发达的社会生产力为基础。列宁将马克思的理论运用于分析当时的苏维埃俄国的现实："资产阶级在我国已被击败，可是还没有根除，没有消灭，甚至还没有彻底摧毁。因此，同资产阶级斗争的新的更高形式便提到日程上来了，要由继续剥夺资本家这个极简单的任务转到一个更复杂和更困难得多的任务，就是要造成使资产阶级既不能存在也不能再产生的条件。很明显，这个任务是重大无比的，这个任务不完成，那就还没有社会主义。"④

---

① 《列宁全集》第 42 卷，人民出版社 1987 年版，第 219—220 页。
② 布哈林：《布哈林文选》上册，东方出版社 1988 年版，第 358—359 页。
③ 《列宁全集》第 35 卷，人民出版社 1985 年版，第 217 页。
④ 《列宁全集》第 34 卷，人民出版社 1985 年版，第 157 页。

列宁一再指出，我们推翻了地主和资产阶级，扫清了道路，但是我们还没有建成社会主义大厦。在这一时期，列宁在很多具体措施上表现出对马克思社会主义观的坚持。列宁提出，俄国无产阶级专政现时的基本任务是彻底完成已经开始的对地主和资产阶级的剥夺，把一切工厂、铁路、银行、船队以及其他生产资料和流通手段转归苏维埃共和国所有。把所有托拉斯化的企业完全收归国有，让资本家为国家服务。银行政策不限于把银行国有化，而且应该逐渐地、但是不断地把银行变为全国按社会主义方式组织起来的经济生活的统一的簿记机关和调节机关。要用一系列逐步而坚定的措施彻底消灭私人贸易，组织起统一的经济整体中各生产公社和消费公社之间的正确的和有计划的产品交换。列宁肯定了在制革业、纺织业和制糖业中建立的国家资本主义联合企业的发展成就，指出社会主义的起点是在开始进行更大规模生产的地方。

当时苏维埃共和国所处的国际形势是极端困难和危急的，当时国际资本和帝国主义不仅力图对俄国实行军事进攻，而且力图达成瓜分俄国和扼杀苏维埃政权的协议。因此，"苏维埃共和国必须采取以下策略：一方面要竭尽全力以求最快地发展我国的经济，加强国防力量，建立强大的社会主义军队；另一方面，在国际政策方面必须实行灵活的、退却的和等待世界无产阶级革命（这个革命正在许多先进国家中空前迅速地成熟起来）最后成熟的策略"[1]。这表达了列宁对马克思理论的坚持和对世界革命胜利的期待。

二是列宁对苏维埃俄国社会主义建设任务的认识是现实的、清醒的。

马克思认为，在人类社会发展的最高阶段的共产主义社会必

---

[1] 《苏联共产党和苏联政府经济问题决议汇编（1917—1928）》第一卷，中国人民大学出版社1984年版，第50页。

须建立在社会财富充分涌流的基础上。在列宁看来，十月革命刚
刚胜利后的苏维埃俄国，无论从阶级结构还是经济成分上看，都
不是一种成熟的社会主义制度。此时，苏维埃俄国尚处于从资本
主义向社会主义过渡的过渡阶段。那么，从小私有者占劳动人口
大多数、小生产占优势地位的情况下，究竟怎样向社会主义过渡
呢？列宁的认识是清醒的：既然苏维埃国家还不具备建立社会主
义制度的社会生产力基础，那么，首要的任务就是发展生产力，
向着更高的社会生产力迈进。列宁清醒地认识到，社会主义不是
幻想家的臆造，而是现代社会生产力发展的最终目标和必然
结果。

　　列宁对苏维埃俄国国情的认识是清醒的，他积极探索社会主
义建设的方式，高度重视发展生产力。未来社会的实现并非指日
可待，需要坚持不懈的努力，需要不断探索社会主义的建设方
式。列宁一再告诫全党全国人民："一个落后的、被反动和不幸
的战争严重破坏、又远远早于先进国家开始社会主义革命的国家
必然要经历的特殊的和特别'不愉快的'状态……"① 列宁认
为，当俄国开始进行伟大的改造的时候，在这个国家取得了胜利
的工人阶级政党的功绩，就在于他们已经在实践上直接着手实现
那些以前只是在理论上抽象地提出的任务。列宁提出，应该研究
走向社会主义这一极端困难的新道路的特点。党要同人民群众一
块从实际经验中学习建设社会主义。因为，不能一下子跳到社会
主义。苏维埃俄国走向社会主义是极端困难的，"社会主义的导
师们之所以说从资本主义到社会主义要有一整个过渡时期并不是
没有原因的，他们强调新社会诞生时的那种'长久的阵痛'也不
是没有缘故的，并且这新社会还是一种抽象的东西，它只有经过
一系列建立这个或那个社会主义国家的各种各样的、不尽完善的

---

① 《列宁全集》第 34 卷，人民出版社 1985 年版，第 187 页。

具体尝试才会成为现实"①。

　　1918 年 4 月 29 日，列宁在全俄中央执行委员会会议上关于苏维埃政权的当前任务的报告中再一次指出，虽然苏维埃政权面临各种困难，但是无产阶级必须将建立有组织的社会主义经济事业作为一个根本的任务，一个无产阶级革命斗争的任务，这个任务是由俄国当前的条件决定的。"尽管形形色色的小资产阶级派别大量存在，这个任务也必须尽力完成，而且无产阶级绝对必须打定主意：在这一点上不能作任何让步，因为从夺取资产阶级政权开始的、接着又粉碎了资产阶级一切反抗的社会主义革命，坚决要求把无产阶级纪律和劳动者组织的问题，把用严格的求实精神和熟悉大工业要求的知识来处理工作的本领的问题提到首位。无产阶级应当实际解决这些问题，否则无产阶级就会遭到失败。"②

　　列宁对社会主义建设面临的任务的认识是清醒的：建立政权的任务是极其容易的，苏维埃共和国一下子就诞生了。可是还剩下两个非常困难的任务，而这两个任务无论如何不能用革命在最初几月间所经历的那种胜利进军的方式来解决，社会主义革命往后会遇到十分困难的任务。第一，就是摆在任何社会主义革命面前的内部组织任务。组织计算，监督各大企业，把全部国家经济机构变成一架大机器，变成一个使亿万人都遵照一个计划工作的经济机体，——这就是落在苏维埃政权肩上的巨大组织任务。"我们无论如何不能象过去和卡列金分子进行斗争时那样只用高举大旗胜利进军的方式。谁要想把这种斗争方式拿来解决摆在革命道路上的组织任务，作为政治家、社会主义者和社会主义革命活动家，他就会彻底破产。"③ 第二个极大的困难就是国际问题。

---

① 《列宁全集》第 34 卷，人民出版社 1985 年版，第 281 页。
② 同上书，第 229 页。
③ 同上书，第 5 页。

在不利的形势下，把胜利进军这种解决斗争问题的旧方式搬用到新的历史时期，是毫无益处的冒险。在这种情况下应该善于退却，哪怕赢得一个短促的时间也有利于苏俄医治战争创伤。"我建议这样做，并不是因为我喜欢这样做，而是因为没有别的路可走，因为历史的安排并不那么符合我们的心愿，没有让各国革命同时成熟。"① 布列斯特和约签订后的喘息时机，"不管对帝国主义的仇恨有多深，不管对帝国主义的义愤和不满如何强烈，我们必须认识到，我们现在是护国派。我们不是保护秘密条约，我们是保护社会主义，保护社会主义祖国。但是为了能够保护它，我们必须忍受最沉痛的屈辱"②。

在这一时期，列宁已经认识到大力发展生产力的重要性。由于特殊的历史条件，无产阶级革命首先在俄国这样一个经济和文化落后的国家取得了胜利。在这种情况下，掌握了政权的俄国无产阶级尤其需要坚决地尽快地转向经济建设，大大发展生产力，赶上发达国家使社会主义具有自己的物质基础。事实上，这是列宁的一贯指导思想。由此可见，列宁能够在1921年春领导布尔什维克党实行的向新经济政策的转变，也不是偶然的。

列宁在积极探索社会主义建设方式的同时，高度重视捍卫苏维埃政权的首要作用。比如，他认为国家资本主义中没有任何使苏维埃政权感到可怕的东西，因为苏维埃国家是工人和贫农的权利得到保障的国家。列宁阐明了社会化大生产与无产阶级专政是实现社会主义的两个必要条件即经济条件和政治条件的思想。"没有建筑在现代科学最新成就基础上的大资本主义技术，没有一个使千百万人在产品的生产和分配中严格遵守统一标准的有计划的国家组织，社会主义就无从设想"，同时，"无产阶级若不在

---

① 《列宁全集》第34卷，人民出版社1985年版，第15页。
② 同上书，第81页。

国家内占统治地位，社会主义也是无从设想的"①。谁指望不通过社会革命和无产阶级专政来实现社会主义，谁就不是社会主义者。"在着手提高劳动生产率的同时，还要考虑到从资本主义到社会主义的过渡时期的特点。这些特点一方面要求为按社会主义方式组织竞赛奠定基础，另一方面要求采取强制手段，使无产阶级专政这个口号不致为无产阶级政权在实践中的软弱无力所玷污。"②

考察十月革命胜利后到1918年夏天苏维埃俄国再一次面临战争这一短暂时期，列宁对社会主义的认识是坚持马克思关于未来社会的预测的，但是他对于社会主义的认识并不是单一层面的，可以看到列宁既有快速推进社会主义改造的激进主张，也有谨慎的、主张渐进发展社会主义的思想。当时，资产阶级思想家以及孟什维克和社会革命党人激烈反对列宁在苏维埃国家建成社会主义的方针。他们声称：只有恢复资本主义，俄国才能兴旺起来；共产党关于俄国社会主义改造的各种计划是没有根基的社会福利的空中楼阁。他们认为，依附德国和美国资本才能拯救俄国；只有外国资本的大量涌入才能保证国民经济的恢复和发展。③列宁的社会主义建设计划，坚持以马克思主义的基本原理为依据，并考虑到俄国独特的经济状况和阶级力量对比条件。列宁告诉俄国人民：向社会主义过渡的具体形式，取决于社会主义建设开始时的各种条件，向一个共同的目标前进的途径、方法和手段是多样的。

---

①　《列宁全集》第34卷，人民出版社1985年版，第279页。

②　同上书，第171页。

③　参见苏联科学院经济研究所编《苏联社会主义经济史》第一卷，生活·读书·新知三联书店1979年版，第48页。

第四章 "战时共产主义"与
列宁的社会主义观

理论界对"战时共产主义"的评价，历来看法不一。列宁对它的评价也是有多个说法。系统阅读列宁这个时期的著作，我们就会发现，列宁在谈到这个政策时，有时讲它的被迫性，强调实行这种政策是客观条件所迫，它是在战争条件下被迫采取的；有时讲实行这个政策的功劳，保卫了新生的苏维埃政权；有时也提醒必须知道这个政策的功劳的真正限度，提出这个政策不是实现无产阶级经济任务的政策；有时也讲到这一政策是社会主义或向社会主义过渡的政策，在这个时期采取的某些措施并非由于战争所迫，而是被当作从资本主义向社会主义过渡的最好途径。那么，战争和主观意识形态因素在苏俄实行"战时共产主义"政策上分别起到了怎样的作用呢，列宁到底是怎么样认识"战时共产主义"的呢？在这个时期列宁的社会主义观是怎么样的呢？显然不能只抓住只言片语来认识，应当全面理解分析列宁的思想。在此，谈谈我的理解。

一 战争是实行"战时共产主义"的直接因素

有研究者认为："战时共产主义"首先是为了迅速向纯粹的社会主义过渡而采取的措施，其特征就是消灭商品货币关系、由国家直接控制产品的生产与分配。这种观点认为，"即使不发生国内战争和外国武装干涉，列宁的社会主义建设计划也必然导致实行'军事共产主义'政策，即按共产主义原则组织全国的生产和分配。战争使这一模式更加迅速地以更纯粹的形式得到了贯彻和实行"①。我认为并非如此。在战争与"直接过渡到国家按共产主义原则进行生产和分配"的主观因素这两者中，首先是战争形势迫使苏维埃俄国实行了"战时共产主义"。"在空前困难的条件下，在国内战争的条件下，在资产阶级强迫我们采用残酷斗争的形式的条件下直接进行社会主义建设的试验"②。列宁1918年春天提出的向社会主义过渡的规划，随着国内战争的爆发和大规模的外国武装干涉而停止，一些原来企图通过渐进的形式逐步改造旧经济的比较谨慎的政策措施，很快被更加激烈的"战时共产主义"政策所代替。

在十月革命之前，沙皇政府的粮食供应已经出现了很大的问题。第一次世界大战开始的时候，俄国的国家粮食储备就开始告急。1915年虽然丰收，但是正常的贸易受到破坏，粮食没有进入市场。一些省份开始对主要的食品和工业品实行凭票供应，导致地方价格的巨大差别，投机行为猖獗。尽管如此，在对军队的供应方面，粮食的保障还比较顺利，只是在1916年由于组织的无序，供应才变糟。1916年，农作物的播种面积减少了12%，粮食产量减少了20%，肉的产量减少了3/4。但是，1916年仍然收获了38亿普特粮食，这在没有出口的情况下比国内市场在战争前的需要量超出4亿—5亿普特。就在粮食有剩余的条件下，1916年的国家收购计划也只完成1/3，甚至作战部队被削减了口粮。

粮食危机的原因在于战争期间经济机制遭到了破坏。战争使工

①　陆南泉、姜长斌等主编：《苏联兴亡史论》，人民出版社2004年版，第227页。
②　《列宁全集》第42卷，人民出版社1987年版，第226页。

业转向生产军用品，减少了民用品的生产，导致工业品供应紧张和价格上涨。农村居民开始不再向城市供应粮食和按照固定价格向国家交售粮食。另外，在俄国，把粮食和燃料从生产者运到消费者的距离比德国或者法国长 4 倍。但是俄国欧洲部分铁路网的密度仅为法国的 1/8，德国的 1/10。而铁路运输由于军事需要增加了数倍的负荷，货运量大大超过铁路的运输能力。这就导致首先排挤了民用物资的运输，也就自然导致南方各省出产的粮食积压和北方工业城市的粮食不足。军队人数到 1916 年底差不多比第一次世界大战前增长了五倍，使国家对商品粮的需求量与和平时期相比急剧提高了1.5—2 倍。1916—1917 年的粮食收购计划比第一次世界大战前1910—1913 年的国内商品粮需求量超出 2 倍。需求和供给之间的不平衡达 6 亿普特。这一数字与 1915 年包括出口在内的全部商品粮的产量相当。随着军队的增长、战争的开始，一些食品的供应越来越不够：比如，士兵一昼夜的肉品定额也增加了一倍。现实就是对粮食的需求的急剧增长与粮食供应的急剧减少的矛盾。在这种条件下，沙皇政府于 1916 年 9 月 23 日宣布实行强制余粮征集制。尽管如此，粮食形势仍继续恶化。1917 年 1 月向彼得格勒输送的食品只有最低需求量的一半。粮食不足和空前的物价上涨在 2 月 23 日引发了由彼得格勒开始的大规模罢工和游行示威，最终导致了二月革命。我们可以从沙皇政府的国务会议成员于 1917 年 2 月 27 日夜间给沙皇的电报中更清楚地看清局势："由于运输全面瘫痪，必要的物资无法运来，工厂都停了工。不可避免的失业以及运输瘫痪造成的粮食危机极度加剧，使人民群众彻底绝望了。再加上人民心中根深蒂固的对政府的仇视和对当局的极端不信任，这种情绪就变得更为强烈。所有这一切就形成了全民的自发势力的动乱，如今连军队也卷入这一运动。在俄国从未受到信任的政府已经威信扫地，根本无力应付严峻的局势……"①

---

① 《列宁全集补遗》（1），人民出版社 2001 年版，第 583 页。

临时政府上台后，在它存在的第三周——3月25日实行粮食垄断，所有谷物和饲料的剩余都被宣布为国有财产，这造成工业品的价格重新急剧上涨。各地在经济上的保守趋势日益发展，1917年春末，开始禁止把食品从本省运往外省。粮食价格不断提高，沉重打击了工人和非产粮省份的农民。1917年夏天对煤、石油、亚麻、皮革、羊毛、盐、鸡蛋、黄油、烟草等实行固定价格。肥皂、茶叶、鞋、钉子、香烟、纸等基本商品开始在消费市场上消失。1917年8月27日实行的提高粮食的固定价格导致企业主们再次更大幅度地提高工业品的价格，引发了民众的不满。1917年10月16日，俄国的粮食尽管价格提高一倍，但在商品不足的条件下，粮食垄断实际上不起作用，在这种情况下，不得不使用武力进行粮食收购。粮食部长普罗柯波维奇在临时政府的最后一次部长会议上断然宣布，他只能供给600万人的粮食，但是等待供给的人却有1200万。

可以看到，俄国的粮食形势早在十月革命前就已经存在很大的危机了。沙皇政府和临时政府没有力量也没有办法解决工业、运输、燃料以及粮食等经济破坏问题。罗曼诺夫王朝和克伦斯基临时政府留给工人阶级的，是一个被他们所进行掠夺的、罪恶的、非常痛苦的战争弄得完全破产的国家，是一个被俄国和外国的帝国主义者劫掠一空的国家。这些状况无疑加剧了十月革命胜利后苏维埃政权的一系列困难。

俄国社会主义革命的胜利在世界上是一个划时代的成就。然而，这并不能立即改变俄国面临的内忧外困的形势。十月革命之后，沙皇政府和临时政府积累下来的，最终导致它们垮台的所有问题都落到了布尔什维克政府身上。十月革命胜利后的粮食危机和国内外敌对势力的进攻形势也更加严峻。苏维埃俄国从诞生之日起，就处于帝国主义列强的军事包围、政治孤立和经济封锁之中。帝国主义列强不能容忍一种异己的社会制度的存在，十月革命胜利后不久的1917年11月30日，英法等协约国就在巴黎召开会议专门讨论如何对付苏维埃俄国。作为这次会议的一个重要结果，英法两国于 12 月下旬签署了一份武装干涉苏俄的协定。协定中规定英法组织武装干涉俄国，以便推翻苏维埃政权并把它划分为若干个活动范围，哥萨克地区、高加索、亚美尼亚、格鲁吉亚、库尔德斯坦应划入英国的活动范围，而比萨拉比亚、乌克兰、克里木则应划入法国的活动范围。但是，要武装干涉终究得有个借口，刚好此时德国利用苏俄内部在签订布列斯特和约问题上意见不统一而大举向苏俄进攻，于是这些国家便扯起"保卫俄国不受德国侵犯"的大旗。列宁称之为"在'保卫'俄罗斯社会主义共和国不受德国侵略的借口下来扼杀俄罗斯社会主义共和国"①。

　　俄国国内的各种反动阶级也仇视这个政权，不断进行破坏活动。战争的危险不断向布尔什维克袭来。而在 1918 年初苏俄与德国缔结布列斯特和约之后，列宁和布尔什维克党曾经以为战争的危险已经暂时过去，可以着手和平建设了。他们曾经指望有一个相当长的时期可以进行经济恢复，结果却令列宁大失所望。列宁对国内国际资产阶级的敌视进攻、武装干涉和苏维埃政权本来想采取的措施作出了这样的分析："国家政权（无产阶级）在向新的社会关系过渡时曾试图通过一种可以说是最能适应当时存在的关系的途径，尽可能采用渐进的办法，不作大的破坏。而我们的敌人资产阶级却施展一切手段，迫使我们采取殊死斗争的极端做法。从敌人方面说，这在战略上是否正确呢？当然是正确的，因为资产阶级如果不在这方面通过直接的搏斗来试一下自己的力量，怎么会突然服从一个崭新的、从来没有过的无产阶级政权呢？"② 在这一时期，英、法、美、日径直把干涉军开进俄国领土，并同俄国国内的白匪叛乱勾结在一起，策动反革命暴乱，试

————————

① 《列宁选集》第 3 卷，人民出版社 1995 年版，第 558 页。
② 《列宁全集》第 42 卷，人民出版社 1987 年版，第 224 页。

图打垮苏维埃政权。英法两国的军队于1918年春从俄国北部的摩尔曼斯克登陆，日本军队以及部分英美军队从海参崴登陆占领了苏俄的远东地区。德国军队则占领了波罗的海沿岸、乌克兰以及南高加索地区。这些国家开始进行经济封锁和策动反革命叛乱。英法军队不仅支持旧俄将军科尔尼洛夫和邓尼金在高加索策动了哥萨克上层分子的暴乱，而且挑唆由战俘组成的捷克斯洛伐克军团在转向西线回国的途中发动反对苏维埃政权的叛乱。国内各种反动势力也乘机发动反革命暴乱。一时间，"北方有摩尔曼，东部有捷克斯洛伐克军的战线，东南方有土尔其斯坦、巴库和阿斯特拉罕，英法帝国主义铸造的包围圈几乎已经合围了"①。

在帝国主义的支持下，反革命暴乱所蔓延的地区，许多地方苏维埃政权被推翻，苏维埃法律被废止，地主建立起反革命的白色恐怖统治。1918年下半年，苏维埃俄国陷入了外国武装干涉和国内反革命势力的包围之中，形势十分危急，大片领土沦陷，一些盛产粮食的地区、原料产区、石油中心和煤炭基地被敌人占据，从而切断了苏维埃国家粮食、燃料和原料的主要来源，使主要城市和工业中心的粮食、燃料和原料供应都非常缺乏，以致40%的工厂处于停产状态。早已为战争所严重破坏的交通运输业，又因燃料不足而陷于瘫痪。人民忍饥挨饿，生活十分困难。苏维埃国家陷于极端的困难境地。社会革命党人和孟什维克还不断策划破坏和暗杀，加剧了恐怖气氛。8月30日，在社会革命党人的指使下，卡普兰用毒药子弹射伤了列宁，妄图以暗杀手段实现其推翻苏维埃政权的卑鄙阴谋。

接连的战争迫使苏维埃政府把所有力量和所有剩余的俄国工业潜力转向军事目的。在1918年到1921年这几年当中，苏俄政府的经济问题缩小为主要支持军事工业，利用过去遗留下来的贫乏资源来达到军事目的，同时使城市居民活下去。从本质上看，

---

① 《列宁全集》第35卷，人民出版社1985年版，第7页。

"战时共产主义"就是在一个被围困的堡垒内有系统地组织消费工作。在种种困难之中，苏维埃政权面临的最大困难是粮食问题。在俄国，能够提供大量粮食的主要省份处于被德国人占领的乌克兰和已经被内战笼罩的南方地区。而粮食消费省和工业省在布尔什维克控制的北方地区。战争爆发后，苏维埃俄国实际上脱离了俄罗斯帝国的传统的粮食基地。而且从 1915 年到 1917 年 10 月，高产粮地区的播种面积已经减少了 20%，一些地方甚至减少 50%。1918 年春天，粮食的不足达到了极端危险的界限，在布尔什维克控制的北方地带的城市里爆发了饥荒。饥荒无情地威胁着工人和所有贫苦农民。

从 1919 年春到 1920 年底，外国武装干涉与国内叛乱力量结合在一起又先后三次大举向苏维埃政权进攻。1918 年 11 月，第一次世界大战以德奥同盟国集团的失败而告终。以德国为首的同盟国被打败，却使英、法、美、日等协约国集团得以抽调兵力，开始集中力量来对付苏维埃俄国。这样，从 1919 年春天起，西方资本主义国家对苏维埃俄国的武装干涉便进入了高潮。英法的海军舰队进入黑海并且占领了敖德萨和南高加索地区，英美军队从北部登陆占领了摩尔曼斯克和阿尔汉格尔斯克，日美军队则从远东地区登陆。这样，外国干涉军差不多完全切断了苏维埃俄国与国外的所有海路通道。在实施封锁的同时，帝国主义还扶植俄国国内的反革命势力，高尔察克、邓尼金和尤登尼奇分别在西伯利亚、南方顿河地区和波罗的海一带集结反革命势力，直接威胁彼得堡。年轻的苏维埃政权面临着巨大的危险和严重的威胁。

新生的苏维埃国家处于战争的形势之下，集中全国的人力物力以确保战争的胜利是实行"战时共产主义"的直接原因。这一政策成为新生的红色政权为维护自身的生存而不得不采取的措施。1918 年 1 月 31 日，仅次于列宁的二号人物托洛茨基被任命为供应和运输非常委员会主席，这足以说明当时的紧迫形势。战争造成的巨大困难，严酷的经济破坏的现实，使苏俄开始探索保证生存的方式。

二　"战时共产主义"的实施

苏维埃俄国 1918 年春获得的和平喘息时机未能持续多久，国内外反革命势力又把战争强加于工农国家，迫使苏维埃人民中断了刚刚着手进行的和平社会主义建设。布尔什维克党在极端艰难的条件下使革命向纵深发展，不仅在城市、也开始逐步在广大农村建立起苏维埃政权。为了动员一切人力和物力来保卫国家，苏维埃政权宣布全国为统一的军营，采取了后来称为"战时共产主义"的一系列非常措施：由国家按严格的集中制管理一切工业生产，不仅把大工业，而且把中等工业以及一部分小工业收归国有；实行余粮收集制，要求农民把全部剩余产品缴纳给国家；禁止私人买卖粮食和工业品；取消货币流通而代之以实物交换；实行普遍劳动义务制，使劳动军事化，等等。向"战时共产主义"政策的过渡是从 1918 年夏到 1919 年春逐步完成的，它的执行一直持续到 1921 年初外国武装干涉和国内战争结束时。

外国武装干涉和国内战争的进行首先使粮食问题成了苏维埃国家面临的一个十分尖锐的问题。对于粮食形势，列宁敏锐地看到，饥荒无情地威胁着工人和所有贫苦农民。起初，饥荒的造成并不是由于俄国没有粮食，而是由于资产阶级和富人在粮食这个最重要最尖锐的问题上，同劳动者的统治、同工人国家、同苏维埃政权作最后的斗争。在粮食和其他食品方面投机活动十分猖獗。资产阶级和富人，其中包括农村的财主、富农，还在破坏粮食垄断，破坏国家的粮食分配办法。粮食收购也不断遭到资产阶级的破坏。农村的财主、富农、土豪，鱼肉乡里几十年，现在又靠投机、酿私酒来赢利，因为这可以使他们发财，至于造成饥荒的罪过，他们就推到苏维埃政权身上。这些状况使列宁认识到，当几十万以至几百万人忍饥挨饿，而财主、富农和投机商却把千百万普特粮食隐藏起来的时候，不建立有效的粮食收购和供应机制就难以维护和巩固政权。因此，只能是"觉悟的先进工人把贫苦农民群众团结到自己周围，建立钢铁般的秩序，建立严厉无情的政权，即真正的无产阶级专政，从而获得胜利，强迫富农服从，在全国范围内合理地分配粮食和燃料"①。列宁曾兴奋地认为，合理地分配粮食和燃料，努力获得粮食和燃料，由工人在全国范围内对此实行最严格的计算和监督，这就是社会主义的真正的、主要的前阶。"这已经不是'一般革命的'任务，而正是共产主义的任务，正是劳动者和贫苦农民应当向资本主义进行决战的任务。"②

（一）实行余粮收集制

随着粮食形势的继续恶化，列宁又开始呼吁各地广泛建立工人征粮队，希望通过组织伟大的"十字军讨伐"来反对粮食投机商，反对富农，反对在收集、运输和分配粮食与燃料方面破坏秩序的人。一系列措施的出台保障了城市的粮食供应。但是，征购来的粮食还是不能完全满足国家粮食供应的巨大需求。由于国家收购价格大大低于市场价格，越来越多的富农私藏余粮，拒绝将粮食出售给国家。从 1918 年 8 月起，苏维埃政府开始执行关于不向国家或合作社登记多余粮食和其他各种食物的人应没收财产的法规和法令，强制规定富裕农民必须缴纳实物税，也就是说规定农民用实物即粮食纳税，凡粮食超过自己的消费量（包括全家口粮、牲口饲料、种子）一倍或一倍以上的，都算是富裕农民。然而，接下来国内战争的爆发，造成国家的粮食需求依然无法满足。局势的极端性造成了所采取的措施的极端性。苏维埃政权开始施行一系列非常措施。

由于在粮食储备、供应和征收过程中的紧急情况和尖锐问

---

① 《列宁全集》第 34 卷，人民出版社 1985 年版，第 337 页。
② 同上书，第 339 页。

题，开始提出在国家垄断的前提下向农民征收粮食，即实行余粮收集制。1919 年 1 月 11 日，人民委员会颁布了《向生产省征集国家分配所需的粮食和饲料》的法令，即余粮征集制的法令，为满足国家需求所必要的全部粮食和谷物饲料，规定对粮食和粮食产品实行国家垄断，同时特别指出要在产粮省份的农民中摊派其应该交给国家的最低粮食额，即农民必须上缴全部余粮。自此全俄范围内陆续开始实行余粮征集制。国家机构对产粮的省、县、镇、村、农户下达征收粮食的计划，而且使用了村社所惯用的连环保的原则。国内禁止对粮食和其他食品的私人贸易，包括日用品在内，都实行凭票供应制。这一时期还实行了其他措施，包括全部工业和商业一律收归国有，国家对生产和产品分配实行严格监督；取消商品货币关系，取消城乡市场贸易，实行计划配给等。这一系列措施后来被称为"战时共产主义"，其中余粮征集制是最重要的内容，它的影响最大。

在这一时期，面对危机的粮食问题，列宁写作了《关于粮食专卖法令的要点》、《对粮食专卖法令的补充》、《人民委员会关于动员工人同饥荒作斗争的决定草案》和《论饥荒》等著作，阐述了他对于饥荒和粮食问题的看法。从一系列法令中，可以看到列宁对采取国家粮食垄断政策的坚决态度。列宁强调，一方面要在法律上确切地规定粮食人民委员的新的权力；另一方面要摆脱饥荒，必须向囤积余粮的农民资产阶级和其他资产阶级展开无情的恐怖的斗争。同时，列宁还对实施中的粮食专卖法令作出补充。1918 年 5 月 9 日，《对粮食专卖法令的补充》这样写道："凡有余粮而不把余粮运到收粮站者以及滥用存粮酿私酒者一律宣布为人民的敌人，交革命法庭判处 10 年以上的徒刑，没收全部财产，永远驱逐出村社；对酿私酒者还要处以强制性的社会劳动。"① 列宁充满信心地预测：把所有余粮收集到中央苏维埃政

---

① 《列宁全集》第 34 卷，人民出版社 1985 年版，第 297 页。

权手里并正确地加以分配，苏维埃红军就能成为不可战胜的军队，就能彻底打垮高尔察克和邓尼金，就能恢复工业，保证正常的社会主义生产和分配，保证彻底的社会主义制度的确立。

（二）对国民经济实行高度集中的管理

随着一系列战时政策的实施，要求苏维埃政权按照战时需要来集中管理经济。1918年11月成立了以列宁为首的工农国防委员会，这是苏维埃国家的最高经济、政治和军事机关，以便动员工业和全国一切资源，组织交通运输，扩大军事工业，同武装干涉者和国内敌人进行斗争。苏维埃政府还决定对所有有劳动能力者实施普遍劳动义务制。在这一时期，党和国家开始实行在最高国民经济委员会下设各部门的总管理局或生产部的"总局制"，规定由各总管理局或部直接对每个企业制订生产计划、物资技术供应计划和产品分配计划，企业从上级机关获得原料和生产所需的机器设备，并按上级机关的规定提供产品。工业的管理和计划工作集中在最高国民经济委员会各部门的总管理局和各中央委员会以及生产部手中。截至1920年，全国共设有52个总局和21个部，地方上也成立了86个国民经济委员会。在这一时期，国家几乎把所有商品集中起来，国家组织对产品的有计划分配来代替私人商业；几乎完全禁止私人贸易，组织起国家领导下的供应系统并力图把所有居民组织在消费合作社之中，按国家规定的统一标准向居民配给生活必需品，工人工资90%以上发给实物。国家还免费供给工人工作服、劳动鞋，一切公共服务如住宅、邮局、燃料和铁路交通等均免费供应，同时还开始实行免费医疗。

这一高度集中的计划管理体制，在保证战时生产、满足战争需求、保证前线和后方最必需的生产和供给，最终战胜国内外敌人和巩固苏维埃政权方面确实发挥了巨大的作用。"管理总局体制的主要特征是，由总局实行'直接领导制'和'统收统支制'。这种体制，在当时战争极其艰苦，在原料、燃料极其缺乏的条件下，有利于国家最大限度地根据国防需要来动员资源，对企业的活动进行集中领导和管理，组织生产。"① 但是，在生产力并不发达的现实下，这种高度集中的体制显然也是难以长时间持续的。

（三）对中小企业实行国有化

在战时物质资源极端匮乏的情况下，急需最严格地集中分配原料和制成品。"1918 年 6 月 28 日，人民委员会颁布法令，加速对各工业部门大企业的国有化。法令指出，为了与经济遭受破坏和粮食危急状态进行坚决的斗争，为了巩固工人阶级和农村贫民的专政，人民委员会宣布苏维埃共和国境内的采矿、冶金、金属加工、纺织、电气、锯木、木器制造、烟草、玻璃、陶瓷、皮革、水泥和其他工业部门的大企业，以及蒸汽磨、地方公用事业企业和铁路运输企业的所有资本和财产，均无偿地转归为苏维埃共和国的财产。这类企业实行国有化的条件主要是：资产总额在 20 万卢布以上或对国计民生至关重要的企业。"② 1920 年苏俄最高国民经济委员会先后通过决议，宣布把中小企业也无偿国有化。1920 年 11 月 29 日，苏维埃政权公布法令，凡拥有动力机械，而且工人人数在 5 人以上的企业，或虽没有动力机械但工人人数超过 10 人的企业，一律实行国有化。这就将国有化扩展到部分中小企业了。

（四）自由贸易被取消，经济关系实物化

在战时，实行了国内贸易国有化和实物配给制。1918 年 11 月 21 日，人民委员会颁布了《关于组织一切产品、个人消费品

---

① 周尚文、叶书宗、王斯德：《苏联兴亡史》，上海人民出版社 2002 年版，第 81 页。

② 同上书，第 79 页。

及日用品的居民供应》的法令。该法令规定：一切食品、个人消费品和家用物品均由国家和合作社组织供应，禁止私商。之后又对糖、茶、盐、火柴、布匹、鞋、肥皂等实行国家垄断。26 日，最高国民经济委员会和粮食人民委员部公布了《关于对某些食品和日用品贸易的国家垄断》的决定，宣布对烟草制品、食糖和糖制品、茶叶、咖啡、食盐、火柴、纺织品、煤油、鞋子、钉子和肥皂等实行国家垄断，禁止私人经营。"在食品和日用品极为有限的条件下，国家取缔私人贸易，实行商业垄断，有利于保证前线红军的日常生活供应，也便于对全国城镇 3500 万居民实行统一的定额供应政策。1918 年下半年起，彼得格勒和莫斯科两大城市就实行按照体力劳动强弱原则的实物定额配给制度。"①

1919 年 3 月 16 日，人民委员会颁布了《关于消费公社》的法令。粮食状况的困难，要求采取从饥荒中拯救国家的紧急措施，对人力物力实行最严格的节约。因此在分配方面必须建立统一的分配机构。在全国各城市和农业区中，合作社一律联合并改组为统一的分配机关——消费公社。这个法令要求"地方粮食机关把分配食品和日常必需品的全部工作移交给按以上办法组织起来的消费公社。所有苏维埃的合作店铺、商店、货栈和分配站（无一例外），以及属于合作社的生产企业，一律转归消费公社。合作社的全部资本都移交给消费公社"②。在这一时期，苏维埃政权计划在全国范围内用有计划有组织的产品分配来代替商业，计划把全体居民组织到统一的消费公社网中，因为"这种公社能把全部分配机构严格地集中起来，最迅速、最有计划、最节省、花费最少的劳动来分配一切必需品"③。苏维埃政权认为按共产

---

① 周尚文、叶书宗、王斯德：《苏联兴亡史》，上海人民出版社 2002 年版，第 83 页。

② 《苏联共产党和苏联政府经济问题决议汇编（1917—1928）》第一卷，中国人民大学出版社 1984 年版，第 139 页。

③ 同上书，第 146 页。

主义原则发展合作机关是非常正确的。合作社是今后按照共产主义原则组织居民供应的基础。"由于国家对粮食和物品的垄断，对居民实行集中供应，到1919年底，整个国家生活中已全面实行了经济实物化和无货币结算，进一步降低了货币的作用。"① 1920年11月11日，人民委员会通过了《关于取消货币结算》的法令。法令委托财政人民委员部拟定关于废除国家机关、企业和工人、职员的邮电费、使用自来水设备和其他市政公用设备费用的法令草案。

三　列宁对"战时共产主义"的评论

苏联学者吉姆佩尔松认为："（1）列宁只是在作历史的回顾时，1921年4月在《论粮食税》中首次使用了'战时共产主义'一词。在这之前无论是列宁还是党的文件，都找不到用这个名称来指当时的非常的经济措施。（2）列宁使用特殊的'共产主义'这个词仅仅是强调它的条件性和形象性。（3）列宁任何时候也没有直接谈到'战时共产主义'是非常的'共产主义'措施的总和或体制，他仅在涉及体制的某一方面，主要是余粮征集制时才使用这个词。"② 我并不完全赞同该研究者的这种看法，但是也认为这些看法提出了一些值得深入思考的问题。"战时共产主义"作为苏俄社会主义建设的一个重要时期，它的内涵远远不止于一种特定的粮食政策。同时，这一提法常常被人们用来指称列宁在这一时期对社会主义的理解也是有根据的，虽然这并不是这一词的全部含义。布哈林就曾这样说过："由于当时已经集中得相当厉害了，所以自然就产生了一种想法，完全巩固的建立社会主义

---

① 周尚文、叶书宗、王斯德：《苏联兴亡史》，上海人民出版社2002年版，第84页。

② 转引自吴恩远《苏联史论》，人民出版社2007年版，第29页。

计划已经为时不远了。换句话说，战时共产主义在我们想来并不是'战时的'，也就是并不只适合于内战的某个发展阶段，而是万能的、普遍适用的，也就是胜利了的无产阶级的经济政策的'正常'形式。"①

列宁对"战时共产主义"的评论涉及很多方面，评价重点有所不同，大体上可以划分为两个时期，第一个时期是1921年春开始实施新经济政策的时候。列宁在俄共（布）十大上所作的《关于以实物税代替余粮收集制的报告》和就这一报告所作的《总结发言》、在俄共（布）莫斯科市和莫斯科省支部书记及支部负责人代表会议上所作的《关于粮食税的报告》、《论粮食税》、在俄共（布）第十次全国代表会议上所作的《关于粮食税的报告》中，评论了"战时共产主义"，着重讲了"战时共产主义"政策有功劳和有成就的一面。第二个时期是从1921年秋开始出现了一些变化，列宁在《十月革命四周年》、《新经济政策和政治教育委员会的任务》、《在莫斯科省第七次党代表会议上关于新经济政策的报告》等文献中，谈到了"战时共产主义"的有关问题，列宁就不再怎么提到它的成绩，而强调其严重的错误和教训了。当苏维埃俄国采取了逐渐的、迂回的、审慎的过渡方法——新经济政策后，这个政策引起了许多疑虑。不少人留恋和美化"战时共产主义"政策，反对新经济政策。这种"战时共产主义的残余"成了实行新经济政策的障碍。这时列宁着重阐明了："战时共产主义"政策作为直接向共产主义过渡的政策，在实践中失败了，是错误的。

综合两个时期列宁的一系列论断，他对"战时共产主义"的基本思想有以下几个方面。

第一，客观评价"战时共产主义政策"。列宁多次表达了他对"战时共产主义"的态度和基本原则。列宁认为，如何评价战

---

① 布哈林：《布哈林文选》上册，东方出版社1988年版，第109页。

争时期的政策，如何认识过去的政策是正确还是错误，是有益的还是无益的，是很重要的问题，这关系到一是如何认识历史，二是如何认识当前实行的新的经济政策。如果昨天的经验教训没能使人们看到旧的方式方法的不正确，那么今天就绝不可能学会用新的方式方法来完成自己的任务。列宁认为，如果对战时共产主义政策没有一个客观公正的认识，就会在党内造成思想混乱，进而对新经济政策的实行产生不利影响。列宁的基本态度是：充分认识"战时共产主义"的局限性的同时，不能抹杀巨大的历史功绩。"战时共产主义"是苏维埃政权在非常时期采取的一种临时措施，虽然有些地方走得太远了、过火了，但其历史功绩是决不容抹杀的。

第二，"战时共产主义"是战争和经济破坏迫使下的产物。"战时共产主义"保证了苏维埃政权的胜利，是在一个被封锁的国家中，在一个被包围的要塞内取得胜利的重要政策。对于苏俄当时为了解救挨饿的城市工人和在前线打仗的士兵而不得不实行余粮征集制的情况以及强制性征粮时的一些极端行动，列宁不止一次地指出了战争的影响，那时苏维埃俄国"四面被封锁，被包围，与全世界隔绝，以后又与南方产粮区、与西伯利亚、与产煤区隔绝，我们无法恢复工业。那时我们不得不果断地实行'战时共产主义'，不畏最大的艰险：我们宁可忍受半饥饿、甚至比半饥饿更坏的生活，也无论如何要捍卫住工农政权；尽管经济破坏空前严重，流转停顿，我们也要把它捍卫住"①。"在战争时期，特别是当国内战争切断了我们与西伯利亚、高加索和整个乌克兰这些产粮区的联系，切断了煤炭和石油的供应，以及减少了其他燃料的来源时，我们已处在被包围的要塞中，不实行余粮收集制，我们就不能维持下去，而所谓余粮收集制，就是征收农民的一切余粮，有时甚至不单单征收余粮，还征收农民某些必需的粮

---

① 《列宁选集》第4卷，人民出版社1995年版，第511页。

食,以求能保持军队的战斗力和使工业不至于完全崩溃。"①

列宁质问那些反对苏维埃政权的政策的人说:"请问你们:在一个经济遭到破坏、工厂停工的国家里,如果农民不把余粮拿出来,挨饿的工人是不是有服从多数农民的决定的权利呢?如果用其他方法不行,他们有没有甚至用暴力取得这些余粮的权利呢?"② 战争破坏了俄国的工业,工厂没有燃料,工业同原料产地隔绝。"俄国棉纺织厂需要的原料,要从埃及和美国运来,再近也要从土耳其斯坦运来,当反革命匪帮和英国军队占领了阿什哈巴德和克拉斯诺沃茨克的时候,请你们从土耳其斯坦运运看!当铁路无法运输,遭到破坏,没有煤陷于停顿的时候,请你们从埃及从美国运运看!"③ "战时共产主义"是苏维埃俄国争取生存的一种选择,对于年轻的苏维埃俄国打败外国武装干涉和国内反革命叛乱发挥了重要作用。

第三,"战时共产主义"是有功劳的。1921 年 3 月至 4 月间,当苏维埃俄国开始向新经济政策过渡时,面对对"战时共产主义"的否定,列宁肯定了它的成绩。列宁承认,战争时期的全部经济都是贯穿着战时原则的。过急的、直线式的、没有准备的"共产主义"是由于战争,由于不能弄到商品和不能使工厂开工引起的。在当时所处的战争条件下,这种政策基本上是正确的。它的最大历史功绩就是在一个经济遭到破坏的落后国家中保全了无产阶级专政。如果单纯从经济角度考察,"战时共产主义"的做法显然不适合俄国落后的经济状况,但是从应对国内战争、保障无产阶级政权生存需要的复杂历史背景去看,当时社会主义经济建设问题还不是党面临的最紧迫的、要解决的首要问题,发展经济与打击反动势力,保卫革命的新生政权相比,还不得不放在

① 《列宁全集》第 41 卷,人民出版社 1986 年版,第 141—142 页。
② 《列宁选集》第 3 卷,人民出版社 1995 年版,第 823 页。
③ 同上书,第 822 页。

次要位置。只有巩固无产阶级政权，社会主义事业才有希望。就保卫工农政权来说，"战时共产主义"政策并没有同工人、农民的利益相抵触，也达到了预期的目的。

"战时共产主义"的功劳表现在，由于实行了余粮收集制等政策，给军队提供了给养，使军队能够进行战斗，供给了工人粮食，使工业不至于完全崩溃，最终战胜了国内外的敌人，从而保全了无产阶级专政。列宁把这些称为工农创造的"英勇奇迹"。在"战时共产主义"下，成千上万的干部和党员，怀着共产主义的理想，进行了艰苦卓绝的斗争，表现了大无畏的英雄气概。"我们取得了胜利（尽管世界上一些最强大的国家都支持我国的剥削者）这一事实不仅表明，工人和农民在谋求自身解放的斗争中能创造出什么样的英勇奇迹。这一事实也表明，当孟什维克、社会革命党人、考茨基之流说我们实行这种'战时共产主义'是一种过错时，他们实际上起了资产阶级走狗的作用。应当说我们实行'战时共产主义'是一种功劳。"①

在谈论作为"战时共产主义"政策核心的余粮收集制时，列宁认为这种政策基本上是正确的，苏维埃政权没有其他的选择，只有立即实行最大限度的垄断，直到不给任何补偿就征收农民的全部余粮，而他们当时是不可能用别的办法来完成这个任务的。列宁认为，一个经济遭到破坏的国家竟然熬过了这样一场战争，这实在是一个奇迹。但是，这个奇迹不是从天上掉下来的，它是从工人阶级和农民的经济利益中产生出来的，是工人阶级和农民的巨大的热情创造了这个奇迹；由于这种奇迹，我们打退了地主和资本家的进攻。"战时共产主义"政策是布尔什维克党和苏维埃政权在处于生死存亡的紧急关头所能够采取和必须采取的唯一正确选择，没有"战时共产主义"政策，没有无条件的集中和铁的纪律，没有工人、农民为此付出

---

① 《列宁选集》第4卷，人民出版社1995年版，第502页。

的巨大牺牲，就没有苏维埃政权。

第四，"战时共产主义"政策是有限度的。列宁也曾一度过高地估计了这一政策的作用，忽略了它的限度，而准备在一个大工业不发达，生产社会化程度很低，小商品生产占优势的国家内，要采用军事行政手段来改造旧的经济关系实现向社会主义的过渡。列宁认为，"战时共产主义"是必需的，但是同时，又做得超过了理论上和政治上所必要的限度。有些事情做得过火了——这是应当十分明确地指出的。全面实行集中统一的计划经济虽能在一定时期内有效支配社会物质资源，保证国家战争急需，但这样做实际上是采取了向社会主义直接过渡的方式，必然与俄国经济现状不相适应，列宁承认了现实暴露出的问题：余粮收集制不是理想，而是一种痛苦的和可悲的需要。相反的看法是危险的错误。由于苏维埃政权经历了"凯歌行进"的过程，依靠人民的热情比较顺利地解决了政治任务和军事任务，结果就想也依靠这种热情来解决伟大的经济任务。但事实证明，对于像俄国那样的经济落后、农民占大多数的国家来说，走向社会主义所需要的时间更长，任务更复杂，更艰巨，必须采取十分小心谨慎的、迂回的方法。革命热情是非常可贵的，但是如果不顾客观规律，单凭革命热情，急躁冒进，就必然欲速不达。当时在某种程度上由于军事任务突然压来，由于共和国在帝国主义战争结束时几乎陷于绝境，由于这样一些和其他一些情况，新生的苏维埃政权犯了错误：决定直接过渡到共产主义的生产和分配。同时，列宁也毫不回避"战时共产主义"的种种弊端。比如对广大人民群众的切身利益的伤害，对国家财政、信贷和货币作用的严重削弱，对社会主义条件下市场地位和作用的不理解，等等。最终，现实面临的问题及形势的变化需要苏维埃政权解决新的问题。

四 意识形态与"战时共产主义"

"战时共产主义"的实行是否包含有共产主义的意识形态因素，是否包含着列宁及布尔什维克党试图直接过渡到共产主义的尝试呢？的确，这一点，列宁并不否认。列宁在一再说明实行"战时共产主义"是适应严峻的战争形势的需要而迫不得已实行的同时，也承认曾试图将"战时共产主义"当作向共产主义直接过渡的捷径，承认同时也有社会主义观念的影响。"战时共产主义"与列宁及俄共（布）党的领导人的社会主义观念相吻合。战争时期实行的国家生产和国家分配制度，激起了人们对共产主义的向往，列宁及布尔什维克党企图直接过渡到共产主义的生产和分配。在形势所迫实行"战时共产主义"后，在革命激情的推动下，列宁和布尔什维克党曾认为，似乎不必先经过一个旧经济适应社会主义经济的时期从"战时共产主义"就可以直接过渡到社会主义。"我们先前的经济政策，如果不能说计划过（在当时的情况下，我们一般很少进行计划），那么在一定程度上也曾设想过（可以说是缺乏计划地设想），旧的俄国经济将直接过渡到国家按共产主义原则进行生产和分配。"①

"战时共产主义"体现着列宁及布尔什维克党的共产主义观念及对共产主义的真诚追求，体现着马克思关于未来社会的科学预测对列宁的深刻影响。马克思、恩格斯提出未来共产主义社会应当实行生产资料公有制、计划经济、按劳分配。"战时共产主义"显然包含着对这种理想的尝试，它体现着当时人们对共产主义的一种朦胧观念和狂热追求，而战争的胜利和经济的异乎寻常的艰难，又普遍激发了人们的这种观念，并使对共产主义的追求变得异常高涨。正是在这个意义上，对于"战时共

---

① 《列宁选集》第4卷，人民出版社1995年版，第573页。

产主义",列宁认为称之为"设想"、"缺乏计划地设想"更为准确。列宁在谈到"战时共产主义"与"直接过渡到国家按共产主义原则进行生产和分配"时,不止一次地指出:"在当时的情况下,我们一般很少进行计划","缺乏计划地设想","说我们计划欠周地设想也许较确切",这样的言论真实地表达了当时的思想状况。列宁这样讲述了当时的想法:"我们为热情的浪潮所激励,我们首先激发了人民的一般政治热情,然后又激发了他们的军事热情,我们曾计划依靠这种热情直接实现与一般政治任务和军事任务同样伟大的经济任务。我们计划(说我们计划欠周地设想也许较确切)用无产阶级国家直接下命令的办法在一个小农国家里按共产主义原则来调整国家的产品生产和分配。"① 当时列宁和布尔什维克党曾认为,农民将遵照余粮征集制交出布尔什维克党所需数量的粮食,布尔什维克党则把这些粮食分配给各个工厂,这样,就是实行共产主义的生产和分配了,实行了国家生产和国家分配的制度,也就直接进入了一种与以前不同的生产和分配的经济制度。正如苏联著名社会活动家、史学家波克罗夫斯基所说的:"但是事情是以那样的速度进行的,以至使我们仿佛觉得我们和共产主义已经很接近了。"② 这种认识在当时是广泛地传播的。当时,阶级斗争的白热化及其一连串的胜利,使党和人民产生了一些过激情绪和简单化的思想,人民为革命热情所激动,把经济建设和经济改造看得过于简单化,认为可以凭借革命热情直接实现与一般政治任务以及军事任务同样伟大的经济任务。"连年的战祸使国内经济凋敝,饥荒蔓延,社会秩序紊乱,党和政府不得不采取严厉的军事共产主义政策。这一政策作为战争环境下的临时政策,是完全必要的。可是,由于受理想主义和教条化的影响,这一政策

① 《列宁选集》第4卷,人民出版社1995年版,第569—570页。
② 转引自吴恩远《苏联史论》,人民出版社2007年版,第60页。

被注入了'直接过渡'的指导思想，即试图在经济文化落后的俄国，跃过商品生产和交换的发展阶段，凭借国家行政的力量直接向共产主义过渡。对共产主义的憧憬，险恶的斗争环境，更加激发了人们高昂的革命热情。"①

在"战时共产主义"时期，包括列宁在内的布尔什维克党的领导人并没有始终清醒地认识到苏维埃俄国现实社会主义与马克思所设想的社会主义的差别。有人认为，"战时共产主义"是列宁受到传统社会主义观念束缚的时期，事实上，列宁从来不认为马克思关于未来社会的设想是束缚，这是他努力实现的目标和理想。"战时共产主义"政策既是苏俄在外国武装干涉和国内战争时期所采取的一系列非常经济措施，也是列宁和布尔什维克为寻求向社会主义、共产主义直接过渡的一次尝试。因此说，"战时共产主义"政策，一方面是出于战争造成的紧迫形势的需要；另一方面也是与列宁当时对社会主义设想完全一致的。"战时共产主义"强调在组织生产、管理和分配方面的统一，这些强制性措施短期内在获取粮食、集中生产和分配以满足前线军需供应和居民的物质供应方面取得了成效，这使列宁及布尔什维克党认为这种高度集中的管理体制是建设社会主义的最好方式，而集中程度越高便越能发挥社会主义的优越性。这使列宁认为可以不必先经过一个旧经济适应社会主义经济的时期就直接过渡到社会主义。因此，战争结束后，这一政策并没有被立即废止，而是仍然实行。

列宁曾非常乐观地认为，随着社会主义公有制的确立，整个国家就是一个大工厂，整个社会的生产和消费按国家法令调节，国家的管理将变得十分简单，只留下一个社会簿记的功能。对于当时的情况，有人甚至乐观地认为，苏维埃俄国正在按照马克思在《哥达纲领批判》中提出的设想，实行"无货币的过渡"。许

① 周尚文等：《苏共执政模式研究》，上海世纪出版集团 2010 年版，第 81 页。

多人把这些政策和措施看作实现社会主义、共产主义的捷径，看作是推进社会主义的"真正的主要的门径"。这就导致在实践中施行了这样一些措施。在国家经济极端困难的情况下，过早地采用共产主义的分配原则。本来在居民中间平均地分配所必需的粮食和生活用品，是由于国家经济极端困难和物资极为短缺的情况所造成的。但是，分配中的这种平均主义趋势却发展成了着手实行社会主义的具体步骤。这种不适时宜的分配原则和方法使苏维埃俄国的经济生活更为混乱。在那个时期，布尔什维克党试图在个体小农大量存在的条件下，取消小商品生产经济，通过行政手段，取消小商品经济，使个体小农直接转到社会主义农业的轨道上来。这种组织社会主义大农业的办法还包括建立国营农场、农业公社和集体农庄。列宁及其布尔什维克党被热情所支配，忘却了本国国情。

总之，在列宁和俄共（布）领导人看来，"战时共产主义"既是保证战争胜利的需要，又是实现社会主义、共产主义的捷径。于是，"战时共产主义"的一系列措施被看成是正在向共产主义的加速过渡，特别是到了后期，非常情况下的紧急措施被看成是"纯粹的社会主义行动"，是"组织新生活的基本法令"，苏维埃俄国正处在"通向共产主义的道路上"。只是到了"战时共产主义"政策发展到使苏维埃国家重新濒临政治和经济危急的边缘时，它才被认识到是一种痛苦和不幸。"战时共产主义"政策对保证战争的胜利起到了重要作用，但如将其作为建设俄国社会主义的长期方针，必然会因违背了客观经济规律而造成严重后果。到1921年春天，苏维埃俄国遭到了严重的经济危机和政治危机。列宁以无私无畏的理论勇气承认，这次"严重的失败"甚至比白匪的围剿使苏俄遭到的任何一次失败都严重得多，重大得多，危险得多。党制定的经济政策虽然符合马克思关于未来社会的科学预测，但同客观经济规律相违背，同现实国情相脱离，同群众的利益和要求相脱节，造成商品尤其是粮食、燃料等生活必需品的奇缺，工农群众生活困苦，尤其是农民承受了更大的牺牲和负担，不满情绪滋长，社会动乱频仍。这一结局同列宁和俄共的初衷是背道而驰的。现实的进一步发展使列宁认识到：实行"战时共产主义"是一种功劳，"但同样必须知道这个功劳的真正限度。'战时共产主义'是战争和经济破坏迫使我们实行的。它不是而且也不能是一项适应无产阶级经济任务的政策。它是一种临时的办法"①。这对列宁及布尔什维克党是极其痛苦的。面对现实，列宁和布尔什维克党认识到了走向共产主义的道路绝不是像过去所设想的那样简单。

五　简要评论

国内外学术界对这一时期列宁的思想进行了许多研究，在研究中存在一些批评甚至否定性的看法。但是，从社会主义观的角度认识列宁的思想，可以看到列宁思想体系中的合理的、科学的认识，在这一方面，国内外学术界并未给予足够的关注。"战时共产主义范畴不能包括那个时代的形态、方法和思想的全部丰富的内容。"②

"在实行战时共产主义政策的实际过程中，暂时的表面的成功造成了某种政治幻觉和革命狂热，助长了指导思想中原有的那种幻想因素。在重重包围的战争环境下，加上十月革命激起的革命热潮，靠国家行政命令强制维持的集权体制，似乎也可以正常运行，农民似乎可以接受余粮收集制，并提供越来越多的余粮。这种狭隘的实践经验和历史表象，很容易给人造成政治上的'海市蜃楼'。它很容易导致人们在理论认识中混淆一般与个别，好像只要借助国家政权的行政强制，再加上人们的革命激情，就可

---

① 《列宁选集》第4卷，人民出版社1995年版，第502页。
② 转引自吴恩远《苏联史论》，人民出版社2007年版，第30页。

以在一个小农国家里直接走向社会主义、共产主义的生产和分配。"① 在这一时期，在革命激情的指引下，列宁有着通过"战时共产主义"走向社会主义的设想。

同时也要看到，列宁对于现实也保持着清醒认识。可以从这一时期发表的讲话、报告、文章和著作中看出，列宁不是不重视马克思关于生产力决定生产关系的观点。他提出：共产主义就是"苏维埃政权加全国电气化"②。列宁知道，生产资料私有制的命运已为历史所注定，它必将崩溃，剥削者必然要被剥夺。列宁也知道，社会的改造在历史上必然要经过一段很长的路程。这是"当我们举起社会主义旗帜，宣布自己是社会主义者，建立社会主义政党，着手改造社会的时候，我们就知道这个道理了"③。苏维埃政权应当不再等待其他国家的援助立即提高生产力。列宁也深知小农经济的国家过渡到社会主义的艰难。作为一个小农国家向共产主义过渡比在其他任何条件下困难得多。列宁认为，"农民不是社会主义者。如果把农民当作社会主义者，据此来制定我们的社会主义计划，那就是把这种计划建立在沙滩上，那就是不理解我们的任务"④。

列宁还提出，在过渡时期，苏维埃俄国要立刻提高生产力，就必须利用资本主义，利用资产阶级专家。列宁在 1918 年底的《一幅说明大问题的小图画》中，讲到了可以利用资本主义创造的材料来建立共产主义，同时还指出利用资本主义"是建立共产主义社会的困难所在，但共产主义社会能够建立和顺利建立的保证也在这里"⑤。在这一时期，如何对待合作社和资产阶级专家

---

① 王东：《系统改革论——列宁遗嘱，苏联模式，中国道路》，吉林人民出版社 2014 年版，第 45 页。

② 《列宁选集》第 4 卷，人民出版社 1995 年版，第 364 页。

③ 《列宁选集》第 3 卷，人民出版社 1995 年版，第 545 页。

④ 《列宁选集》第 4 卷，人民出版社 1995 年版，第 353 页。

⑤ 《列宁选集》第 3 卷，人民出版社 1995 年版，第 690 页。

在党内存在很多分歧。这是从资本主义到共产主义的过渡时期内一个很重要的问题。列宁提出了原则性的认识和实践指导。列宁表示："我们从来不是空想家，我们从来没有想用纯洁的共产主义社会中产生和培养出来的纯洁的共产党人的纯洁的手来建设共产主义社会。那是童话。我们要用资本主义的破砖碎瓦来建设共产主义"①。"我们只有利用资产阶级的科学和技术手段使共产主义变成群众更容易接受的东西，才能建成共产主义。"② 1919 年 3 月的俄共（布）第八次代表大会表示："苏维埃政权力求使任何劳动的报酬一律平等，力求实现完全的共产主义，但在目前只是开始从资本主义向共产主义过渡的时候，不能给自己提出立刻实现这种平等的任务。因此，在一定的时间内仍要给专家们较高的报酬，使他们工作得比以前不是坏些而是好些，为了同一目的，也不能取消鼓励成绩优良的工作、特别是组织工作的奖金制度。"③

苏联科学院经济研究所主编的《苏联社会主义经济史》也指出了这一时期政策的被迫性："共产党实行'战时共产主义'政策，苏维埃政权把中型工业和部分小工业收归国有。这样的措施并不是列宁的社会主义改造纲领预先规定的。这是由战时形势和武装干涉所造成的临时性政策。粉碎武装干涉和结束国内战争后，1921 年向和平建设过渡时，许多小型企业废除了国有化。"④在"战时共产主义"时期，随着自由贸易被取消，经济关系的实物化，列宁也曾有过取消货币的想法，但是，他也深知这是不符合现实的。从资本主义过渡到共产主义的初期，共产主义的生产

---

① 《列宁选集》第 3 卷，人民出版社 1995 年版，第 782 页。

② 同上书，第 766 页。

③ 《苏联共产党和苏联政府经济问题决议汇编（1917—1928）》第一卷，中国人民大学出版社 1984 年版，第 144 页。

④ 苏联科学院经济研究所编：《苏联社会主义经济史》第一卷，生活·读书·新知三联书店 1979 年版，第 171 页。

和分配还没有组织起来，因此取消货币是不可能的。"还在社会主义革命以前，社会主义者就说过，货币是不能一下子就废除的，而我们根据切身的经验也可以证实这一点。要消灭货币，需要很多技术上的成就，更困难得多和重要得多的是组织上的成就。"① 要消灭货币和交换，就需要无产阶级多年的稳固统治。要消灭货币，必须组织好亿万人的产品分配，——这是需要很多年才能做到的事情。列宁告诫人们：站在科学和社会主义立场上的人都知道，如果以为社会主义可以马上实现，就是十足的空想，就是在实际上把社会主义世界移到半空中去的空想。战胜资产阶级的牢不可破的唯一保证，"只能是新的更高的社会生产方式，只能是用社会主义的大生产代替资本主义的和小资产阶级的生产"②。

① 《列宁选集》第 3 卷，人民出版社 1995 年版，第 816 页。
② 《列宁选集》第 4 卷，人民出版社 1995 年版，第 13 页。

第五章 新经济政策与列宁的
社会主义观

　　"战时共产主义"时期，列宁曾一度期望实现马克思关于未来社会的设想，但是，现实最终使列宁认识到俄国不具备立即实现马克思关于未来社会的设想的现实条件。面对现实，列宁提出停止"战时共产主义"政策而实行新经济政策。新经济政策的实施巩固了新生的苏维埃政权，也引出这样一个问题：新经济政策是否标志着列宁的社会主义观的根本改变？探究列宁的思想，可以看到，新经济政策的实施改变的只是建设社会主义的策略和方式，新经济政策的实质是无产阶级政权利用商品市场关系，发展国家资本主义，利用资本主义等措施，发展经济，改善无产阶级和农民的关系，从而走向社会主义。新经济政策是根据俄国实际采取间接的、渐进的、迂回的道路和方法建设社会主义。它不是对马克思共产主义原则和目标的偏离与否定。列宁的社会主义观并未发生根本改变。列宁对新经济政策的实施是坚定的，同时对新经济政策的性质、目的及影响的认识是清醒的、全面的。列宁对新经济政策的退却性质，对新经济政策所带来的资本主义的发展，资产阶级势力的增强一直有清醒的认识，要完整准确地把握列宁的社会主义观。

一　理论界的一个流行观点

直到列宁发表《国家与革命》时，列宁与马克思的社会主义观是没有差别的，对于这一点，目前理论界基本没有不同意见。但是，在十月革命胜利后，如何认识列宁的社会主义观就存在巨大的分歧了，特别是在新经济政策有没有改变列宁的社会主义观的问题上，理论界存在根本对立的认识。一些研究者认为新经济政策显示出列宁的社会主义观发生了根本改变，从"传统社会主义观"转变到新社会主义观。这种观点认为，列宁的社会主义观经历了两个发展阶段：一是"战时共产主义"时期，基本上沿袭马克思的社会主义观，把马克思关于未来社会的设想应用于俄国；二是新经济政策时期，列宁突破了把公有制、计划经济、按劳分配看作社会主义的传统社会主义观，形成了发展商品市场关系、利用资本主义的新社会主义观。这种观点认为，列宁晚期实行新经济政策表明了思想的根本转变，这是列宁在社会主义观念上的重大突破和质的飞跃。有研究者提出，马克思的社会主义是空想，因为他没有预料到社会主义仍然存在商品经济，而列宁突破了马克思的束缚，提出了发展商品经济的社会主义观。

纵观当前理论界，可以看到，认为新经济政策的实施意味着列宁的社会主义观发生了从"传统社会主义观"到新社会主义观的根本改变，体现了列宁对过去的僵化的社会主义观、传统的社会主义观念的重大突破，是一个得到颇多认同的观点。我并不赞同这种观点。因为列宁始终坚持了马克思关于未来社会的科学预测，没有发生过从传统社会主义观向新社会主义观的转变。如果孤立地、表面化地看新经济政策，就会认为列宁的社会主义观发生了根本性改变。可以认为，列宁提出在一定时期内允许其他经济成分的存在和发展，改变了原来认为社会主义必须坚持公有制的观点；列宁强调不能单凭热情建设社会主义，国家利益要同个人利益相结合，反对直接实行共产主义分配，改变了原来坚持的按劳分配思想；列宁提出利用商品市场关系，改变了未来社会应当实行计划经济的观点。事实上，这样的认识没有真正理解新经济政策，没有认识到列宁思想中所蕴含的理论策略和政治立场的原则性一面。

列宁始终坚持坚定的原则，保持清醒的认识。列宁在社会主义观上的变与不变，是既坚持马克思主义，又坚持解放思想、实事求是、与时俱进的一个光辉典范。他一方面坚定地坚持马克思主义的基本理论，使社会主义的发展具有坚实的理论基础；另一方面，又立足于现实，进行灵活的探索，实事求是地解决社会主义建设事业所面临的问题。新经济政策的探索不仅把马克思主义者们带入一个理论思维上的全新境界，而且还给马克思主义者开创了一个深入思考社会主义建设实践的广阔空间。新经济政策涉及在经济文化相对落后的国家如何正确认识和处理社会主义与商品、市场的关系等一些重大理论问题，列宁的探索对于科学社会主义理论和实践，对当代中国特色社会主义的探索与发展都具有不可估量的伟大意义。

二　从"战时共产主义"到新经济政策的转变

"战时共产主义"的实行为苏俄赢得战争胜利起了巨大作用。战争结束后，苏维埃俄国继续实行这一政策。当时，列宁和布尔什维克党缺乏建设社会主义的经验，在战争的危险不断袭来的时候，又受到革命热情的激励而计划依靠人民的政治热情和军事热情，直接实现伟大的经济任务，甚至曾主观地认为可以直接过渡到共产主义的生产和分配。但是，在俄国这样一个生产力落后、社会经济成分复杂的国度里，理想面临着现实的挑战。当时苏俄在国内战争中已取得胜利，随着从战时经济转入和平的经济恢复和建设时期，苏维埃政权继续采用余粮收集制等"战时共产主义"政策便同广大劳动农民的利益发生了尖锐的冲突，引发了空前严重的经济和政治危机。

十月革命前俄国就开始遭受第一次世界大战的巨大破坏，十月革命胜利后，国内反动派的武装暴乱和帝国主义国家的武装干涉使俄国的经济又遭到更为严重的破坏。俄国国内情况异常困难，国民经济遭到彻底的破坏。1920 年农业播种面积急剧减少，粮食总产量从 43 亿普特减为 22 亿普特，只是战前 1913 年的一半，牲畜头数几乎减少 40%，由于农业歉收，粮食和食品严重不足，人民群众的生活十分困难。农民对余粮收集制愈益不满。工业破坏的情况也极为严重，1920 年大工业产值比战前几乎减少 6/7。由于顿巴斯煤炭基地和巴库石油产区遭到严重破坏，煤比战前减少 2/3，石油几乎减产 3/5，全国普遍缺乏燃料、原料，许多工矿企业因而陷于停顿。1920 年仅仅冶炼生铁 11.6 万吨，相当于 1913 年的 2.4%，钢的冶炼完全陷于停顿，金属生产十分落后。轻工业方面，1920 年纺织品产量为 1 亿 1 千万公尺，每人平均不到 1 公尺，火柴产量仅为 1913 年的 16%。在战争期间，机车生产陷于停顿，一半机车和 1/4 的车厢被破坏，加上燃料匮乏，战后铁路运输情况极差，远不能维持各地区间的经济联系，许多大城市的公用事业系统陷于瓦解。[①] 到 1921 年春，随着国内战争的结束，经济困难也变得异常严重。由于燃料极端缺乏，工厂停工，铁路行驶车辆减少，面包、脂油、肉类、食盐、衣服、鞋帽、火柴、煤油、肥皂等生活必需品严重不足。在战争条件下，人们不得不忍受物品的缺乏，但是进入和平建设时期后，人们就越来越不能忍受了。严重的经济困难在农民中间引起了不满情绪。全国各地爆发了严重的农民骚乱，城市也出现了工人怠

---

① 参见中国人民大学科学社会主义系国际共产主义运动史教研室编《国际共产主义运动史——从十月社会主义革命胜利到社会主义阵营形成》，中国人民大学出版社 1983 年版，第 35 页。

工、旷工和罢工等抗议形式。正是在这种严重的形势下，在反革命分子的煽动下，3 月初爆发了喀琅施塔得叛乱，叛乱分子打出了"没有布尔什维克党参加的苏维埃"、"保卫农民"等旗号，年轻的苏维埃共和国遇到了前所未有的危机。这场叛乱虽然很快就被镇压下去了，但是叛乱反映出新生的苏维埃政权面临着严重的政治经济危机，表明人民群众对当时的经济政策极为不满。

面对国内陆续爆发的骚乱，日渐加重的社会经济、政治危机，列宁不得不承认："战时共产主义"是战争和经济破坏迫使我们实行的。为了拯救国家，拯救军队，拯救工农政权，当时必须这样做，毫无选择的余地。但是在战争结束后，在新的历史条件下继续实行余粮收集制和其他不符合实际的方针政策，显然会妨碍工农联盟的巩固，削弱无产阶级专政的基础。列宁意识到在新的条件下继续实行"战时共产主义"对新生的苏维埃政权来说就是愚蠢和自杀。列宁在总结教训时明确指出：企图直接建立共产主义的经济形式，"试图完全禁止、堵塞一切私人的非国营的交换的发展，即商业的发展，即资本主义的发展，而这种发展在有千百万小生产者存在的条件下是不可避免的。一个政党要是试行这样的政策，那它就是在干蠢事，就是自杀。说它在干蠢事，是因为这种政策在经济上行不通；说它在自杀，是因为试行这类政策的政党，必然会遭到失败。老实说，有些共产党员执行的正是这样的政策，所以在'思想、言论和行动'上犯了错误。我们要努力纠正这些错误。一定要纠正这些错误，否则后果将不堪设想"[1]。现实证明，直接过渡到纯社会主义的经济形式和纯社会主义的分配，不是苏俄力所能及的事情。在社会生产力没有高度发展，多种经济结构存在的条件下，勉强追求理想社会主义是危险的。

那么，怎样才能振兴备受战争摧残的国家？如何实现社会主

---

① 《列宁全集》第 41 卷，人民出版社 1986 年版，第 210 页。

义的目标？列宁开始了新的思考。列宁认识到建设社会主义不能仅仅依靠理想，必须从现实的国情出发。俄国走向社会主义的起点不是发达形式的资本主义，而是小农户的汪洋大海，如果片面追求某些纯粹的社会主义形式，不考虑实际的生产力水平，只会严重挫伤农民的生产积极性，只会导致经济停滞、社会动荡，从根本上动摇新生的苏维埃政权的经济和社会基础，必须根据变化了的新情况矫正不合时宜的理论和政策。列宁不无感慨地说："我们至少不应当设法隐瞒什么，而应当直截了当地说：农民对于我们和他们之间所建立的这种形式的关系是不满意的，他们不要这种形式的关系并且不愿意再这样生活下去。这是不容置辩的。他们的这种意愿表达得已经很明确了。这是广大劳动群众的意愿。我们必须考虑到这一点。我们是十分清醒的政治家，能够直率地说：让我们来修正我们对农民的政策吧。目前的这种状况，再也不能继续下去了。"① 列宁认识到俄国的小农业在严酷的战争和经济破坏的重压之下无法发展，已经陷于凋敝的现实中，只能通过恢复经济流转，国家政权才能够仍旧保持在无产阶级手中并且得到巩固。所以为了完成巩固新生的苏维埃政权这一政治任务，列宁表现出现实主义的立场，他力排众议，从 1921年春天起果断地实行以实物税代替余粮收集制等一系列政策，称为"新经济政策"。新经济政策虽然是列宁提出的意在发展经济的政策，但它的出台更多的是保住苏维埃政权的考虑。对列宁及布尔什维克党而言，新经济政策"首先而且主要是一个政治问题"②，是政治危机的产物，"政治考虑（保住政权的需要）压倒一切"，如果不实行政策的转变，"在国际革命推迟爆发的情况下，要在俄国保住无产阶级政权是不可能的，在经济上是不可能

---

① 《列宁选集》第 4 卷，人民出版社 1995 年版，第 446 页。
② 《列宁全集》第 41 卷，人民出版社 1986 年版，第 50 页。

的"①。当俄国的历史发展到 1921 年的时候,制定符合现实的政策,符合人民需要的政策,维护新生的无产阶级政权是当时列宁及布尔什维克党面临的首要政治经济任务。

新经济政策有一个在实践中调整推进、在理论上探索完善的过程。从 1921 年春天实行的有限的地方性商品交换(实物交换)到秋天的"由国家调节商业和货币流通",从实行品种繁多的实物税到 1925 年的货币单一税等,都是新经济政策的内容。概括地说,新经济政策的主要内容是:允许多种经济成分长期并存,大力发展社会生产力,逐步扩大和增强社会主义经济成分的领导作用;允许国家调节下的贸易自由,通过国家资本主义来利用、限制资本主义经济成分;通过合作制将广大小生产者引上社会主义道路,通过商品流通来加强工农联盟等。其主要目的是大力发展社会生产力,通过经济方法而不是采取行政更不是军事强制的办法使社会主义经济成分战胜资本主义经济成分。具体来讲,新经济政策主要包括三个方面的内容。

第一,实行包括以粮食税为主要内容的新的农业政策。新的政策改变的主要内容是改余粮收集制为粮食税。1921 年 3 月 21 日全俄中央委员会根据列宁在党的十大上的报告,通过了《关于以实物税代替余粮和原料收集制》的法令。其主要内容包括:粮食税额应当比以前用余粮收集制的方法所征收的少,税收总额应当能满足军队、城市工人和非农业人口的最低限度的必需的消费。当运输业和工业的恢复使苏维埃政权有可能以工业品和手工业品作交换的方式取得农业产品时,税收总额应当随之不断减少。税收应当具有累进性质;征收中农、力量单薄的农民和城市工人的税额百分比应当低一些。最贫苦的农户可以免缴一些实物税,在特殊情况下可以免缴全部实物税。扩大自己的播种面积以及提高自己整个农户生产率的勤恳农户,在缴纳实物税方面应当

① 《列宁全集》第 41 卷,人民出版社 1986 年版,第 62 页。

得到优待。税收法的拟定和公布的日期应使农民在春耕开始之前就能比较确切地知道他所应当缴纳的数额。在纳税后剩余的一切粮食、原料和饲料，可以全部由农民支配，可以用来改善和巩固自己的经济，用来提高个人的消费，用来交换工业、手工业和农产品。允许通过合作社组织或市场、集市在地方经济周转范围内进行交换。① 这样，根据这项新制度，农民只需将收成的一部分上交给国家，其余粮食归个人所有。由于国家征收的税额低，远远低于余粮收集制所收集的粮食，这样农民自己可以支配自己收成的绝大部分，他们自己的个人利益得到了满足，他们的生产积极性和扩大再生产的积极性得到了迅速提高。据有关资料显示，当时粮食税的平均额度是按播种面积计算，低于余粮征集数额的30%—50%。

在这一时期，根据布尔什维克党不提倡货币交换的意识形态，在这一法令中，只允许农民在地方经济流通的范围内进行实物的商品交换。用生产的实物缴税，除粮食外，还可缴纳肉、油、皮革、羊毛等。农民用自己的多余生产品，按实物等值原则来交换国家的工业品。比如，1普特黑麦＝1箱铁钉等。1921年确定的税种达13种，但是现实表明，这样纳税很不方便。传统的钱币进行买卖商品更方便。这样，到1921年秋天，开始向市场关系转变，1922年，进行了税制改革，税种统一，并于1924年改变为以货币形式缴纳的单一农业税。②

从粮食税的法令中可以看出，与"战时共产主义"相比，这是一项根本性的变化，税率低，税额小，极大地减轻了农民的负担，恢复了生产积极性。列宁高度重视粮食政策的改变，"为了完成筹集粮食储备的任务，必须找到一种对待农民、对待小业主

---

① 参见《苏联共产党和苏联政府经济问题决议汇编（1917—1928）》第一卷，中国人民大学出版社1984年版，第232—233页。

② 黄立莆等：《新经济政策时期的苏联社会》，社会科学文献出版社2012年版，第79页。

的形式，这方面除了粮食税，没有别的形式，别的形式谁也没有提出过，而且也想象不出来。现在必须实际完成这个任务，合理征收粮食税，不要象过去那样一征再征，使农民的处境非常困难，愈是勤劳的农民愈吃亏，以致一切建立稳定的经济关系的可能性都归于消失。粮食税同样是向每个农民征收粮食的一种办法，但是征收的方式应当有所不同"①。在新经济政策最为艰难的起始时期，明显改变的粮食政策对于农民情绪改善和生产生活状况的改善都起到了良好的作用。

第二，允许自由贸易和商品交换。在国内战争和武装干涉时期，商业实际上停顿了。商品储备几乎用尽，而且几乎没有补充能力。商业的物质技术基础，如仓库、商店、批发站或破坏严重或移作他用；商业机构解体，地区之间的商业联系也被破坏了。在"战时共产主义"时期，像货币、信贷、价格等都不再具有经济意义。新经济政策改变了这种状态。1921 年 5 月，人民委员会连续颁布法令，规定居民完成实物税以后剩余的农产品可以自由交换、买卖。交换和买卖法也适用于手工业和小工业制品。"允许公民个人和消费合作社、农业合作社及手工业合作社交换和买卖，既可以在市场上、集市上进行这些活动，也可以在其他地方进行，开设小摊小贩，和在室内商场买卖。"② 要求采取必要措施发展私营企业形式和合作社形式的手工业和小工业，并尽力发展农业合作社。当时，"合作社的任务是使小生产者挣脱投机商的魔掌，使消费者和生产者摆脱商人的剥削，使小经济的剩余产品主要掌握在苏维埃政权手中，而不是落入新生的小资本家手中"③。在新经济政策实行后，合作社发挥很大作用，它有助于对资本家的活动实行国家监督，限制小生产者的资本主义倾向，

---

① 《列宁全集》第 41 卷，人民出版社 1987 年版，第 307—308 页。
② 《苏联共产党和苏联政府经济问题决议汇编（1917—1928）》第一卷，中国人民大学出版社 1984 年版，第 254—256 页。
③ 同上书，第 248 页。

保证国家对交换的领导，使市场自发势力服从于无产阶级国家的调节和影响。

依靠商业来组织工农业产品正常交换，是新经济政策的一项重要任务。商业是城市与乡村之间、社会主义工业与千百万小商品生产者之间经济联系的主要形式。准许自由贸易是必要的。农民作为小生产者，只有通过自由贸易，他才能出售自己的剩余劳动产品，才能购回自己生活需要的工业品和扩大再生产所必需的生产资料。后来又提出可以开展城乡之间的商品交换。随着商品交换的发展又扩大到全国范围内自由贸易和商品交换，要求国家有关方面组织好商业活动。新的经济政策实施，开始把商业原则引入国有企业，商业原则也就是经济利益的原则。在国有企业贯彻商业原则，开始进行经济核算，计算成本和利润等。这样，通过调整商品价格，巩固货币流通，鼓励农民自己的剩余产品在市场上销售，提高工人和职员的工资，这些措施促进了工人购买力的增长、国内市场容量的扩大。组织国内商业具有重大意义。

第三，发展国家资本主义。发展国家资本主义是新经济政策的重要内容。早在1918年列宁就提出了租让制，但由于外国武装干涉和内战的爆发并没有实行。内战刚刚结束，立即重提租让。1920年9月22日，列宁在俄共（布）第九次全国代表会议上谈到了租让。针对有人认为，只要俄国同资产阶级签订租让合同，将必败无疑的观点，列宁认为，这一类攻击毫不重要，对这些攻击应当泰然处之，因为任何一个有理智的工人都会认识到我们做得对。列宁主要是从俄国的现实情况作出判断的。他认为，俄国正在实行社会主义制度，但光靠俄国的力量还不行。"这是一个弱方要对付所有其他各方的过渡时期，这个时期将是各种关系错综复杂的时期。我们可以放心，我们不会迷失方向，别人才会迷失方向，因为我们已经证明了我们对小国的国际政策。当然，那样一来我们就会作为一个因帝国主义战争而元气大伤的社会主义共和国存在下去，我国拥有自己在10—15年内都开采不完的、极其丰富的资源。吸引外资进行开采，用我国的资源去抵偿的只是我们［靠自己的力量］还无法生产出来的东西，就是说现在即可保证提供和睦关系的基础。"① 党内达成了共识：只要处理得当，就允许租让。俄国有自己生产不出来的枕木，有无法利用的森林。通过租让，可以把边疆地区无法利用的森林让资本家开采，签订租让合同，当然，只会把自己加工不了的资源租让给帝国主义者。1920 年 11 月 16 日人民委员会会议审议并通过了租让法令草案。11 月 23 日，人民委员会批准了《关于租让的一般经济条件和法律条件》的法令，通常称为《租让法令》，法令规定，苏维埃国家可以与殷实可靠、值得信任的外国资本家订立租让合同，以开发和加工俄国的自然资源（土地资源和森林资源等），还规定了承租者可以获得一部分产品作报酬，在贸易上享有优惠等法律保障。同时规定承租人必须遵守苏维埃政府的法令，缴纳租金和税金，对雇佣的俄国工人必须保障他们的生命和健康等。②

租让制是列宁的一个伟大创造。"什么是租让呢？它是国家同资本家订立的一种合同，资本家负责安排或改进生产（如采伐和浮运木材，开采煤炭、石油和矿石等等），把所得的一部分产品交给国家，另一部分作为利润归自己所有。"③ "根据合同，资本家在一定期限内是一部分国家财产的租借者，但不是所有者。所有权仍然属于国家。"④ 实行租让制就是一些国有大型工业企业，国家一时没有力量使其恢复生产，于是就把它租给外国资本家，让外国资本家把资金、技术带到俄国，使它尽快恢复生产。这就是租让制。实行这种制度，外国资本家可以得到很大的好

---

① 《列宁全集补遗》（1），人民出版社 2001 年版，第 436 页。
② 参见周尚文、叶书宗、王斯德《苏联兴亡史》，上海人民出版社 2002 年版，第 103 页。
③ 《列宁全集》第 41 卷，人民出版社 1986 年版，第 238 页。
④ 同上书，第 239 页。

处，他们可以得到这些企业产品的绝大部分，但是苏维埃国家也得到了一部分产品，而且改变了整个生产的形势。这是苏俄实行国家资本主义的一种主要形式，也是当时对外开放吸引外资、引进技术的基本形式。列宁非常看重租让，主要有这样几个目的：满足国内经济建设的迫切需要，迅速改善工农贫困不堪的生活状况，向发达资本主义学习现代化的企业管理和先进技术，发展俄国的机器大工业，促进党和国家干部学习做经济工作。

马克思一再申明：社会主义不是幻想家的臆造，而是现代社会生产力发展的最终目标和必然结果。列宁高度重视这一点，在经济文化相对落后的俄国建立的苏维埃政权对这一点更是有现实的切身体会：不利用资本主义就不能把社会主义建立起来。列宁的利用资本主义思想体现了对马克思主义社会主义观的根本原则的坚持。一些人提出，列宁利用资本主义建设社会主义的思想是对马克思传统社会主义观突破的结果，这是对马克思和列宁思想的误读。

三　新经济政策是社会主义
建设方式的理性探索

从"战时共产主义"到新经济政策是苏俄社会主义建设实践中的一个重大转变，这一转变的实质是为了解决十月革命的目标追求与苏维埃政权所面临的严峻现实之间的矛盾与冲突。列宁试图建立马克思设想的社会主义，而苏维埃俄国所面临的现实却是，世界革命的形势一闪即逝，短时期内甚至在一个相当长的时期内不可能到来，而布尔什维克夺取了政权的俄国又是一个农民占多数的落后国家，如何建设社会主义？在理想与现实这一剧烈的冲突面前，布尔什维克党应该作何选择？列宁用新经济政策作了回答。新经济政策的提出，一方面是苏维埃俄国应对经济政治危机的选择；另一方面也体现着列宁对社会主义建设方式的理性思考。按照马克思的论断，社会主义革命将同时在多个发达国家取得胜利，列宁根据变化了的实际，没有机械照搬马克思的论断，而是领导社会主义革命首先在经济并不发达的俄国取得了胜利。面对现实，列宁也很清楚苏维埃俄国向社会主义过渡会比马克思预想的更长、更复杂、更艰难，不能操之过急。

"新经济政策同战时共产主义政策一样，都不是事先制定好的一套完整的政策和措施，而是在革命过程中随着形势的发展。事态的进程，逐渐出台的、逐步系统化的措施。"① 这样的说法是有道理的。但同时也要看到新经济政策不是"应景之作"，不能仅仅把它看作是一项反危机的措施，是解决苏维埃政权面临的政治经济危机的临时的办法，这一政策的提出有理论基础，是列宁在预计到由资本主义到社会主义将经历很长的过渡时期的基础上，立足于苏维埃俄国的现实，探索与制订的一项进行社会主义建设的长期计划。回顾列宁的思想，可以看到，新经济政策的主要之点同列宁在1918年春天的设想是一致的。1918年3月布列斯特和约签订后，列宁利用短暂的和平时机，在判断由资本主义向社会主义将经历很长的过渡时期的基础上，拟订了一个进行社会主义建设的计划。在这个计划中，列宁提出可以通过国家资本主义走向社会主义，但是，不幸的是和平时期没有维持多久，夏天爆发的帝国主义武装干涉和国内反革命武装叛乱彻底打乱了这个计划。事实上，除了在"战时共产主义"那样一个短暂时期曾有过乐观的设想外，列宁更多的是认为，从资本主义社会生产方式到社会主义社会生产方式，特别是像俄国这样比较落后的国家必须有一个以无产阶级专政为保证的过渡时期。"从1917年产生了接收政权的任务和布尔什维克向全体人民揭示了这一任务的时候起，在我们的理论文献中就明确地强调指出，要从资本主义社会走上接近共产主义社会的任何一条通道，都需要有社会主义的

---

① 黄立弗等：《新经济政策时期的苏联社会》，社会科学文献出版社2012年版，第78页。

计算和监督这样一个过渡，一个漫长而复杂的过渡（资本主义社会愈不发达，所需要的过渡时间就愈长）。"①

列宁在考虑过渡时期问题时，除了强调政治过渡以外，还突出地强调经济的也就是生产力发展基础上的过渡。列宁高度重视生产力的作用。"试问能不能由这种在俄国占优势的状态，直接过渡到社会主义去呢？是的，在某种程度上是可能的，但必须有一个条件，现在我们有了一部业已完成的科学巨著，知道这个条件是什么。这个条件就是电气化。如果我们能建立起几十座区域电站（现在我们知道：这些电站可以而且应该在哪里建立以及如何建立），如果我们能把电力从这些电站送到每个村子，如果我们能得到足够数量的电动机及其他机器，那么从宗法制度到社会主义就不需要或者几乎不需要过渡阶段和中间环节了。我们很清楚，实现这'一个'条件，单是完成第一批工程，就至少要花上十年工夫，至于缩短这一期限，那只有等到无产阶级革命在英、德、美这些国家中获得胜利的时候才有可能。"② 这里提到的"一部业已完成的科学巨著"是指 1920 年制订的俄罗斯电气化计划。该计划是根据列宁提出的任务并在他的指导下由俄罗斯国家电气化委员会制订的，该计划长达 600 多页。计划规定，除恢复和改建现有的电站外，在 10—15 年内建设 30 座区域电站，包括 20 座火电站和 10 座水电站，总装机容量为 175 万千瓦；总的年发电量达到 88 亿度，而 1913 年俄国的年发电量为 19 亿度。根据计划，工业品产量将比 1913 年的产量增加 80%—100%，比 1920 年增加许多倍。

1921 年 3 月，俄共（布）第十次代表大会决定用粮食税代替余粮收集制，从而开始了苏联历史上的新经济政策时期。新经济政策是俄国在小农经济占优势的情况下向社会主义过渡的特殊

---

① 《列宁全集》第 42 卷，人民出版社 1987 年版，第 183 页。
② 《列宁全集》第 41 卷，人民出版社 1986 年版，第 216—217 页。

途径，其特点是：从过渡形式上看，由"直接过渡"转而采取迂回地"间接过渡"的途径；从采取的手段来看，主张在无产阶级国家政权掌握经济命脉的前提下，允许多种经济成分并存，利用商品货币关系和国家资本主义；从实现目标来看，由过去急于实现"纯社会主义形式"转而提出"小农在居民中占优势所造成的特点的社会主义"。列宁指出，"我们还没有找到建设社会主义经济、建立社会主义经济基础的真正途径，但我们有找到这种途径的唯一办法，这就是实行新经济政策"①。现实表明，试图通过"战时共产主义"直接向社会主义过渡，违背了历史唯物主义关于生产关系一定要适合生产力发展状况的基本规律，不适应俄国小生产占优势的实际，因而必定遭到失败。新经济政策为列宁的社会主义理想与现实社会主义之间架起了桥梁。列宁认为，在一个小农生产者占人口大多数的国家里建设社会主义必须通过一系列特殊的过渡办法，用"新的迂回办法"。在其他国家的革命还没有到来之前，只有同农民妥协才能拯救俄国的社会主义革命。新经济政策看起来是列宁为应付危机而不得已实行的，但实质上这是符合社会发展客观规律的一次重大转折。列宁说，"我们现在正用'新经济政策'来纠正我们的许多错误，我们正在学习怎样在一个小农国家里进一步建设社会主义大厦而不犯这些错误"②。列宁认识到，在和平时期必须采取与战时不同的政策，"为了作好向共产主义过渡的准备（通过多年的工作来准备），需要经过国家资本主义和社会主义这些过渡阶段。不能直接凭热情，而要借助于伟大革命所产生的热情，靠个人利益，靠同个人利益的结合，靠经济核算，在这个小农国家里先建立起牢固的桥梁，通过国家资本主义走向社会主义；否则你们就不能到达共产主义，否则你们就不能把千百万人引导到共产主义。现实生活就

---

① 《列宁全集》第 43 卷，人民出版社 1987 年版，第 73 页。
② 《列宁选集》第 4 卷，人民出版社 1995 年版，第 569 页。

是这样告诉我们的。革命发展的客观进程就是这样告诉我们的"①。

四　新经济政策的实践成效

俄国是一个经济、文化都比较落后的国家，俄国无产阶级用"革命手段"建立社会主义制度后，如何在工农政权和苏维埃制度的基础上赶上别国人民呢？经过几年的实践，列宁认识到，从国际上来说，从资本主义国家引进先进技术设备，利用外国资金，学习发达国家的科学管理经验是一条可行的途径。在列宁正确思想的指导下，苏维埃俄国通过租让制、贸易、合营合资等形式发展同西方的经济联系。苏维埃俄国同许多资本主义国家开始建立起多种形式的经济联系。虽然由于国内外种种条件的限制，租让制等政策并没有取得预期的效果，但对苏维埃俄国经济的恢复和发展也起到了一定的促进作用。从国内来说，新经济政策利用市场经济机制，调动了农民的积极性，调动了私人企业主的积极性，对解决困难，恢复国民经济、改善人民的生产生活状况发挥了重大作用。

（一）促进经济恢复和活跃

新的粮食政策激发了农民的生产积极性。列宁在谈到这一点时说道："粮食税减轻了全体农民的负担。这是用不着证明的。问题不仅在于拿了农民多少粮食，而且在于实行粮食税以后农民觉得心里更有数了，经营的兴趣提高了。实行了粮食税，勤劳的农民在提高生产力方面是大有可为的。"② 俄国的农业经济在国内战争期间遭到了巨大破坏，播种面积大幅度减少，畜牧业大大

---

① 《列宁选集》第 4 卷，人民出版社 1995 年版，第 570 页。
② 《列宁全集》第 42 卷，人民出版社 1987 年版，第 340 页。

萎缩，而且在 1921 年，又遭受了旱灾，农业又受到严重的打击。在这样的困难情况下，苏俄的农业政策只能进一步放宽。1922年 10 月 30 日通过的农业法令规定，农民可以自由选择土地使用方式，或按参加村社的方式，或独立小块经营，或加入协作社，采取集体耕种的形式。土地法令还调整了国有土地资源和城市土地的周转方式，确定了土地规划和土地使用的原则，目的在于发展个体农民经济和普遍提高农村经济。苏俄对农民采取的种种让步措施，使经济发展成效显著。在农业方面，1922 年取得了好收成。这年播种面积达 7770 万公顷，已达到 1913 年播种面积（10500 万公顷）的 70% 以上。1925 年，撂荒的土地几乎全部耕种。1923 年是农业恢复最快的一年，1925 年和 1926 年是苏联历史上农业最好的年景之一。从总体上看，1927 年的农业生产量就达到了战前水平。[①] 在新经济政策时期，大批农民提高了经济地位，有力地推动了他们对苏维埃政权的支持。列宁在 1922 年10 月底回答英国《曼彻斯特卫报》记者提问时这样描述了农民的积极向上状态："正是现在，农民精力充沛地、废寝忘食地重整自己的耕地，修复自己的农具、房舍、各种设施等等。"[②]

新的政策准许自由贸易，促进了农村商品流转的发展。粮食税的实行，使农民的余粮合法并可以拿到市场上自由买卖，加上租赁制的发展，私人可以经营中小企业等，这样，商品货币关系就得到了恢复和发展。国内市场很快就活跃起来。各地建立起了大小商店，私人经营活跃，但国有企业和合作社企业在经营领域还是占优势地位。农民手中有了剩余劳动产品需要交换，尤其是需要国家拿出一定数量的工业品与农民交换。但是战后国有大型工业企业恢复生产十分困难，而小型工业企业恢复生产相对比较

---

① 黄立茀等：《新经济政策时期的苏联社会》，社会科学文献出版社 2012 年版，第 98 页。

② 《列宁全集》第 43 卷，人民出版社 1987 年版，第 262 页。

容易，所以国家允许私人小工业企业发展，让他们尽快生产出产品，满足市场的需要，满足人民生活的需要，极大地活跃了市场。买卖和交换市场迅速活跃起来，由于私人市场的巨大活力，自由的商品买卖很快就超过了国家设计的商品交换，列宁也承认商品交换没有得到预期的结果，私人市场很强大，通常的买卖、贸易代替了商品交换。自由的商品买卖的合理性在 1921 年 8 月得到了确认，确认以商品货币关系推动经济的恢复和发展。

随着商品货币关系的发展，各种形式的合作社得到了发展。1923 年 5 月，列宁的《论合作社》一文在《真理报》上发表，产生了重大影响。俄共（布）第十三次代表大会通过的《关于合作社的决议》，强调合作社在俄国这样一个农民占人口大多数的国家向社会主义过渡具有决定性的意义，这些决定极大地推动了合作社的发展。

新经济政策允许工业企业中的租让制和租赁制，这为私人资本进入工业生产领域提供了政策保障。允许私人小工业企业发展推动了工业的恢复，重工业也开始发展，铁路运输开始迅速恢复。"实行新经济政策之初，苏俄的冶金以及与之紧密相关的机械制造、金属加工等工业部门只及战前水平的 5.3% 和 10.2%；1923—1924 年恢复到战前水平的 29%（冶金业为战前水平的27.1%，金属加工业则为战前水平的 29.2%，机械制造业为战前水平的 29.8%）。"[①] 1922 年，苏维埃政府对工业企业进行改革，取消"战时共产主义"时期形成的各种机构和部门，使工厂、企业非军事化，逐步从实物工资转向货币工资，以适应市场原则，并开始推动轻工业的复苏。国家银行也开始实行经济核算制，还允许成立商业银行和私人银行。在这一时期，苏联还对工厂和工业布局进行了优化重组：工厂减少了，但是工人人数增加

---

① 黄立莳等：《新经济政策时期的苏联社会》，社会科学文献出版社 2012 年版，第 153 页。

了，劳动力更多地集中在技术方面有适应能力的企业。效果非常明显，1922—1923 年度的工业产值比上年度增加了 30%。工业恢复较为顺利。在恢复时期，虽然国营大工业并不是很景气，但为以后的工业化奠定了良好的基础。从 1924 年起，特别是到 1925 年，工厂投产、工厂的新建和改建、新的建设计划和项目不断出现，苏联自己生产的汽车、拖拉机、电站、飞机、工业建设等伟大计划大大地鼓舞了人民的建设热情，苏联经济整体上开始了增长的势头。

在这期间，国营大工业依然起着决定性的、建立基础的作用。据有关资料显示，1924—1925 年度，"在整个工业中，工人人数在 201 到 1,000 人的私人企业只有 18 家。绝大多数私人成分企业（1,600 家）每家的人数在 50 人以下。在私人资本主义企业中，手工劳动占优势。1924/25 年度每家这样的企业平均只有 34.9 匹马力的机械动力，而国营企业每家企业则为 357.6 匹马力，即多 9 倍以上。每一国营企业生产的产值平均为 107.63 万切尔文卢布，而私营成分一个企业只年产 14.8 万切尔文卢布"①。在这一时期，约 90% 的产值是由大型企业和最大的企业生产的。在小工业中，私人资本则居显著的地位。"1925 年 10 月 1 日，私营小工业的自有固定资本占小工业固定资本总额的 15.7%。国营成分在小工业中的作用无论在参加者人数上，还是在产值总额上都不大：1924—1925 年度小工业中国营成分的产值占产值总额的 2.6%，合作社成分 20.4%，非公有化成分 77%。"② 在这个时期，小工业也起着积极的作用。"首先它在供应市场消费品方面占有极其重要的地位，这在商品荒情况下是非常重要的；第二，它帮助减少失业；第三，它给国营大工业以援

---

① 苏联科学院经济研究所编：《苏联社会主义经济史》第二卷，生活·读书·新知三联书店 1980 年版，第 313、315 页。

② 同上书，第 316 页。

助，按国营大工业的订货进行加工。小工业主要生产居民个人消费品，这类产品占小工业全部产值的 4/5。"[1]

　　关于新经济政策实施后取得的良好成效，很多数据和研究都给予了肯定和支持。有研究这样写道："新经济政策时期调动多种经济成分经营的积极性，使得在经济和社会领域呈现出以下效果：私营经济在劳动生产率、吸收工人就业、工资数额方面超过国营企业；在住房方面，运用市场原则，房屋建设面积有所增加、城市公用事业明显改善；由于经济政策和社会组织政策宽松，社会积极性迅速高涨，自愿社会组织数量稳步增长，这些组织在推动科学、文化教育、艺术各职业领域发展和维护工人、流浪儿童、老兵、外国移民等各社会群体利益、帮助执行苏维埃政权方针方面，发挥了积极作用。此外，新经济政策时期城乡日常生活，也出现了新气象。"[2]

（二）对外贸易发展

　　苏维埃俄国进入了和平经济建设的新时期后，它的地位已经稳固，国际威望日益提高。在资产阶级国家统治集团中主张同苏维埃政府建立正常外交关系和经济关系的势力渐渐占了上风。一些资本主义国家开始同俄国通商。列宁十分清楚帝国主义的本质是追求超额利润，特别是在经历了战争的创伤后急于恢复经济的时候，它们更是需要为它们的资本和商品寻求出路。帝国主义垂涎俄国丰富的资源和巨大的市场，但通过战争手段又无法达到目的，必然要寻求别的途径来接近俄国。这就为苏维埃俄国同资本主义国家展开正常的经济贸易往来提供了可能。

　　起初，帝国主义列强为了谋取世界霸权和本国私利妄想用经

---

　　[1]　苏联科学院经济研究所编：《苏联社会主义经济史》第二卷，生活·读书·新知三联书店 1980 年版，第 328 页。
　　[2]　黄立茀等：《新经济政策时期的苏联社会》，社会科学文献出版社 2012 年版，第 80 页。

济封锁来胁迫苏俄屈从于它们所提出的苛刻的经济要求，甚至压垮苏俄。对此列宁毫不畏惧："这四年来我们受过很多威胁，而且是非常可怕的威胁，所以无论哪一种威胁我们都不会害怕。至于封锁，经验表明：现在还不知道究竟谁吃的苦头更大，是被封锁者还是封锁者自己。"① 资本主义需要俄国的市场。俄国既是欧洲许多国家多种商品的最大供应者，又是这些国家工业品的巨大消费者，第一次世界大战后，欧洲国家的经济复兴，要想离开苏俄是不可能的。它们知道，没有这种那种形式的经济联系，它们还会像以前那样继续垮下去。所以，资本主义国家虽然会有辩论、会有争执、分歧各方会有不同的组合，但是迫切要求发展、调整和扩大同俄国的贸易的基本的经济需要最终还是会发生作用的，"我们同资本主义国家若没有一定的相互关系，我们就不可能有稳固的经济关系。事态非常清楚地表明，它们同样也不可能有稳固的经济关系。我们此刻并没有什么利他主义的思想，而是更多地考虑在列强敌视我们的情况下我们应该如何继续生存下去"②。资产阶级国家需要同俄国做生意，列宁十分有把握地预言：苏维埃共和国同整个资本主义世界的正常贸易往来一定会得到进一步的发展。

最先着手与苏俄进行实际的经济往来的是历来最为现实的英国人。英国人在苏俄内战结束之际就开始与苏俄政府就经济往来问题进行了接触。1920 年 5 月底，英国政府接待了以克拉辛为团长的苏俄贸易代表团。1920 年 11 月 18 日，苏俄国内战争局势明朗之后，英国内阁虽然仍有不同意见，但大多数内阁成员同意并最终决定与苏俄签订贸易协定。俄国对于英国具有重要的经济意义。英国是一个原料依赖进口的资源短缺国，战前它所需要的 50% 的木材、近 50% 的大麦及 90% 以上的大麻都是从俄国进口，

---

① 《列宁全集》第 42 卷，人民出版社 1987 年版，第 329 页。
② 同上书，第 328 页。

同时向俄国出口大量商品。另外，第一次世界大战使英国经济受到打击，国内出现严重的失业。在这种情况下，对于英国来说，与苏俄恢复经贸关系无疑具有很大的诱惑力。1921年3月16日，苏俄与英国在伦敦签订了关于恢复两国贸易关系的协定。这个经济协定还是一个内容广泛的政治协定。它不仅规定了双方恢复贸易，消除障碍、取消经济封锁，相互开设商务代表处等有关经贸问题，而且规定了一些非经济问题，如双方放弃针对对方的敌对行动和宣传，恢复政治关系等。一周后，英国首相劳合·乔治宣布这一贸易协定标志着英国政府对苏俄事实上的承认。

英国与苏维埃俄国的经济贸易关系在英俄贸易协定签订之后得到了迅速发展。1917—1920年两国的贸易总额仅为1570万卢布，其中1919年由于英国对俄实行经济封锁，没有发生贸易往来。1921—1924年，英国成为苏俄对外贸易的、排在德国之后的第二大伙伴国。两国贸易额1921—1922年度为5570万卢布，1922—1923年度为5190万卢布，1923—1924年度为1.0390亿卢布，1924—1925年度达到了2.38亿卢布。从1923年起，苏俄对英贸易的出口额高于进口额，对英的贸易顺差较大，1924—1925年度的顺差高达6480万卢布。①

英俄贸易协定为苏俄与资本主义国家开展经济往来的和平共处开了一个好头。1921年5月，俄德签订贸易协定；同年，苏俄还先后与挪威、奥地利、意大利和丹麦等国签订了贸易协定。1922—1924年，由于德国与苏俄两国签订了拉巴洛条约，按最惠国待遇发展两国的经济关系，两国贸易发展的速度很快：1922年两国贸易额升至7220万卢布，1925年时达到2.256亿卢布。②德国是工业高度发达的资本主义国家，在钢铁、机械、汽车、电

①　参见邢书纲主编《苏联是怎样引用和利用西方资金和技术的》，上海三联书店1988年版，第380—382页。

②　同上书，第111页。

器、化学、精密仪器等领域的产品质量和技术水平均在世界上名列前茅。苏俄发展与德国的经济关系，对发展苏俄的工业有较大的促进作用，对苏俄加强军事国防工业的发展也提供了许多先进技术，如从 1922 年起，苏俄聘请德国专家帮助设计和制造潜艇；1924 年德国容克飞机公司帮助苏俄兴建了特维尔飞机制造厂；在德国专家和飞行员的帮助下，苏联制成全金属飞机的时间比美国的洛克希德飞机厂和道格拉斯飞机厂早了 10 年。从 20 年代中期开始，德国帮助苏联在中亚地区建造了 17 个火炮制造厂。①

　　美国也成为苏维埃俄国对外经济联系的另一个重要伙伴。在 1921 年以前，美国拒绝承认苏俄，也不与苏俄发生经济联系。1919 年两国贸易额几乎为零，1920 年只有 80 万卢布。1920 年底起，苏俄利用美国急于寻找出口市场推销过剩商品的时机，打开了两国贸易的大门。美国政府开始停止对苏维埃俄国的经济封锁政策。此后，两国贸易额迅速上升，1921 年为 3170 万卢布，1921—1922 年度为 3450 万卢布，1923—1924 年度为 4560 万卢布，1924—1925 年度为 1 亿 8050 万卢布，比 1921 年增长 3 倍多。1924 年 5 月两国建立了贸易机构——苏美贸易股份公司。1924 年 6 月，苏联政府给予美国哈里曼公司勘探并开采恰图拉锰矿的租让特权，此后又与美国的哈默公司、文特公司等签订了租让合同。苏俄从美国进口了大量的食品、棉花和日用必需品，缓解了苏俄的粮食和日用品供给的困难。意大利与苏俄也开展了贸易往来。1920 年两国贸易额为 100 万卢布。1921 年 12 月两国签订了第一个贸易协定，此后，两国经济贸易额直线上升：1921 年为 190 万卢布，1923 年为 400 多万卢布，1924 年达到 1290 万卢布，1925 年为 1620 万卢布。1924 年两国建立了正式外交关系。法国与苏俄的经济关系在 1921—1923 年一直十分紧张。这

---

　　①　参见邢书纲主编《苏联是怎样引用和利用西方资金和技术的》，上海三联书店 1988 年版，第 129—130 页。

主要是因为法国政府在对俄武装干涉问题上态度最积极，对俄进行经济封锁的时间也最长。1919 年两国经济关系完全断绝。两国贸易额在 1920 年仅为 10 万卢布，1921 年为 610 万卢布，1922 年为 110 万卢布，1923 年为 60 万卢布。但在 1924—1925 年，两国的经济贸易往来有了较大发展。1924 年两国贸易额为 1380 万卢布，1924 年 10 月两国建交，使两国贸易额在 1925 年上升到 2460 万卢布。[①]

　　苏维埃俄国还积极发展国际信贷，为国民经济的恢复和发展筹集资金。十月革命胜利后，西方资本主义国家敌视苏维埃政权，对苏俄进行信贷金融封锁，这给吸引外资带来极大困难。在这种情况下，苏维埃政府在列宁领导下，采取积极措施，冲破西方信贷金融封锁，在法、英、德等国设立了一些银行，并从意、德、英、瑞典等国获得了具有国家担保的商业贷款，在西方金融市场筹集到一定数量的资金。1920 年 3 月，苏维埃俄国与瑞典达成了一个临时信贷协议，瑞典工商业联合会在苏俄用价值 2500 万瑞典克朗的黄金作抵押的前提下，同意苏俄合作总社通过该会购买总值为 1 亿克朗的设备和机械。这是苏俄第一次冲破西方的金融封锁。但是，总体而言，苏维埃俄国只从很少几家外国公司获得过极少量的商业贷款，它们不仅数量少，而且时间短。1925 年 10 月，苏维埃政府才从德国获得了第一笔贷款，为 7500 万马克，这是一笔数目较大的短期贷款；1926 年从德国获得第一笔中期国际信贷，其数额为 3 亿马克，这是苏维埃国家获得的一笔较大的贷款。[②]

（三）国家资本主义的缓慢发展

　　列宁提出了通过国家资本主义过渡到社会主义的思想，然而

---

　　① 参见黄宗良主编《社会主义与资本主义两制关系史论》，红旗出版社 1993 年版，第 76—78 页。

　　② 同上书，第 79—81 页。

由于俄国资产阶级和外国资本家对苏维埃政权采取敌视态度，并不情愿接受列宁的政策。列宁积极倡导租让制，但实际上租让制的发展很缓慢。就连列宁也承认租让制并未得到多大的发展。

《新经济政策时期的苏联社会》一书指出："由于苏维埃俄国的法制状况、政治环境和人力状况等因素，租让制实际上发展很缓慢，直到 1927 年，才在 1600 个建议书的基础上签订了 172 个协议，实际生效、运营的租让制企业仅 65 个。"① 《苏联兴亡史》一书提出："1922—1924 年间，苏联政府共收到外国企业主 1200 多份意向性承租提议，但其中绝大多数是试探性的。在此期间，正式签订租让合同的共 91 份，而实际开工的企业更少，到 1925 年，森林工业仅 6 家，木材加工企业 5 家，采矿企业 3 家。在这些租让企业中的就业工人约 6000 人，占全国工业总产值的 0.4%。森林租让企业在租让企业中占有重要的地位。"②

列宁去世后，总体情况并没有改变。"苏维埃国家实行租让制和租赁制，私人资本也存在于租让制和租赁制企业之中。租让制企业的数量很少，1921 年只签订了 5 份租让合同，1922 年 10 份，1923 年 37 份，1924 年 32 份；1925 年 4 月 1 日，在工业中共有 91 份租让合同生效。租让企业在工业生产中所占的比重也很小，1924—1925 年度为 0.2%，1925—1926 年度为 0.4%。"③

当时苏俄与资本主义往来的现实条件的局限不利于租让制等政策的实行。西方资本主义国家对苏联实行经济封锁，使得一些新的政策收效甚微。在 1921—1924 年，苏维埃俄国与德、法、意、英、美等资本主义国家的经济联系对苏维埃国家经济恢复和

---

① 黄立莆等：《新经济政策时期的苏联社会》，社会科学文献出版社 2012 年版，第 144—145 页。

② 周尚文、叶书宗、王斯德：《苏联兴亡史》，上海人民出版社 2002 年版，第 103 页。

③ 转引自黄立莆等《新经济政策时期的苏联社会》，社会科学文献出版社 2012 年版，第 275 页。

社会主义经济建设起了一定的积极作用。但是，由于当时西方资本主义国家也处于战争后的恢复阶段，以及国际形势仍然处于紧张状态，苏俄与资本主义国家的经济往来还非常有限。苏维埃俄国主要是靠自力更生、艰苦奋斗来发展经济的。苏维埃俄国是孤立无援的，得不到任何借款。"资本主义国家的经济史证明，落后国家要有几亿美元或金卢布的长期借款，才有可能发展重工业。我们过去没有这样的借款，我们直到现在也没有得到什么借款。现在关于租让等等所写的一切，不过是一纸空文而已。……我们的租让政策，我觉得是很好的。不过，尽管如此，我们还没有一个有利可获的租让项目，这一点请大家不要忘记。"① 列宁在俄共十一大的报告中不无遗憾地说："成绩还不怎么多；请想一想，我们宣布要把全副精力（据说，我们的精力很充沛）放到这件事上已经有一年了，而一年来还只办了 17 个合营公司。"②

　　总的来看，列宁领导苏维埃俄国的短暂的几年中，社会主义与资本主义之间的关系远不似当今这般开放，利用资本主义更多地停留在理论中，并不是苏俄经济发展的重大推动力量。在列宁的领导下，苏维埃俄国主要是靠自己的力量实现了经济恢复和发展。租让制并没有能够发展下去，还有一个原因是有的资本家提出的条件使苏维埃政权不能接受。如英国有一批资本家组成了一个联合企业，他们提出，愿意承租俄国的大部分铜矿和炼铜企业，承租 99 年。而且因为这些企业过去是英国人的企业，在苏俄国有化的过程中，他们受到了损失。他们要求苏维埃国家赔偿他们的损失。苏维埃政权拒绝了他们的要求。在这一时期，苏维埃政权的态度是："党和政府无论对所提出租让的设施，还是都挑选应租者，始终不渝地执行严格的政策；一些设施的出租条件由俄共（布）中央和人民委员会仔细审定。凡具有明显掠夺性

---

① 《列宁选集》第 4 卷，人民出版社 1995 年版，第 723—724 页。
② 同上书，第 676 页。

的、经济上无利的租让提案一概不予接收。"①

租赁制的发展也不乐观。根据 1921 年 12 月 10 日全俄中央执行委员会的法令,凡工人人数在 5 人以下、拥有发动机的小型企业,或者工人人数 10 人以下、没有发动机的小型企业一律解除国有化,由私人企业主来承租。承租的最长期限为 6 年,一般情况下租期为 5 年。据 1923 年统计,租赁企业约 5000 家,工人人数为 7.5 万—7.8 万人。租赁工业同国营工业在企业数量上几乎相等,而在工人人数上租赁企业仅占 8.5% 左右。租赁企业在生产部门的分布特征方面与纯私人资本主义近似,也是以轻工业为主,以工人人数计算,80% 以上的租赁企业工人在轻工业部门工作,其中尤以在食品工业部门中的比重最大。1926 年,租赁企业的产值占全国工业总产值的 1.3%。② 总体说来,私人租赁占整个私营工业的很大一部分,但在整个国民经济中起的作用很小。

五　列宁的社会主义观是否发生过根本改变

列宁的社会主义观并未发生过根本转变,他对新经济政策的理解并不似当前一些人所理解的那样,突破了马克思,超越了传统,将社会主义奠定在商品货币关系、商业贸易和市场经济的基础之上,是列宁在社会主义观念上的重大突破和对社会主义本质认识的根本改变。我认为,新经济政策体现出的列宁的根本改变仅在于,立足于俄国落后的现实的国情,从"战时共产主义"的直接过渡转为间接过渡,试图通过一系列中间环节,通过发展商品市场关系,通过一系列利用资本主义的措施走上社会主义道

①　苏联科学院经济研究所编:《苏联社会主义经济史》第二卷,生活·读书·新知三联书店 1980 年版,第 316 页。

②　参见周尚文、叶书宗、王斯德《苏联兴亡史》,上海人民出版社 2002 年版,第 145 页。

路。"新经济政策的真正实质在于：第一，无产阶级国家准许小生产者有贸易自由；第二，对于大资本的生产资料，无产阶级国家采用资本主义经济学中叫作'国家资本主义'的一系列原则。"① 在列宁看来，新经济政策并不是社会主义，而是国家的集中管理与小农经济的自发性之间的妥协，是社会利益与私人利益之间的妥协，是最先进的政治制度与俄国落后的现实之间的妥协，是正在成长中的弱小的社会主义与资本主义之间的妥协。

（一）反对空谈共产主义理想

新经济政策一系列措施的实施，在党内高层中几乎没有意见分歧，因为大家都很清楚，必须采取另一条途径来建立社会主义经济的基础。"新经济政策是在没有遇到许多反对的情况下被采用的，它显然也为苏维埃政权展现出一副全新的前景。"② 但是，在普通党员中，许多人不能理解，认为学习西方资本主义"不是我们革命家干的事"。有人说"我们可以自己想办法恢复生产，干吗把外国人叫来"；一些工人、农民说："我们赶走了地主和资本家，又要把外国的资产阶级放进来"；有人说"我们自己能搞好"，"我们大家吐点口水也能把他们（外国资本家淹死）"。还有一些人对租让制疑虑重重，提出"我们农民愿意再受三年饥寒，再承担三年义务，只要你们不要用租让的办法出卖我们的俄罗斯母亲"③。当时党内的反对派"民主集中派"反对利用资产阶级专家，认为这是"资本主义复辟的开始"。他们主张不断地加紧对农民实行强制，反对过渡到新经济政策。④ 有人甚至极端

---

① 《列宁全集》第43卷，人民出版社1987年版，第263页。
② ［美］罗伯特·文森特·丹尼斯：《革命的良心——苏联党内反对派》，北京出版社1985年版，第242页。
③ 《列宁全集》第40卷，人民出版社1986年版，第135页。
④ 中共中央马克思恩格斯列宁斯大林著作编译局国际共运史研究室编：《"民主集中派"和"工人反对派"文选》，人民出版社1984年版，第2页。

地认为，凡是沾染上资产阶级的一切东西都是和社会主义不能相
容的，都是在建设社会主义中必须抛弃的。

当时有些国外的共产党人也表现出极大的不理解。在 1922
年 2 月举行的共产国际执行委员会第一次扩大全会上，法国共产
党代表团的同志们不理解新经济政策的实质和意义，他们认为新
经济政策将导致资本主义在俄国复辟，会削弱国际革命运动。他
们感到悲伤，失声痛哭起来。列宁指出，他们的这种行为是出于
"最崇高的共产主义感情和共产主义志向"，但它是很不应该的，
"也许在他们看来，这实在难于理解，只好放声大哭。不管怎样，
我们是没有工夫伤感的"①。苏维埃俄国这个遭到了难以置信的
破坏和缺乏物质前提的国家，依靠工农蓬勃的热情迅速取得了无
数的胜利，现在已经夺取政权的工人阶级，其任务就是要把资本
主义所积累的一切最丰富的，我们所需要的全部文化知识和技
术，由资本主义的工具变成社会主义的工具。

列宁在肯定和赞扬了广大党内外人民的爱国主义情绪的同
时，批评了这些错误看法。列宁早在 1918 年就驳斥过那种认为
"不向资产阶级学习也可以建成社会主义"的观点，他这样说道：
"我认为，这是中非洲居民的心理。我们不能设想，除了建立在
庞大的资本主义文化所获得的一切经验教训的基础上的社会主
义，还有别的什么社会主义。没有邮电和机器的社会主义，不过
是一句空话而已。"②"只有那些懂得不向托拉斯的组织者学习就
不能建立或实施社会主义的人，才配称为共产主义者。因为社会
主义并不是臆想出来的，而是要靠夺得政权的无产阶级先锋队去
掌握和运用托拉斯所造成的东西。我们无产阶级政党，如果不去
向资本主义的第一流专家学习组织托拉斯式的即象托拉斯一样的

---

① 《列宁全集》第 43 卷，人民出版社 1987 年版，第 86 页。
② 《列宁全集》第 34 卷，人民出版社 1985 年版，第 252 页。

大生产的本领，那便无从获得这种本领。"① 列宁认为，或者是不了解具体事实，看不到实际存在的事物，不能正视现实，或者是只把资本主义和社会主义抽象地对立起来，而不研究目前我国这种过渡的具体形式和步骤。这些认识明显不利于新经济政策实行。

列宁指出，对于共产主义来说，没有什么东西比"我们自己能搞好"这种共产党员的自吹自擂更有害、更危险的了。"如果认为我们只用清白的共产党人的双手，不要资产阶级专家帮助，就能建成共产主义，那是一种幼稚的想法。"② 不能正视现实，把资本主义和社会主义抽象地对立起来，而不研究苏俄的现实情况是非常有害于社会主义发展的。社会主义不是仅凭"革命热情"，依靠"坚决性"进行"不妥协的斗争"就可以实现的。新生苏维埃俄国的力量还十分薄弱，这个唯一的社会主义国家面临随时可能被资本主义世界吞噬掉的危险。如果不抓紧稳定国内经济形势对苏维埃政权是不利的。俄国经过了四年世界大战和三年的国内战争，被打得遍体鳞伤，就像一个"被打得半死的人"，由于无产阶级掌握和控制了政权，经过党和无产阶级的努力，现在他居然能够拄着拐杖走动了，这是俄国进行社会主义建设的现实条件。由于俄国的社会主义建设事业是从这样的基础出发的，所以它需要用"拐杖"，这里的"拐杖"指的就是资本主义。苏俄社会主义建设面临的巨大困难，在世界其他国家没有发生革命的情况下，"我们还要花几十年的时间才能够摆脱这种处境。因此，只要能获得强大的先进资本主义的帮助，我们便不惜从我们的无限财富当中，从我们丰富的资源当中，拿出几亿以至几十亿的资财。花掉的这一切我们以后收回时是可以获得很大的利润的。在一个经济遭到空前破坏的国家里，在一个破产农民占人口

① 《列宁全集》第34卷，人民出版社1985年版，第289—290页。
② 《列宁全集》第36卷，人民出版社1985年版，第128—129页。

绝大多数的国家里，如果没有资本的帮助，要保持无产阶级政权是不可能的"①。

对于许多人对租让政策的疑虑：在社会主义企业中实行租让，让外国资本家来直接经营生产，不是意味着要恢复资本主义剥削制度吗？列宁进行了说服解释工作。列宁把这些认识称为"地方爱国主义"和"行会爱国主义"，批评说："我认为，如果我们不能实行租让政策，不能把外国资本吸收到租让企业中来，那就根本谈不上采取重大的、实际的措施来改善我们的经济状况。如果不实行租让政策，不抛弃偏见，不抛弃地方'爱国主义'，不抛弃行会'爱国主义'和所谓我们自己'想办法'的看法，我们就不能认真地提出立即改善经济状况的问题。"② 列宁坦率承认，"租让，这是有一定风险的；租让，这就是损失；租让，这就是战争的继续。这是毫无疑问的，但是这场战争对我们是比较有利的。如果我们获得某一最低限度的生产资料、机车和机器，那么，我们在经济上就不会再是目前这个状况，而帝国主义国家对我们说来就不那么危险了"③。

列宁认为只靠共产党员的双手来建立共产主义社会，这是十分幼稚的想法。我们应当大胆承认还有很多东西可以而且应当向资本家学习。"谁能在这方面取得最大的成绩，即使是用私人资本主义的办法，甚至没有经过合作社，没有把这种资本主义直接变为国家资本主义，那他给全俄社会主义建设事业带来的益处，也比那些只是'关心'共产主义纯洁性，只是为国家资本主义和合作社起草规章、条文、细则，而实际上却不去推动流转的人，要多得多。"④

---

① 《列宁选集》第 4 卷，人民出版社 1995 年版，第 454 页。
② 《列宁全集》第 41 卷，人民出版社 1986 年版，第 154 页。
③ 《列宁全集》第 40 卷，人民出版社 1986 年版，第 116—117 页。
④ 《列宁选集》第 4 卷，人民出版社 1995 年版，第 513 页。

（二）新经济政策的性质是"退却"

新经济政策提出后，有一些人提出：布尔什维克的新经济政策到底是什么，是演变还是策略？一些"路标转换派"成员就是这一观点的代表。他们议论说："这个苏维埃政权在建设什么样的国家呢？共产党人说是共产主义国家，并要人相信这是一种策略：布尔什维克在困难关头把私人资本家糊弄过去，然后再达到自己的目的。布尔什维克可以爱怎么说就怎么说，但实际上这并不是策略，而是演变，是内部的蜕变，他们一定会走向通常的资产阶级国家。"① 这些人认为，"战略退却"说明布尔什维克在"演变"，在发生"内部的蜕变"，马克思主义和社会主义失败了。他们认为，苏维埃政权"正在滚进通常的资产阶级泥潭，那里只不过摇动着几面写着各种空话的共产主义小旗子罢了"②。当时俄共（布）党内的具有无政府工团主义倾向的派别"工人反对派"攻击俄共中央及其政策，说"新经济政策使资本主义有可能重新站稳脚跟，在俄国实现复辟"③。苏俄国内的孟什维克和社会革命党人说，"布尔什维克走回头路，又回到了资本主义，这样他们就完蛋了"。国际资产阶级也希望这一斗争的胜利属于他们。美英法等国的资产阶级报刊把向新经济政策的过渡说成是"苏维埃制度的破产"和资本主义在俄罗斯苏维埃社会主义共和国的彻底复辟，说成是"革命的共产主义阶段的结束"，"共产主义制度完全崩溃了"，布尔什维克抛弃了"马克思主义"。列宁非常重视这些言论，认为这些人说出了真话，指出了苏俄面临的危险，党和国家必须加以注意。苏维埃俄国在国内战争中不曾被武力战胜，却在国内和平环境中经历着考验。新经济政策意味

---

① 《列宁全集》第43卷，人民出版社1987年版，第91页。

② 同上书，第92页。

③ 中共中央马克思恩格斯列宁斯大林著作编译局国际共运史研究室编：《"民主集中派"和"工人反对派"文选》，人民出版社1984年版，第4页。

着苏维埃俄国要在经济战线上同资本主义国家作残酷的斗争。列宁从一开始就把新经济政策的性质定为"退却"，其实质是开始作战略退却，趁着苏维埃政权还没有被彻底打垮，实行退却，一切都重新安排。针对一些人迷信资本家的威力，不相信社会主义发展的可能性，甚至主张对国内外私人资本作巨大让步，把实施新经济政策看成是单纯的退却，列宁提出了批评，指出各种反对派既不了解新经济政策的实质，也不了解新经济政策的退却性质。

在批评种种错误言行的过程中，列宁阐述了"战略退却"的性质和意义。新经济政策是不得已而实行的"退却"。"战时共产主义"政策面临的危机表明，在苏维埃俄国现实生产力状况下，在遭到了难以置信的破坏和缺乏物质前提的国家里，布尔什维克党没有能力带领俄国直接过渡到纯社会主义的经济成分，现实决定了必须"退却"，不能再用革命手段实行强制过渡了，"退却"才能巩固苏维埃政权已经获得的胜利。社会主义建设必须以让步、妥协等向后退的方式来推进，而不能再像以前那样以革命的、暴风骤雨的方式来进行了。

列宁认为新的政策"退却"是有原则、有限度的。新的政策是一项必要的政策转变，但毕竟不是前进运动，而是朝着自己的最终发展方向的一种后退运动，发展得好，才能促进社会主义政权的巩固，发展得不好，则会带来政治上的危险。苏维埃政权在连续遭到战争、饥荒，工业被破坏的严峻现实下，无法保住胜利果实，不得不放弃一些阵地，但是，这种"退却"是有底线的，只限于经济方面，决不是政治原则的退却，把经济的"退却"当成前进，就会丧失社会主义的政治方向，造成向资本主义的狂奔。这充分体现了列宁政治上的清醒。正是出于对"退却"性质的清醒认识，列宁一再提醒全党：新的经济政策还蕴藏着许许多多的危险，"资本主义的恢复、资产阶级的发展和资产阶级关系在商业领域的发展等等，这些就是我们目前的经济建设所遇到的危险，就是我们目前逐步解决远比过去困难的任务时所遇到的危险。在这一点上切不可有丝毫的糊涂"①。因此，列宁叮嘱全党一定要注意克服新经济政策所带来的消极影响，把它们控制在最低限度。

列宁还提出，新经济政策是一项将在合适的时机转入反攻的"退却"政策，决不是把社会主义的阵地让给资本主义，是在用迂回的方式夺取一些阵地，以便在更有准备的时候再转入对资本主义的反攻。"无产阶级取得胜利以前，改良是革命的阶级斗争的副产品。取得胜利以后，改良在国际范围内仍然是一种'副产品'，但对取得胜利的国家来说，如果经过极度紧张的斗争，实力显然不足以用革命手段来实行某种过渡，那么改良又是一种必要的、合理的喘息时机。胜利提供了很多'后备力量'，我们即使被迫退却也能坚持下去，无论在物质方面或精神方面都能坚持下去。所谓在物质方面坚持下去，就是保持兵力的充分优势，使敌人不能彻底打垮我们。所谓在精神方面坚持下去，就是不使自己精神沮丧，组织瓦解，仍保持对情况的清醒估计，保持饱满的精神和坚强的意志，退得虽远但退得适度，能及时停下来并重新转入进攻。"②

总之，列宁认为，只要社会主义与资本主义的根本对立还存在，危险也就存在，并且不能避免。但是也不能夸大，苏维埃政权只要站稳脚跟，就能克服这些危险。虽然与资本主义关系的加强就是危险性的增强。但是，此时此刻，期望不利用资本主义而直接建设社会主义只能是"梦想"。当时找不到没有危险的建设道路、没有危险的革命阶段和革命方法，只能如此。共产党人在俄国必须清醒地、有意识地以"退却"、"让步"、"妥协"等方式谋求发展。

---

① 《列宁专题文集·论社会主义》，人民出版社 2009 年版，第 286 页。
② 《列宁全集》第 42 卷，人民出版社 1987 年版，第 251 页。

（三）新经济政策与公有制

列宁坚持马克思将生产资料所有制作为社会制度的基础的观点。列宁认为，生产资料所有制是生产关系的基础，生产资料掌握在谁手里，生产条件的分配，是决定生产关系性质和社会性质最根本的东西。社会主义公有制是社会主义制度的重要基础，如果改变以公有制经济为主体的所有制形式，而将公有制让位于私有制，那就丧失了社会主义的本质。"新经济政策从所有制理论方面看主要包括两个方面的内容：一是改变'纯而又纯'的公有制，发展多种形式的非公有制经济，发展商品经济，促进生产力的快速发展；二是加强对非公有制经济特别是资本主义经济的监管，发展和壮大公有制经济，实现俄国向社会主义迈进。"①

列宁强调苏维埃政权要积极发展公有制经济，这是保证商品经济沿着社会主义方向发展的前提。公有制是社会主义的经济基础，俄国走向社会主义首先要保证公有制经济不断发展壮大。同时，列宁也鼓励发展多种形式的非公有制经济，促进生产力的快速发展。但是有些人害怕非公有制经济的发展会改变苏维埃政权的社会主义性质，对此，列宁提出："让小工业在一定程度上发展起来吧，让国家资本主义发展起来吧，这对于苏维埃政权并不可怕；苏维埃政权应该正视现实，直言不讳，但它必须对此加以控制，规定这样做的限度。"② 可以看出，在容许非公有制经济发展这一问题上，是有条件、有限度的。列宁认为，苏维埃政权要掌握大量的工厂，"如果我们只把少数工厂租给承租人，而把大部分工厂保留在自己手中，那租让并不可怕；这是没有什么可怕的。当然，如果苏维埃政权把自己的大部分工厂拿去租让，那

---

① 郑吉伟、陈曦：《列宁新经济政策时期的所有制理论及现实意义——兼谈我国不能搞私有化和"纯而又纯"的公有制》，《思想理论教育导刊》2011 年第 11 期。

② 《列宁全集》第 41 卷，人民出版社 1986 年版，第 151 页。

是十分荒唐的；那就不是租让，而是复辟资本主义"①。

　　列宁始终将非公有制经济的发展与公有制经济的发展联系起来，认为公有制才能保障社会主义的发展方向。国营企业应当在经济发展中发挥主要作用，国营企业应当适应市场，积极参与商品生产和商品流通，并在其中发挥优势作用。列宁结合俄国的国情，探讨了保证公有制发展和将国民经济引导到社会主义轨道的具体措施。首先，列宁提出国营企业应当在商品生产和商品流通中发挥引导作用。俄国当时有人不敢大胆发展非公有制经济，害怕资本主义的发展会使苏维埃政权改变性质。列宁指出："只要我们掌握着所有国营企业，只要我们精确而严格地权衡轻重，我们能把什么租出去，在什么条件下、在什么限度内可以出租，那么租让是没有什么可怕的。这种情况下发展起来的资本主义是在监督之下和计算之中的。"② 同时，列宁也很重视国营企业对市场的适应，强调国营企业应当在商品生产和商品流通中保持竞争优势。

　　列宁重视国家银行在调控经济方面的重要作用。1922 年 2 月，列宁在给亚·德·瞿鲁巴的信中说："我们需要的国家银行同商业的关系应当比资本主义同商业关系最密切的国家银行还要密切一百倍。我们的国家银行应当有个商业代办网，上自中央（有点类似银行中掌管几十亿周转资金的商务巡回检查员），下至小的乃至最小的商业代办点。如果整个代办网实行分成制并学会（也教会我们）很好地做生意，那么我们就能够掌握整个贸易额的 9/10。"③

　　其次，列宁提出加强对非公有制经济的监管。列宁认为非公有制经济发展不会威胁苏维埃政权的性质，这是因为政权还掌握

---

　　① 《列宁全集》第 41 卷，人民出版社 1986 年版，第 151 页。

　　② 同上。

　　③ 《列宁全集》第 52 卷，人民出版社 1988 年版，第 289 页。

在无产阶级手上，可以对非公有制经济进行监管。非公有制经济的经营活动受到国家法律的约束。1922 年，列宁说："做生意吧，发财吧！我们允许你这样做，但是我们将加倍严格地要求你做老实人，呈送真实准确的表报，不仅要认真对待我们共产主义法律的条文，而且要认真对待它的精神，不得有一丝一毫违背我们的法律，——这些就应当是司法人民委员部在新经济政策方面的基本准则。"①

最后，列宁提出经济管理机关必须适应政策的转变。列宁看到，商品经济在运行中存在着盲目性和自发性。随着商品经济的发展，对非公有制的管理也对国民经济管理机关提出了更高的要求，经济管理机关必须适应这种转变。苏维埃监管部门以前的主要职责就是限制商品流通，打击投机倒把，而在新经济政策时期，这些职责就发生变化了，也就是"反对投机倒把活动的斗争应转变为反对盗窃公共财物、反对逃避国家监察、计算和监督的斗争"②。列宁还提出反对经济管理机关的官僚主义，同时还要求它们学会做生意，提高效率，关键的问题之一就是"如何教我们的官'商'（包括对外贸易人民委员部、莫斯科商业局、彼得格勒商业局等等）学会做生意，办事不拖拉"。他要求各人民委员部等管理部门"提出一项决定草案，规定对职员（所有与经济工作有关的职员）改行按营业额和利润分成的制度，如有亏损、办事不力和失职等情况，应予严惩"③。

（四）新经济政策与商业、市场的关系

列宁是逐渐认识到苏俄发展商品生产、市场对社会主义建设的重要性的。列宁曾认为社会主义不存在商品生产，甚至曾提

---

① 《列宁全集》第 42 卷，人民出版社 1987 年版，第 428 页。
② 《列宁选集》第 4 卷，人民出版社 1995 年版，第 524 页。
③ 《列宁全集》第 42 卷，人民出版社 1987 年版，第 458 页。

出，在苏维埃俄国"彻底消灭商品生产的斗争已提到首位的历史关头"①。新经济政策初期打算将商品流转限制在农民商品生产者和小型工业之间的地方流转范围之内。但是这种实际上依然是产品交换模式的商品交换很快就在实践中遭到了失败，商品买卖取代了它。因为这种商品交换并没有同商业应当发挥的作用联系起来，正如列宁所指出的那样，这种商品交换实际上是"要求（尽管没有说出来，但还是要求）不通过商业而直接向社会主义的产品交换过渡，向社会主义的产品交换迈步"②。

当时关于合作社的规定指出，"合作社的作用不仅应当表现为把千百万居民群众联合起来组织起来这件事情本身，而且主要应当表现为同投机行为作斗争，同一些小生产者的无政府主义的反国家倾向作斗争，以公开的统计、监督和责任制与之对抗"③。在实行新经济政策的初期，列宁设想的在工业品与农业产品之间进行的有计划的"商品交换"，实际上是一种产品交换模式。当时布尔什维克党认为，为了避免投机行为的发展，避免许多在市场上独立活动的小型合作社工作重复以致有害地浪费人力，十分需要使这种商品交换有组织地进行，即仅仅通过消费合作社进行。但是，这种商品交换在实际的发展过程中变成了自由买卖和现金交易，也就是说，产品交换的政策没有取得成功。在这种情况下，列宁认识到在俄国当时的经济条件下，恢复和发展经济，还必须再后退，从国家资本主义转到国家调节买卖和货币流通。从这时开始，市场、商业的问题才从理论上和实践上突出地提了出来。现实生活使商品交换失败了，以买卖取代了它，在这种情况下，是以市场、商业为基础还是反对这个基础？列宁认为应当承认商业的作用，他开始把商业看作是千百万小农与大工业之间

---

① 《列宁全集》第 36 卷，人民出版社 1985 年版，第 335 页。

② 《列宁全集》第 42 卷，人民出版社 1987 年版，第 506 页。

③ 《苏联共产党和苏联政府经济问题决议汇编（1917—1928）》第一卷，中国人民大学出版社 1984 年版，第 248 页。

唯一可能的经济联系，认识到只有重视商业的作用，才能建立巩固的工农联盟。

　　列宁开始认识，在苏维埃的现实国情下，商业问题成了经济建设的一个实际问题。列宁进一步发展思想，开始认识到学会了解商业关系和经商是责任，开始认识到在小农经济为主的社会主义国家必须承认并重视商品生产的作用，才能真正建立起巩固的工农联盟。1921 年 10 月 29 日，他在莫斯科省第七次党代表会议上关于新经济政策的报告中说：商业问题提上了党的工作日程，"不管我们怎样觉得商业领域距离共产主义很遥远，但正是在这个领域我们面临着一项特殊任务。只有完成了这一任务，我们才能着手解决极其迫切的经济需要问题"①。他还提出，商业正是无产阶级国家政权、居于领导地位的共产党必须全力抓住的环节，如果党和国家现在能紧紧抓住这个环节，那么不久的将来就一定能够掌握整个链条。列宁开始认识到，在苏维埃的现实国情下，发展商业是国家经济发展的一种重要的动力。苏维埃的经济工作必须从市场的存在出发并考虑市场的规律，掌握市场，通过有系统的、深思熟虑的、建立在对市场过程的精确估计上的经济措施，来调节市场和货币流通。同时还要看到关于商品经济，列宁的看法是：利用资本主义的商品经济建设社会主义，商品交换和自由贸易的发展将会造成资本主义关系在社会主义俄国的发展。所以，当后来新经济政策开始向自由贸易、商业竞争和货币流通深化时，列宁的担忧与日俱增。列宁在 1921 年写给布哈林的一个便条中，对社会主义条件下商品经济进行了较为系统的表达："无产阶级国家政权掌握着物质基础（工厂、铁路和对外贸易），结果：它手中掌握着商品储备和商品的成批运送（铁路运送）。无产阶级国家政权怎样处理这些商品储备？把它们卖给（a）工人和职员以换取货币，或者不是货币而是换取他们的劳

---

① 《列宁专题文集·论社会主义》，人民出版社 2009 年版，第 286 页。

动。（b）农民以换取粮食。怎么卖？通过谁？通过代销人（＝商人），付给他佣金。尤其要重视合作社（努力使每一个居民都加入合作社）。为什么这不可能？而这就是资本主义＋社会主义。"① 很显然，列宁是把新经济政策中的商品经济因素作为资本主义来看待的。

苏维埃国家不断加强对商业的调节。除了劳动与国防委员会以外，最高国民经济委员会和粮食人民委员部也实施了对商业的直接调节。1922 年 5 月设立了劳动与国防委员会直属国内商业调解委员会，1924 年 5 月改组为国内商业人民委员部，撤销了粮食人民委员部。"党中央 4 月全会（1924 年）决议规定国内商业人民委员部的主要任务是：'使国营商业和合作社掌握市场，排挤私人商业资本，首先是私人批发商业资本，对私人资本的活动进行积极的监督。'"②

此外，列宁的认识，并未突破商品经济等于资本主义，社会主义应当实行计划经济的思想框架。列宁依然重视经济计划的制订，在他看来，经济计划依然是必要的，经济计划关系到社会主义经济发展的全局。1921 年 11 月 16 日，列宁在给国家电气化委员会主席格·马·克尔日扎诺夫斯基的信中这样写道："我觉得，关于新经济政策有必要加以补充。我认为，最好把应作的补充（从各个不同的角度来阐明新经济政策在总的范围内的地位、意义和作用）插到某些章节里去。几乎每一章都可以（而且我认为应该）增加一两页，说明新经济政策不是要改变统一的国家经济计划，不是要超出这个计划的范围，而是要改变实现这个计划的办法。"③ 显然，在列宁看来，一系列新的政策转变，就是要采用商品交换与自由贸易等方式保障经济计划的实施与完成。这种

---

① 《列宁全集》第 50 卷，人民出版社 1988 年版，第 205—206 页。

② 苏联科学院经济研究所编：《苏联社会主义经济史》第二卷，生活·读书·新知三联书店 1980 年版，第 175 页。

③ 《列宁全集》第 52 卷，人民出版社 1988 年版，第 40 页。

认识既体现了列宁对计划经济的重视，也显示出他将新经济政策定位于一种发展手段、一种建设方式。列宁还认识到经济计划关系到社会主义经济发展的全局，所以十分关心经济计划的制订，强调经济计划要切合现实的经济需要。他一再告诫不能把经济计划变为"官僚主义化"的计划，社会主义经济计划是不能用臆断的、用理论的或官僚主义的方法拟订的。从这些言论可以看出，那种认为列宁已经抛弃了计划经济思想，提出了社会主义商品经济原则的观点是对列宁思想理解的偏颇。"我国理论界多数人都赞同马克思、恩格斯认为共产主义消灭了商品货币关系、实行产品经济（或叫时间经济）的观点。但对于列宁是否提出了社会主义商品经济的思想，理论界则存在较大分歧。有些同志认为，列宁在军事共产主义时期主张消灭商品货币关系，但在实行新经济政策以后，特别是在《论合作》等著作中，不仅主张利用商品交换和自由贸易向社会主义过渡，而且主张在社会主义社会仍然要实行商品经济，提出了社会主义商品经济的思想。这种看法不符合列宁的思想实际，因而是不正确的。我们认为，在实行新经济政策以后，列宁坦率地承认并果断地纠正了军事共产主义时期的企图通过政府法令直接向共产主义过渡的'左'的错误，主张通过国家资本主义、利用商品经济向社会主义过渡的思想，但却从来没有认为社会主义社会是商品经济社会。"① "在当时的历史条件下，虽然列宁也意识到在生产力极度落后的国家建设社会主义是需要利用商品、货币、市场、国家资本主义等一系列中间环节，但是，他把这些概念与社会主义看成是格格不入的，完全把社会主义与之对立起来。列宁认为对这些东西只能在一定程度上加以利用。"② 这和我的看法基本一致。

---

① 赵家祥：《马克思恩格斯对未来社会主义社会的设想》，《暨南学报》（哲学社会科学版）2001 年第 1 期。

② 卫兴华、黄泰岩：《关于社会主义初级阶段几个理论问题的探讨》，《教学与研究》1987 年第 6 期。

（五）新经济政策与资本主义

一些同志提出，列宁在新经济政策的第一个时期（即 1921 年 3 月到 10 月）与第二个时期（即 1921 年 11 月到列宁逝世）对贸易自由的看法是不一样的，并把它当作新经济政策改变列宁社会主义观的一个重要依据。实际上，列宁在实行新经济政策期间始终认为贸易自由就是恢复和发展资本主义，"流转和贸易自由不可避免地要使商品生产者分化为资本所有者和劳动力所有者，分化为资本家和雇佣工人，这就是说，重新恢复资本主义雇佣奴隶制"①。很多言论表达了这样的看法。例如，1921 年 10 月 29 日，列宁在莫斯科省第七次党代表会议上关于新经济政策的报告中指出，"新经济政策所造成的情况，如小型商业企业的发展、国营企业的出租等，都意味着资本主义关系的发展，看不到这一点，那就是完全丧失了清醒的头脑"②。在 1921 年 12 月 30 日至 1922 年 1 月 4 日《关于工会在新经济政策条件下的作用和任务的提纲草案》中，列宁指出，"容许而且还发展由国家调节的自由贸易和资本主义，而另一方面，国营企业也在改行所谓经济核算，实际上就是在相当程度上实行商业的和资本主义的原则"③。1922 年 3 月 27 日在俄共（布）第十一次代表大会上的报告中，对于正在建立的合营公司，列宁也认为，"这些公司也和我们的全部国营商业以及整个新经济政策一样，都是我们共产党人运用商业方法，资本主义方法的表现"④。

列宁从现实出发，认识到俄国的小农业在严酷的战争和经济破坏的重压之下无法发展，已经陷于凋敝的现实中，只能通过恢复经济流转，国家政权才能够仍旧保持在无产阶级手中并且得到

---

① 《列宁专题文集·论社会主义》，人民出版社 2009 年版，第 205 页。
② 《列宁选集》第 4 卷，人民出版社 1995 年版，第 607 页。
③ 同上书，第 620 页。
④ 同上书，第 664 页。

巩固。如果取消贸易自由，就不能满足中农的要求，而苏俄必须在经济上满足中农的要求，实行流转自由，否则，在国际革命推迟爆发的情况下，要在俄国保住无产阶级政权在经济上是不可能的。同时，列宁认为流转自由就是贸易自由，而贸易自由就是倒退到资本主义。我们知道，共产党的历史使命就是要消灭资本主义。这样在理论上就发生了困惑，在"以实物税代替余粮收集制的初步草案中，发生问题最多的——发生这些问题是理所当然的和不可避免的——就是关于允许在地方经济流转范围内实行交换这一点"①。对此，很多党员就出现了困惑，当时党内外很多人都意识到，新的经济政策必然会造成资本主义的滋长。列宁坦率承认了这一点：在贸易自由的土壤上必定会导致资本主义关系的加强，这是无法避开的事实。谁若抹杀这一点，谁就是用空话安慰自己。那么，布尔什维克党应该恢复和发展自由贸易，应该让这种自由发展起来吗？这会不会导致向资本主义过渡呢？列宁作出了肯定的回答：布尔什维克党可以承认并发展利用贸易自由。

列宁从五个方面进行了解释。一是，列宁认为，鼓励发展贸易自由是现实条件下不得已的选择，这是基于当时俄国现实的、没有别的办法的选择，"你们能给我指出什么没有危险的革命道路、没有危险的革命阶段和革命方法吗？"②此时此刻，期望不利用资本主义而直接建设社会主义只能是"梦想"。

二是列宁承认新经济政策造成的资本主义关系加强的现实，但是，他坚信新经济政策是利用资本主义来发展社会主义的政策，不是利用资本主义来搞垮社会主义的政策。经济的发展，将改善无产阶级的生活状况，改善掌握国家政权的阶级的生活状况。而由于生产状况的改善，大工厂的开工，都会大大巩固无产阶级的地位，以致小资产阶级的自发势力的滋长没有什么可怕

---

① 《列宁选集》第 4 卷，人民出版社 1995 年版，第 448—449 页。

② 《列宁专题文集·论社会主义》，人民出版社 2009 年版，第 285 页。

的。反而是经济状况的恶化会动摇苏维埃政权。这样列宁将无产阶级政权的巩固建立在坚实的经济基础之上。

三是列宁认为，资本主义关系的加强对于苏维埃俄国并不可怕，因为政权掌握在工人手里，只要无产阶级牢牢掌握着政权就不可能有任何改变。社会主义的政治制度和经济制度，必须在无产阶级专政的国家政权发挥作用的前提下才能建成。正因为牢牢掌握国家政权"退却"才能坚持下去，无论在物质方面或精神方面都能坚持下去。新经济政策没有从根本上改变苏维埃俄国社会制度方面的任何东西，只要政权还掌握在工人手里，就不可能有任何改变。

四是国家的经济命脉掌握在无产阶级国家手中。光有人民政权还不够，国家还必须掌控核心经济命脉和经济手段，如果没有这个经济基础，不仅社会主义的经济基础难以建立起来，国家政权自身的存在也会受到严重威胁。也可以说，社会主义政权之所以能捍卫自己的利益，这主要是因为"我们手里拥有大批工厂、铁路，我们又有居领导地位的党（在基层有共产党支部，在上层有共产党员）"[1]。新经济政策实施后，主要的经济力量依然操控在苏维埃国家手中，一切具有决定意义的大企业、铁路，等等，都操控在国家手里。不管租赁在某些地方得到多么广泛的发展，但总的说来它的作用是微不足道的，它的比重总的说来是微乎其微的。俄国无产阶级国家掌握的经济力量完全足以保证向共产主义过渡。列宁在《论粮食税》中鲜明地表达了这一点："只要无产阶级牢牢掌握着政权，牢牢掌握着运输业和大工业，无产阶级政权在这方面就没有什么可以害怕的。"[2]"由于目前形成的总的经济政治局面是无产阶级掌握着大工业的一切命脉，而且根本不会取消国有化，我们是用不着害怕这种资本主义的。在我们主要

---

① 《列宁全集》第41卷，人民出版社1986年版，第177页。
② 《列宁选集》第4卷，人民出版社1995年版，第524页。

是苦于产品极端缺乏、苦于极端贫困的时候，担心建立在小的农副业上面的资本主义会构成一种威胁，那是很可笑的。担心这一点，就是完全没有估计到我们经济力量的对比关系，就是完全不懂得：没有相当的流转自由，没有由此产生的资本主义关系，农民经济这种小农经济就绝对不能得到巩固。"①

因此，在俄国当时的现实条件下，一定程度的资本主义的发展，有利而无害，关键在于掌握分寸。列宁谈道："从理论上说来，能不能在一定的程度上给小农恢复贸易自由、资本主义自由而不至于因此破坏无产阶级政权的根基呢？能不能这样做呢？能够，因为问题在于掌握分寸。如果我们能获得纵然是数量不多的商品，把这些商品掌握在国家手中，掌握在控制政权的无产阶级手中，并且能把这些商品投入流转，那么我们作为国家，除了政治权力之外，还能够获得经济权力。把这些商品投入流转，就能够活跃小农业，这种小农业在严酷的战争和经济破坏的重压之下无法发展，现在已经陷于凋敝。小农只要还是小农，他们就必须有同他们的经济基础即个体经济相适应的刺激、动力和动因。这就离不开地方流转自由。"② 而且，这种资本主义是处在国家的监督和控制之下的。无产阶级牢牢掌握着政权，牢牢掌握着运输业和大工业。

五是列宁坚决维护对外贸易垄断制。对外贸易是苏维埃俄国发展对外经济关系的一个重要方面。列宁从维护新生的社会主义共和国的政治独立和经济利益，有效利用对外贸易来获得经济恢复和发展所必需的设备和生活用品出发，坚持对外贸易垄断。列宁认为，苏维埃俄国与资本主义国家建立正常的、平等的贸易关系是十分必要的。通过对外贸易协定来购买恢复工业和运输业以及实行电气化所需要的东西，与通过租让制来达到同一目的相

---

① 《列宁全集》第 41 卷，人民出版社 1986 年版，第 308—309 页。
② 《列宁选集》第 4 卷，人民出版社 1995 年版，第 449 页。

比，对于苏维埃俄国是更为有利的。不会产生租让带来的危险。但是在实际中应当采取什么政策才能达到既发展对外贸易又不带来危险的目的却是一个现实问题。十月革命后不久，1917 年 12 月底，列宁在银行国有化的法令草案中明确宣布对外贸易为国家垄断。1918 年 4 月，列宁在《苏维埃政权的当前任务》中，第一次阐述了对外贸易垄断制对于维护国家经济独立的重要意义。在列宁看来，社会主义国家必须掌握国家经济命脉，必须在实行土地国有化，工业、交通运输以及银行国有化的同时，实行对外贸易垄断制。

由于实行新经济政策，扩大同资本主义国家的经济联系，俄共（布）和苏维埃领导人在对外贸易垄断的必要性问题上出现了意见分歧。索柯里尼柯夫、布哈林、皮达可夫等人认为，为了扩大对外贸易和推行租让政策，应当放弃对外贸易垄断，让地方、企业甚至个人都有进行对外贸易的自由，实行保护关税政策；斯大林、季诺维也夫、加米涅夫则主张放宽对外贸易垄断。

列宁坚决维护对外贸易垄断的立场。列宁从帝国主义时代的国际经济关系出发，阐述了对外贸易垄断的重大意义。"在帝国主义时代，在国与国之间贫富悬殊得惊人的时代，任何关税政策都不会有效果……任何一个富有的工业国都能够把这种关税保护完全摧毁。为此，它只要对输入俄国的那些我国征收高额关税的货物给予出口补贴就行了。这方面所需要的钱，任何一个工业国都是绰绰有余的，而采取这种措施之后，任何一个工业国都肯定能摧毁我们本国的工业。"[1] 列宁特别强调对外贸易垄断的重要性，把它看成是社会主义国家在经济中的主要命脉之一。他认为，只有在这个基础上才能保证苏维埃国家的经济独立，保证本国工业的恢复和发展。

对租让制的看法表明列宁并未忽视利用资本主义的危险，列

---

① 《列宁选集》第 4 卷，人民出版社 1995 年版，第 741 页。

宁坚信只有勇敢直面这些危险才能捍卫住伟大的苏维埃政权。新生的苏维埃政权的首要任务是维持一个被资本主义敌人包围的孤立的社会主义共和国的生存，由于资本主义比新生的苏维埃强大得多，它随时都能重新开战。因此，苏维埃政权必须使自己更强大，而要达到这个目的就必须发展大工业，必须振兴运输业。这就必须利用资本主义。由于社会主义与资本主义在本质上是对立的，因此，可以将签订租让合同看成是开战的条约，"但是签订这个条约对我们的危险性比较小，对于工人或农民来说负担也比较轻，总比人家用装备精良的坦克和加农炮来进攻我们好得多，因此我们应当采取一切办法，以经济上的让步为代价来发展自己的经济力量，促进我国经济恢复的事业"①。这样才能够"捍卫一个比它周围的资本主义敌人弱得多的共和国，从而使敌人无法建立反对我们的联盟，使他们难以实行自己的政策，使他们不能取得胜利，我们的任务是保证俄国有恢复经济所必需的工具和资金，因为我们一旦得到这些东西，我们就会牢牢地站立起来，那时任何资本主义敌人对我们来说都是不足惧的。这就是指导我们实行租让政策的观点"②。

面对新经济政策必然带来的资本主义力量的发展，列宁还要求无产阶级学好本领管理国家。工人作为负责管理国家的无产阶级的觉悟分子，必须善于使自己掌握的国家按照自己的意志来行动。列宁认为新经济政策包含着两种对立制度的某种联合和斗争，存在着社会主义和资本主义"谁战胜谁"的问题，"我们党的任务就是要使大家都认识到，存在于我们中间的敌人就是无政府状态的资本主义和无政府状态的商品交换。必须清楚地了解斗争的这个实质，并且使广大工农群众清楚地了解斗争的这个实

---

① 《列宁全集》第 40 卷，人民出版社 1986 年版，第 116 页。
② 同上书，第 117—118 页。

质：'谁战胜谁？谁将取得胜利？'"① 所以列宁认为，要对资本主义因素加以控制和监督，使他们遵守苏维埃政权的法律，使之成为"训练有素的"、"循规蹈矩的"资本主义。因此，他要求全党要清醒地看到经济建设中资本主义的恢复和发展，必须迅速地掌握新的经营方法，学会做经济工作，学会在经济领域中战胜资本主义。新经济政策之后，提到日程上来的竞赛和比赛，是一场严重的竞赛。是社会主义与资本主义这两个不共戴天的敌对阶级的又一种斗争形式，是资产阶级同无产阶级斗争的又一种形式。"我不是从同情共产主义的角度，而是从经济形式和社会结构形式发展的角度来谈共产主义竞赛的。这不是竞赛，这是资本主义与共产主义之间拼命的激烈的斗争，即使不是最后一次也是接近最后一次的殊死斗争。"② 无产阶级必须学好管理本领以赢得斗争的胜利。

可以看到，列宁的新经济政策思想，是利用资本主义建设社会主义，在其中，坚持社会主义是原则，发展社会主义是目的，向资本主义学习则是实现目的的手段和途径。列宁坚持原则的坚定性和策略的灵活性相统一的策略原则，即在坚持社会主义方向、坚持无产阶级掌握政权的原则下，在经济上采取一定程度的让步政策，灵活地同资本家做生意。列宁在利用资本主义问题上始终保持一份清醒和坚定。这对于当时处在资本主义包围中的唯一一个社会主义国家是至关重要的。

（六）新经济政策与"耐普曼"

新经济政策在俄国如火如荼地开展起来后，私人经济迅速发展，耐普曼就是随着私人经济的发展而产生的。"耐普曼"，也就是在新经济政策下繁荣起来的商业的代表。它是由表示"新经济

---

① 《列宁全集》第42卷，人民出版社1987年版，第188页。
② 《列宁全集》第43卷，人民出版社1987年版，第93页。

政策"的缩写字"耐普"加上"曼"组成的，意思是"这种新
经济政策的人或代表"。这个词最早使用在报纸上，起初是对小
商贩或滥用贸易自由的人的一种戏称。根据当时苏联社会中流行
的说法，耐普曼就是那些从事私营经济活动的人。这个新生代表
的出现，引起了国际国内、党内党外的关注，对于耐普曼的认识
和评价，从它产生起就意见不一。

耐普曼包括多种社会阶层成分，根据吴恩远教授的说法，耐
普曼是指商人、私人租佃者、城乡各种自由职业者和农村富农。
1924 年以后，耐普曼专指城市工商资产阶级。自由职业者、小
企业主、小手工业主、小商人这几类人当时毫无疑义被称为耐普
曼。① 耐普曼的总人口数，吴恩远认为，从 1924 年的 3030000 增
至 1927 年的 3211000，② 占全国人口的比例并不大，只有 2.2%
到 2.3%。黄立莁也认为，根据统计资料，1924 年，耐普曼占人
口 1.5%。③ 苏联、俄罗斯的学者们对耐普曼的人数统计结果也
有所不同，但相差并不大，总的来说，耐普曼占总人口的比例是
很小的。因此，虽然苏联耐普曼阶层的总人数不多，就收入和财
产状况而言，除少数外，绝大多数也并不比社会平均收入和平均
财产多多少。"耐普曼中的企业主、经纪人、大商人、食利者的
收入明显高于其他阶层，而同是耐普曼的小商人、小业主、自由
职业者等阶层的平均年收入却大大低于他们，而与苏维埃工人、
职员的收入相差无几。"④

列宁在 1922 年时认为，耐普曼只是新经济政策实施后的某
一局部领域的经济活动，真正大多数居民的真正经济活动根本不
是在这一方面。实行新的经济政策以后，市场、贸易和生产逐渐

---

① 吴恩远：《苏联史论》，人民出版社 2007 年版，第 63 页。

② 同上书，第 69 页。

③ 黄立莁：《苏联社会阶层与苏联巨变研究》，社会科学文献出版社 2006 年版，第 86 页。

④ 吴恩远：《苏联史论》，人民出版社 2007 年版，第 71 页。

恢复并稳定。土地掌握在国家手中。占用土地的小农纳税的情况很好。轻工业的工业生产明显活跃起来了。"在新经济政策时期，私人商业在城乡居民的商品供应方面，在工业品销售和农业品采购方面均占据了比较重要的地位。正是由于地方周转的活跃，刺激了小生产者的积极性，使国家经济生产得到发展。所以，对耐普曼在活跃苏维埃商业中的作用必须给以一定的肯定。"①

总体而言，列宁对耐普曼是采取利用加限制的立场和政策，要发挥它的积极作用，用它来活跃苏维埃经济，同时因为耐普曼不是社会主义因素，所以要对它进行限制。列宁肯定了耐普曼对当时社会经济发展所起的推动作用，适当恢复和发展私人资本主义工商业，有利于市场的恢复，沟通城乡经济，满足人民群众对消费品的需求，许多社会问题逐渐得到缓和或解决。因此，要认识到实行新经济政策后出现耐普曼的合理性，在一定时间内应允许耐普曼的存在。当时任最高国民经济委员会主席的费·埃·捷尔任斯基的看法具有代表性，他说道："我反对在大型的甚至是中型的批发商业中的私人资本，但我认为，现在我们无论如何不能离开基层的私商。没有良好的商业供应就不能满足居民的需求，而依靠合作社和国家的商业供应还不能做到这一点。"② 在当时，私营工商业的规模都不大，主要从事消费品的生产和经营，在当时国营经济面临极大困境的情况下，私营工商业发挥了一定的积极作用。

列宁在 1922 年 11 月《答〈曼彻斯特卫报〉记者阿·兰塞姆问》一文中，表达了他对耐普曼的基本认识。列宁认为："在绝大多数生产资料集中在我们国家政权手中的情况下，小资产阶级的真正的经济要求是消费品的买卖自由。我国的立法是保证小资

---

① 吴恩远：《苏联史论》，人民出版社 2007 年版，第 76 页。
② 转引自郭春生《新经济政策时期"耐普曼"的发展问题研究》，《商丘师范学院学报》2009 年第 1 期。

产阶级有这种自由的。"① 在回答俄国是不是出现了耐普曼在经济上不断加强而国家不断削弱这一问题时，列宁指出，农民非常迅速和轻易地交给国家的几亿粮食税，在辽阔的俄国的农村和城市里这样普遍掀起的有目共睹的建设高潮，"土地掌握在国家手中。占用土地的小农纳税的情况很好。所谓轻工业的工业生产显然活跃起来了，它多半或者归国家所有，由国家的职员管理，或者归承租人掌管。因此，担心'国家不断削弱'是没有根据的"②。该记者提出："我看到经济很活跃，大家都忙着买东西和卖东西，一个新的商业阶级显然正在产生。请问：怎么说耐普曼不是一种政治力量，也没有显示出要求成为一种政治力量的迹象呢？"针对这种认为耐普曼经济实力的加强必然使其成为拥有政治力量的阶层，而耐普曼经济实力的增长将削弱公有制经济力量的看法，列宁认为即使私营工商业的繁荣使私营业主有巨大的经济实力，也不能说这就是一种新的政治力量。列宁认为："小商贩人多，他们的活动极为活跃，还丝毫不能证明他们是阶级的强大的经济力量，而只有这种经济力量才可以而且应该断定会成为一种'政治力量'。"③"工人和农民是俄国政治力量的主体。在一切资本主义国家里，农民既受地主的掠夺，又受资本家的掠夺。农民愈觉悟，对这一点就理解得愈深刻。因此，人民大众是不会跟着'买东西和卖东西'的耐普曼走的。"④

当时一部分人认为：随着耐普曼经济力量的成长壮大，它将会成为一种政治力量，并将对苏维埃政权形成威胁。列宁指出："'耐普曼'，如果要用这个词的话，与其说是政治经济学上的严肃用语，不如说是报纸上的戏语，他们掀起的喧嚣远远超过他们的经济力量。因此，如果有人把继经济力量之后必定出现政治力

① 《列宁全集》第43卷，人民出版社1987年版，第262页。
② 同上书，第258页。
③ 同上书，第256—257页。
④ 同上书，第264页。

量这个简单化了的历史唯物主义原理用在我国'耐普曼'的身上，那么我担心他会大错而特错，甚至会成为许多荒谬可笑的误解的牺牲品。"① 但是，在肯定耐普曼对苏维埃俄国经济恢复的积极作用的同时，列宁也不忽视耐普曼对于苏联社会经济发展的消极的一面。在政治上，列宁也将耐普曼看作是苏维埃政权中的异己力量。耐普曼就是资产阶级，所以苏维埃政权限制资产阶级的发展壮大。在耐普曼积极发展的同时，苏维埃政权必然不会对它积极扶持和鼓励，而是同时进行限制乃至压制，这是社会主义制度的必然要求。

"'耐普曼'阶层之所以引起巨大争议，除了'新经济政策'本身定性不明以外，还在于'耐普曼'阶层对于苏联社会发展的作用既有积极的一面，也有消极的一面，由于对这种两面性的认识角度不同，对'耐普曼'的评价也就会出现差异。"② 当时，苏维埃对耐普曼的认识是存在矛盾的：私有制是资本主义范畴，耐普曼是私有者，是资产阶级，二者都是社会主义要消灭的对象。但在社会生活生产中，在国营商店和合作社商品供应能力不足的情况下，又离不开耐普曼，这就是新经济政策时期俄国的现实情况。

在当时的社会主义政权刚刚建立又面临内忧外患的条件下，对于新生的社会主义政权来说，维护社会主义制度是至高无上的目标。在1923年1月23日的《我们怎样改组工农检察院》一文中，列宁对现实的阶级力量及其关系进行了评论："在我们苏维埃共和国内，社会制度是以工人和农民这两个阶级的合作为基础的，现在也容许'耐普曼'即资产阶级在一定的条件下参加这个合作。如果在这两个阶级之间发生严重的阶级分歧，那么分裂将

---

① 《列宁全集》第43卷，人民出版社1987年版，第263页。
② 章延杰:《"耐普曼"问题及其对苏联社会主义的影响》,《十堰职业技术学院学报》2009年第3期。

是不可避免的。但是，在我们的社会制度内并不存在必然发生这种分裂的基础，所以我们中央委员会和中央监察委员会以及我们全党的主要任务在于密切注视可能产生分裂的情况并防止这种情况发生，因为我们共和国的命运归根到底将取决于农民群众是和工人阶级一道走，忠实于和工人阶级的联盟呢，还是让'耐普曼'即新资产阶级把他们和工人拆开，使他们和工人分裂。对这两种结局，我们看得愈清楚，我国全体工人和农民了解得愈清楚，我们避免那种会使苏维埃共和国覆灭的分裂的可能就愈大。"① 当列宁听说在斯摩棱斯克省私人资本已经压倒了合作社之后，他就要求惩办那里存在的非法贸易，要求对私人贸易征收重税。1922 年秋，列宁提出对耐普曼征税、控制私人积累和实施所得税等建议。苏俄政府对私商征收较重的所得税，使他们的利润率大为降低。随着苏俄的经济状况逐渐稳定，列宁强调国家对经济发展的监督，对市场的调节作用持越来越明确的否定态度。"俄国革命的革命理想主义目标是要建立一种新型的社会制度，这种新制度最吸引俄国人的特点之一是没有剥削、没有贫富两极分化，而'耐普曼'出现之后，富裕阶层和贫富分化现象都出现了。新兴的富裕阶层的确会引起人们对于新制度正义性和合理性的怀疑，也会危及新制度的合法性基础。"②

在对待耐普曼以及新经济政策的认识上也表现了列宁的社会主义观和马克思的社会主义观是一致的。1924 年 1 月俄共（布）第十三次代表会议的文件中，就指出合作社和国营商业的任何削弱，私人中间商、收购商和商人阵地的加强，都是资产阶级资本主义关系的统治领域的扩大。因此，扶助合作社，发展国营商业，使他们通过竞争来夺取私人商业资本的阵地，并使它们在经

① 《列宁全集》第 43 卷，人民出版社 1992 年版，第 377 页。
② 章延杰：《"耐普曼"问题及其对苏联社会主义的影响》，《十堰职业技术学院学报》2009 年第 3 期。

济上利用私人商业资本，就是党的经济政策中的首要任务。① 总之，新经济政策时期允许一定程度发展资本主义，但这只是为恢复经济采取的权宜之计，新生的社会主义一直在为彻底消灭资本主义做准备。

　　新经济政策的实施虽然使国家经济得到恢复和发展，人民的物质利益诉求得以满足，却可能导致资本主义在一定程度上的恢复和发展，党内长期无法统一对这一政策的认识。在所有制问题上，社会主义区别资本主义的首要标志就是生产资料公有制。在市场和商品经济问题上，看到商品经济条件下商品对人和社会的异化成为无产阶级受压迫的苦难根源，无产阶级建立的是没有货币、没有商品交换和市场的社会。是否建立一个真正的无产阶级国家是布尔什维克政权合法性、政治正确性的基础。国家所制定的政策必须是以实现社会主义为理想和基础的。新经济政策显然背离了这一目标准则。"按照对马克思主义的传统理解，社会主义制度是与市场经济、商品交换、自由贸易等所谓'资本主义经济范围'不相容的，因而在'战时共产主义'时期曾经有封闭市场、禁止商品买卖、工资实物化，甚至准备取消货币等措施。过渡到新经济政策后，苏维埃政府抓住了商业这个环节以沟通城乡商品流通。这比先前排斥商品货币关系进了一大步，但并不意味着布尔什维克党对此看法的根本转变。当时只是认为'战时共产主义'是用'正面冲击的办法'前进得太远，远离了自己后方阵地，现在需要退却，需要暂时利用资本主义的市场、商品交换、货币等。但仍然认为商品货币范畴是资本主义经济的工具。正是这些错误的认识，导致了'耐普曼资产阶级'这一提法的出现。"② 作者的分析是有道理的。这些认识也正是列宁及布尔什

---

① 参见《苏联共产党代表大会、代表会议和中央全会决议汇编》第二分册，人民出版社 1964 年版，第 381 页。

② 吴恩远：《苏联史论》，人民出版社 2007 年版，第 73 页。

维克党坚持马克思主义社会主义观的表现。

在新经济政策实行一年后，列宁对现实的发展很不满意，现实发展中暴露出的问题验证了列宁的担忧。他表现出深深的忧虑：投机倒把、间谍活动、西方的思想价值观念、生活方式、对共产党和社会主义的攻击等随之涌进。这些问题的滋生显示出工人阶级还没有足够的本领去直接进行管理。虽然足够的绰绰有余的政治权力、国家掌握在手中，但是新经济政策的实行并没有按照工人阶级的意志行动。"它是怎样行动的呢？就象一辆不听使唤的汽车，似乎有人坐在里面驾驶，可是汽车不是开往要它去的地方，而是开往别人要它去的地方……"① 列宁指出这是新经济政策实行一年后的政治教训。而苏维埃共和国的现实决定了新经济政策将是一个长期的、持续多年的政策，无产阶级必须总结经验重新上路。苏维埃俄国需要西方发达资本主义国家中与社会化大生产相联系的一切先进的科学技术和资产阶级文化中的精华，但决不需要资本主义制度中任何腐朽的东西。在这一方面无产阶级是不会作出丝毫"让步"的，相反，所有的共产党员要勇敢地投入这场"特殊的战争"。

六　新经济政策：长期的还是短期的政策

新经济政策本质上是市场经济的政策，它是适合生产力处在不发达阶段的苏维埃俄国，苏俄通过推行粮食税、自由贸易、租让制等措施刺激了工农业生产和市场贸易，达到了恢复生产、发展经济的目的。新经济政策的实施使经济得到恢复并有一定程度的发展，工农联盟在新的基础上得到巩固，苏维埃共和国的政治形势很快稳定下来。列宁在对这一政策成果进行总结时欣喜地说：在我们实行新经济政策之后，实行贸易自由之后，现在情况

---

① 《列宁全集》第43卷，人民出版社1987年版，第85页。

怎样呢？答案是很清楚的，就是："一年来农民不仅战胜了饥荒，而且交纳了大量的粮食税，现在我们已经得到几亿普特的粮食，而且几乎没有使用任何强制手段。在 1921 年以前，农民暴动可以说是俄国的普遍现象，而今天差不多完全没有了。农民对他们目前的境况是满意的。我们可以放心地下这个论断"①，不必担心他们会有什么反对活动了。这是在一年中取得的成就。新经济政策的实行，使得苏俄低迷的经济得以恢复，也巩固和发展了工农联盟，建设了社会主义的经济基础。

那么，列宁预计新经济政策要实行多久？关于这个问题列宁提到的并不多，主要是以下几处被研究者广泛引用的话。针对当时党内外一些人说新经济政策是在耍政治手腕，是权宜之计。列宁曾多次表示新经济政策要"认真地和长期地"实行，但是至于这个"长期"的期限究竟应该有多长，列宁并没有直接的表述。列宁曾这样说道："奥新斯基同志接着讲到了期限问题，这一点我倒是有保留的。所谓'认真地和长期地'，就是 25 年。我不那么悲观。我不想预测依我看究竟要多长时间，但是我认为，他说的多少有点悲观。我们能估计到 5—10 年的情况，就谢天谢地了，通常我们连 5 个星期的情况也估计不准。"② 可以看出，列宁在这里认为新经济政策如果实行 25 年是太悲观了。

研读列宁晚年的有关著作可以发现，他在 1921—1922 年和 1923 年，看法是有明显变化的。列宁对现实的认识是："我们知道，资本主义的生产是在世界所有先进国家的协助下用几十年的时间建立起来的。而我们处在极端贫困的时期，工人在我国占少数，无产阶级先锋队和农民群众已经疲惫不堪、流血过多。难道我们会幼稚到这种地步，竟认为在我们这样的时期这样的国家里可以迅速地完成这一过程吗?! 我们甚至还没有打下基础，我们

---

① 《列宁选集》第 4 卷，人民出版社 1995 年版，第 722 页。
② 《列宁全集》第 41 卷，人民出版社 1986 年版，第 324 页。

只是刚开始根据经验计划在工会的参加下管理生产。我们知道，主要的障碍是贫困。"① 在这一问题上，一位研究者的评价我是赞同的，他说："列宁于 1923 年认定新经济政策'需要整整一个时代'的最后、最新看法，非常重要。列宁在 1921 年认为实行新经济政策不需要 25 年，而到 1923 年就改变为'需要整整一个时代'，这表明他思想灵活，与时俱进。看来越是经济政治文化落后的国家，越是需要更长时间实行新经济政策，越是不能急于消灭资本主义、急于过渡到社会主义去。"② 列宁清醒地认识到，不经过这一历史时代，不做到人人识字，没有足够的见识，没有充分教会居民看书读报，没有做到这一点的物质基础，没有一定的保障，如防备歉收、饥荒等的保障，苏维埃政权无法达到自己的目的。

1921 年 5 月 28 日，列宁在《关于新经济政策问题的决议草案》中写道："当前的基本政治任务是使党和苏维埃的全体工作人员充分领会和确切执行新经济政策。党认为这是一个要在若干年内长期实行的政策，要求一切工作人员极其仔细和认真地加以执行。"③ 同日在讨论这一决议草案时列宁发言说："不用说，如果欧洲爆发革命，我们当然是会改变政策的。"④ 到 1922 年 11 月 20 日列宁在莫斯科苏维埃全会上的讲话中又说："社会主义现在已经不是一个遥远将来，或者什么抽象图景，或者什么圣像的问题了。……我们把社会主义拖进了日常生活，我们应当弄清这一点。这就是我们当前的任务，这就是我们当今时代的任务。……只要我们大家共同努力，不是在明天，而是在几年之中，无论如何会解决这个任务，这样，新经济政策的俄国将变成社会主义的

---

① 《列宁选集》第 4 卷，人民出版社 1995 年版，第 482 页。
② 高放：《苏联兴亡通鉴六十年跟踪研究评析》，人民出版社 2011 年版，第 201 页。
③ 《列宁全集》第 41 卷，人民出版社 1986 年版，第 327 页。
④ 同上书，第 330 页。

俄国。"① 由此可见，列宁在 1921—1922 年认为新经济政策是在"若干年内"或"几年之中"实行的长期政策，这时他是把很大希望寄托在欧洲爆发革命上。他的看法是，如果欧洲法、德等先进国家取得社会主义革命胜利并给予俄国以切实的物质技术援助，那么俄国的新经济政策就会改变形式而且缩短期限。"我们要进行的是崭新的事业，如果资本主义比较发达的国家的工人同志不能很快地来帮助我们，我们的事业就会遇到极大的困难，一定会犯许多错误。主要的是应该善于清醒地看出在什么地方犯了这样的错误，接着一切从头做起。既然不是一两次，而是很多次地不得不一切从头做起，那这正说明我们没有成见，我们是用冷静的眼光来看待自己肩负的世界上最伟大的任务的。"②

但是，直到 1923 年初，欧洲依然没有爆发革命的迹象，列宁在他最后口授的五篇文章中把目光转向从国内来总结社会主义建设的经验并规划社会主义的远景。依据列宁晚年的思想，新经济政策的实质是落后国家的工人阶级在掌握政权后如何领导占人口大多数的个体农民通过逐步合作化达到社会主义。但是，单单通过新经济政策使全体居民人人参加合作社，这就"需要整整一个历史时代。在最好的情况下，我们度过这个时代也要一二十年"③。列宁还提议"把叫作新经济政策的东西以法律形式最牢固地固定下来，以排除任何偏离这种政策的可能性"④。

考察这一时期列宁的思想，可以看到，列宁一方面认为新经济政策是在"若干年内"或"几年之中"实行的长期政策；但另一方面又对欧洲爆发革命寄予希望。因为当时党内大多数人的看法是如果欧洲法国、德国等先进国家取得社会主义革命胜利并给予俄国以切实的物质技术援助，那么俄国必然会改变新经济政

---

① 《列宁全集》第 43 卷，人民出版社 1987 年版，第 302 页。
② 同上书，第 75 页。
③ 同上书，第 364 页。
④ 同上书，第 242 页。

策。列宁晚年的"政治遗嘱"较为集中地反映了他的担忧。列宁
沉重地感叹道:"当我们高谈无产阶级文化及其与资产阶级文化
的关系时,事实提供的数据向我们表明,在我国就是资产阶级文
化的状况也是很差的。"[1] 直到生命的最后阶段,列宁仍忧心忡
忡地提出这样一个问题:"在我国这种小农和极小农的生产条件
下,在我国这种经济破坏的情况下,我们能不能支持到西欧资本
主义国家发展到社会主义的那一天呢?"[2] 可惜列宁溘然长逝后,
世界革命依然处于低潮。中国 1925—1927 年大革命、印度尼西
亚 1926 年民族大起义、越南 1930—1931 年苏维埃运动等东方国
家的革命先后都遭到镇压;西方资本主义世界于 1924—1929 年
进入相对稳定的和平发展时期,1929—1933 年虽然爆发了空前
规模的资本主义世界经济危机,但是许多国家也都未曾出现革命
形势。

　　总之,列宁虽然考虑到在俄国这样经济文化比较落后的国家
想实现社会主义需要一个长期的过程,但他对于期限的估计并不
十分充分,一方面,苏维埃俄国落后的现实决定了这将是一项长
期的政策。新经济政策是符合俄国现实的、有益于生产力发展和
社会主义政权巩固的政策。它是国内外战争结束后,苏俄为挽救
濒临崩溃的国民经济,改善人民生活,从而拯救新生的苏维埃政
权而提出来的,其对国民经济恢复、社会主义政权巩固方面所起
的作用是毋庸置疑的。

　　另一方面,布尔什维克党发动十月革命夺取政权的合法性是
建立在消灭资本主义、消灭剥削的意识形态之上的。新经济政策
显然与列宁的社会主义观不相符合。按照新经济政策发展的自身
逻辑,要求在更大程度上进行市场取向的改革;而这种发展同当
时的社会主义观念又是相冲突的。随着新经济政策的实行,俄共

---

① 《列宁全集》第 43 卷,人民出版社 1987 年版,第 356 页。
② 《列宁选集》第 4 卷,人民出版社 1995 年版,第 795 页。

（布）主要领导者中也没有形成真正的共识。很多人没能认识到新经济政策的意义、实行的长期性。列宁在世时期，新经济政策的实施稳定了社会经济形势，巩固了新生的社会主义政权，也留下了很多争议：新经济政策是社会主义的吗？是否符合马克思主义？很多人认为这是向资本主义制度的倒退，当时，很多人关心的是如何尽早地结束它，尽快地开始实现马克思设想的未来社会。由于种种原因，在列宁逝世后，新经济政策很快就被中止了。

七　完整准确地理解列宁的社会主义观

在新经济政策中，无产阶级保持国家政权具有决定性意义，努力改变经济文化的落后状态是关键，积极吸取和利用资本主义的一切文明成果是主要内容。新经济政策并没有改变工人国家的实质，并没有改变列宁的社会主义观，只是改变了社会主义建设的方法和形式。在列宁那里，"新经济政策"和"社会主义"之间存在一段距离。列宁盼望："新经济政策的俄国将变成社会主义的俄国"①，这句话曾经被印成各种标语张贴在全国各地以激励人们。"新经济政策就是建设社会主义一个阶段的政策，而不是建设社会主义全过程都要采取的政策，更不是建成社会主义以后还要采用的政策。"②

第一，列宁始终坚持马克思关于未来社会的科学预测。

有人认为列宁的思想中存在自相矛盾，一方面说新经济政策是在改正已经犯过的错误；另一方面又认为这是在"向后转"，是在"退却"，是"改良主义的办法"。事实上，列宁的确不认

---

① 《列宁全集》第 43 卷，人民出版社 1987 年版，第 302 页。
② 有林：《重读列宁关于新经济政策的论述》，《思想理论教育导刊》2012 年第 10 期。

为新经济政策是一个社会主义性质的措施，在某种程度上可以说新经济政策是不得已而为之的措施。列宁继承了马克思关于未来社会的科学认识并试图付诸俄国，但是苏维埃俄国经济落后的现实决定了不能立即实现马克思关于未来社会的理想，正是由于理想与现实之间的差距一直困扰着列宁，才使他不时出现一些看似前后矛盾的说法。比如，在刚刚推行新经济政策的 1921 年 5 月党的第十次代表大会上确认这是一个要在若干年内施行的长期政策，却又在 6 个月之后急急忙忙地宣布："我们已经退到了国家资本主义。但我们退得适度的。现在我们正退到由国家调节商业。但我们会退得适度的。现在已经有一些迹象可以使人看到退却的终点了，可以使人看到在不很久的将来停止这种退却的可能性了。"① 作为一个马克思主义者，马克思关于未来社会的科学预测，是列宁领导苏维埃俄国进行社会主义革命和建设的理论指南，列宁始终以马克思关于未来社会的科学预测为目标，并期望早日实现这一目标。

第二，新经济政策使社会主义理想奠定于现实之上。

列宁深知，要从资本主义社会走上接近共产主义社会的任何一条通道，都需要一个漫长而复杂的过渡，资本主义社会愈不发达，所需要的过渡时间就愈长。虽然在"战时共产主义"时期，对未来美好社会的渴望与向往，高涨的革命热情，曾使列宁一度期待立即实现理想，但是，"战时共产主义"政策给苏维埃政权造成的危机使他承认：俄国不具备实施马克思对未来社会的设想的现实条件，在社会生产力极度落后，在落后的小农经济条件下，试图立即实现理想是危险的，这必将意味着苏维埃政权和无产阶级专政的垮台。苏维埃俄国开始了政策转变。新经济政策是对社会主义的建设方式、发展道路的开创性探索，体现出列宁对商品货币关系、国家资本主义等的认识的变化。列宁在俄共

① 《列宁专题文集·论社会主义》，人民出版社 2009 年版，第 296 页。

（布）十大上所作的政治工作报告中，在讲到过渡问题时说："毫无疑问，在一个小农生产者占人口大多数的国家里，实行社会主义革命必须通过一系列特殊的过渡办法，这些办法在工农业雇佣工人占大多数的发达的资本主义国家里，是完全不需要采用的。"① 列宁认为，总结"战时共产主义"的教训，其中一个教训就是主观愿望与客观现实发生了冲突。我们"怀着一片好心，到农村去组织公社、组织集体农庄"，苏维埃政权在农业集体经营方面的各种试验和创举，虽然起了巨大的作用，但是结果显然已经表明，这"起了不好的作用"②。

　　列宁意识到在新的条件下继续实行"战时共产主义"政策对新生的苏维埃政权来说就是愚蠢和自杀。在一个落后的小农占优势的国家进行社会主义经济建设，完成向社会主义的过渡，必须制定和实施符合本国特点的经济政策，使各种非社会主义成分在无产阶级政权允许的范围内有一定程度的发展，并对其加以有效的控制和利用，扶植和发展社会主义成分，最终解决谁战胜谁的问题。可以看出，关于新经济政策的实施，列宁更强调俄国的国情，认为正是现实的国情决定了必须实行新的政策。实行粮食税是从原来发展农业的思路上向后退，是从公有经济向私有经济的退却，之所以实行退却，完全是由于小农生产者占人口大多数的国情决定的。列宁在《论粮食税》一书中，大量援引自己1918年有关文章中关于俄国处于"过渡"阶段的分析，认为1921年的俄国同1918年的俄国具有同样性质，必须善于考虑那些便于从宗法制度、从小生产过渡到社会主义的中间环节。由于当时俄国生产力落后，不能够实现"直接过渡"，必须通过一个利用资本主义和国家资本主义的过程，以及利用商业和市场的过程。

　　现实昭示出：社会主义不是仅凭革命热情，依靠坚决的不妥

---

① 《列宁专题文集·论社会主义》，人民出版社2009年版，第201页。

② 同上书，第204页。

协的斗争就可以实现的。与那些只记住了马克思主义的某些具体结论而忘记了马克思主义精髓的人相反,列宁放弃的只是那些不符合俄国国情的东西,坚持的正是马克思主义最根本的东西——唯物史观和辩证法。列宁提出,党必须改变战争时期的领导方式,把革命热情与科学态度相结合,使生产关系适合生产力发展的状况。他认为在一个小农经济占优势的国家里,绝不能脱离生产力的发展水平和人民群众的觉悟程度。事实证明,以新经济政策代替"战时共产主义"政策,实行必要的暂时的"战略退却",使党掌握了发展经济的主动权。

　　社会主义在经济文化相对落后国家的首先胜利,决定了现实社会主义走向理想社会主义必然是一个长期的发展过程。要完整准确地理解列宁的社会主义观。从现实社会主义到理想社会主义必然要经历不同的发展阶段,每一个阶段必然采取不同的政策,必然会有不同的表现和特征。将新经济政策的实施看成表明列宁的社会主义观发生了根本改变的观点,是一种误读,是用现实社会主义来评判列宁的社会主义观。新经济政策时期提倡发展商业、市场,鼓励非公有制经济的发展,鼓励积极利用资本主义,这只是列宁对社会主义建设方式的大胆探索,并非表示列宁放弃了实行生产资料公有制、计划经济、消灭一切阶级的最终目标。种种对于新经济政策的错误认识表明,混淆现实社会主义与理想社会主义将会走向对马克思和列宁的社会主义观的错误理解,将会走向对什么是社会主义,什么是马克思主义的错误认识。

　　第三,新经济政策是目的与手段的统一。

　　列宁强调实施新经济政策只是改变了社会主义建设的方法与形式,并没有改变工人国家无产阶级专政的实质,也没有放弃社会主义目标,因此绝不是什么"蜕化"。新经济政策是目的与手段的统一。为了消除党内外一些人对新经济政策的一些原则问题的误解或不理解,使新经济政策能够正确迅速地贯彻执行,列宁做了大量的说服、解释工作。列宁回答了这样一些问题:为什么新经济政策从共产主义的观点看来是可以容许的，为什么共产主义的苏维埃政权会促进自由贸易的发展，这种做法从共产主义的观点看来好不好呢？列宁指出，由于俄国现实的经济关系，由于苏维埃所面临的国际形势，而不得不进行这样的政策调整。列宁大胆地提出在很大程度上转而恢复资本主义的种种措施，把商业作为经济生活的试金石，大力发展"资本主义＋社会主义"，发展合作社等措施，引起了国内外很多共产党人的震惊与愤怒，招来了无数的质询与抗议。但实践表明，正是这些政策，使俄国摆脱了困境。新经济政策的主要目的在于巩固工农联盟，稳固社会主义政权，这是掌握国家政权的无产阶级和大多数农民之间的妥协，通过国家资本主义把小商品生产纳入社会主义经济体系中去，是利用资本家对利润的贪婪为社会主义共和国的生存创造条件。这些看似离社会主义更远的策略实际离社会主义更近。

关于列宁的社会主义观存在多种看法。有人认为列宁突破了马克思的束缚，提出了发展商品经济的社会主义观，并由此认为马克思的社会主义是空想，因为他没有预料到社会主义仍然存在商品经济。还有研究者认为，现在来看，新经济政策的确存在着一些明显的局限性。比如，列宁实际上把新经济政策只看作是一种从资本主义到社会主义过渡时期的政策，一旦过渡时期结束，新经济政策也就完成了它的历史任务。又如，有人指出，列宁曾提出商品交换是农民经济与社会主义经济相结合的纽带，但他认为商品交换本身是资本主义性质的，或迟或早要被社会主义消灭掉。

的确如此！在列宁看来，新经济政策的确是一个过渡办法。在实行新经济政策的过程中，他对所使用的经济手段始终采取了与社会主义划清界限的态度。他认为新经济政策采取的基本手段是"资本主义的"，利用这些手段不是他的本意，只是出于对社会主义事业的发展策略的考虑，最终还是要实行社会主义经济方式，回到社会主义来的。对于这一问题的认识，有一位研究者的论述颇为中肯。他说："联系列宁的论述，反思我们今天的现实，一些人非要把非公有制成分说成社会主义，对商品经济的消极作用避而不谈，这种现象不能不使人感到忧虑。一个时期以来我们常常把商品经济说成是一种手段，是中性的，即资本主义可以利用，社会主义也可利用，既有资本主义商品经济，也有社会主义商品经济。这种说法也许具有政治意义，但的确存在着一定的理论问题。现阶段应不应该发展和利用非公有制成分、商品经济是一回事，而非公有制成分是不是社会主义的、商品经济会不会导致资本主义则是另一回事。我们既不能因为非公有制成分不是社会主义的、商品经济有可能导致资本主义，现阶段就拒绝发展和利用；同样，也不能因为现阶段仍然有必要发展和利用非公有制成分和商品经济，就硬是要改变非公有制成分的性质、淡化商品经济可能导致资本主义的危险性。如果这样，理论上只能越来越混乱，社会主义和资本主义就没有了任何界限。而更为严重的是，一旦认为非公有制成分就是社会主义、否认商品经济可能导致资本主义的危险性，就没有必要再对其采取限制和斗争措施了。由此造成的理论混乱和实践灾难将是不堪设想的。"①

事实上，列宁对商品、市场关系的认识在今天看来还很狭隘，他把商品、货币、市场等同资本主义相联系，把它们看成是资本主义特有的东西，不属于社会主义。列宁当时并没有认识到"市场经济"既不姓"社"也不姓"资"，还没有达到这方面对社会主义整个看法的根本改变。也就是说，他还是把商品、货币、市场等经济要素同特定的社会制度联系起来，他把利用商品、货币、市场关系看成是利用资本主义社会的要素向社会主义过渡中的"退却"。出于这样的认识，尽管列宁在这一时期深刻地认识到利用资本主义来建设社会主义的重要性并提出了国家资

---

① 石镇平：《社会主义初级阶段是向社会主义迂回过渡的初级阶段》，《延安大学学报》（社会科学版）2010 年第 3 期。

本主义思想，但是列宁仍然没有完全摆脱社会主义排斥商品货币关系的基本观点。

在列宁的思想逻辑中，市场经济关系就是等于资本主义，社会主义只能是计划经济。基于这种认识，列宁把集中的、能够监督的、社会化程度较高的国家资本主义看作是向社会主义过渡的中间环节，社会主义无非是从国家资本主义垄断再向前跨进一步。换句话说，社会主义无非是变得有利于全体人民的国家资本主义垄断，就这一点来说，国家资本主义垄断也就不再是资本主义垄断了。列宁看来，国家资本主义和社会主义具有某种共同的东西，这就是两者都有集中的、有计划的、有监督的和社会化的经济成分，具有社会化大生产的优点，它们同小商品生产的自发性、盲目性和分散性相比无疑是一个巨大的历史进步。因此，列宁把小商品生产看作是俄国内部的主要敌人，在俄国，不是国家资本主义同社会主义作斗争，而是小资产阶级和私人资本主义合在一起，既同国家资本主义又同社会主义作斗争。因此，列宁提出社会主义经济成分和国家资本主义结成联盟，来反对小商品生产者的自发势力，试图借助国家资本主义来限制小农的买卖自由，强化国家垄断制度。新经济政策时期允许国家资本主义的发展，即被国家允许的资本主义：无产阶级国家在不改变其本质的情况下，可以容许贸易自由和资本主义的发展，但只是在一定限度内，而且要以国家调节（监察、监督、规定形式和规章等）私营商业和私人资本主义为条件。依据列宁的思路，俄国如果有国家资本主义占统治地位的经济制度，那么俄国实现社会主义就会更快一些。

我们看到，列宁虽然坚决推行新经济政策，但他关于社会主义的认识并没有发生实质性变化，没有把市场经济看成是与社会制度无关的经济手段。他始终把经济手段与社会制度联系起来理解，并把它直接归属于不同的社会制度。列宁认为新经济政策比先前的经济政策有着更多的旧东西。列宁这里所说的"旧东西"，是指那些他认为与资本主义有着密切联系的经济形式。列宁的思想是非常明确的，党实行新经济政策不仅仅是为着解决当前的困难，更重要的是为着将来能更好地向社会主义迈进。

列宁认为，尽管实现社会主义的具体方式和手段会有所不同，但所要达到的目标和体现的结果应该是一致的。"战时共产主义"、新经济政策是在不同时期为实现社会主义目标而采用的不同手段。新经济政策是一种退却，它并没有放弃社会主义的目标，也不改变工人国家的实质，只是根本改变了社会主义建设的方法，由猛烈的正面冲击变为缓进的迂回包围，在迂回曲折中实现社会主义代替资本主义的目标。新经济政策是一种过渡性政策，是有限度地、暂时地利用资本主义的政策，而不是把社会主义与资本主义糅合在一起，更不是搞资本主义。社会主义的本质和目标是确定不移的，社会主义的建设方式则是多样的。如果社会主义的本质和目标改变了，那样的社会还能称为马克思主义的社会主义吗？

相对落后国家建设社会主义是漫长的历史进程，在发展进程中，坚定马克思主义社会主义观是社会主义的奋斗目标不至于被淡化甚至被抛弃的根本保障。相比新经济政策的实践，当代中国的改革开放涉及的范围更广、更复杂，同处于经济文化相对落后国家社会主义建设的征程中，决定了列宁的探索对于中国的改革开放也有着重要的指导意义。列宁采取了新经济政策这个迂回过渡的发展方式，但社会主义的发展方向是坚定不移的，这也是新经济政策的一条根本经验和重要启示。我们党的十八大明确提出了全面深化改革开放的新要求，强调了进一步坚定推进改革开放的决心。但是，有人把改革开放定义为往资本主义的市场经济、西方"普世价值"、西方政治制度的方向改，否则就不是改革开放。对此，习近平明确指出，这是曲解我们的改革开放。改革开放必须勇于解放思想，但解放思想是有方向、有立场、有原则的，改革开放也是有方向、有立场、有原则的。事实上，自从我们党开始实行改革开放以来，一直存在着两种改革观的分歧和斗争，两者在要不要改革上的分歧不大，但对改革的方向、改革的目标却存在根本不同，也就是说有两种方向、两种前途的不同认识，到了今天，这个问题依然存在。在这个问题上，习近平一再指出：我国改革开放之所以能取得巨大成功，关键是我们把党的基本路线作为党和国家的生命线，始终坚持把以经济建设为中心同四项基本原则、改革开放这两个基本点统一于中国特色社会主义伟大实践，既不走封闭僵化的老路，也不走改旗易帜的邪路，始终确保社会主义改革的性质和方向，这就为改革开放指明了正确方向。但是，在当前中国改革开放的新的重要关头，国内外依然是多种挑战和各路思潮纷纷涌起，在这种形势下，列宁关于新经济政策的清醒认识，是我们在当前全面深化改革的新时期坚持与发展马克思主义的引领与指南。

第六章　列宁的世界革命思想 折射其社会主义观

　　"全世界无产者，联合起来"的口号，始终萦绕在列宁的脑海中。在列宁的一生中，在不同时期对世界革命的认识存在一些变化，但是，对世界革命的期盼却是其不变的追求。无论是十月革命胜利初期对欧洲革命的欢呼，进军波兰的尝试，和平共处时期的"韬光养晦"，还是生命晚期对亚洲革命的期盼，无不显示着列宁对世界社会主义革命胜利的热烈期盼与追求。列宁坚持马克思的社会主义观，坚信社会主义革命是国际性的，是全世界无产阶级的共同事业。列宁没有一刻不关心国际局势的发展，并把社会主义建设的成败和世界政治经济形势的发展紧密联系在一起，他既能把握住时代的本质，对社会主义的最终胜利充满信心，更注意观察局部的变化，提醒全党关心在欧洲革命推迟的情况下应该采取怎样的策略，以便保存自己，巩固和发展自己。"通过实践，列宁认识到了在把世界革命思想转化为具体政策和步骤上出现了偏差与失误，提出需要根据变化的形势和环境在政策策略上进行调整。但他并没有放弃世界革命思想——发动世界革命并取得成功，是列宁终生追求的理想。"[1] 在世界革命暂时还看不到彻底胜利的时期，利用国际关系中出现的稳定局面，积

---

　　① 邢广程主编：《列宁对社会主义的探索》，长春出版社 2009 年版，第 163 页。

极开展社会主义建设，建成社会主义的基础，以迎接世界革命的到来和社会主义的最终胜利。

一 列宁世界革命思想的理论渊源

"世界革命"的思想源自于马克思：资本主义既然是世界性的，社会主义革命也不能不是世界性的；它可以在一国开始，却不能在一国完成。这一点恩格斯在 1893 年致拉法格的信中说得很清楚："无论是法国人、德国人或英国人，都不能单独赢得消灭资本主义的光荣。如果法国……发出信号，那末，斗争的结局将决定于受社会主义影响最深、理论最深入群众的德国；虽然如此，不管是法国还是德国，都还不能保证最终的胜利，只要英国还留在资产阶级的手中。无产阶级的解放只能是国际的事业。"[①] 列宁的世界革命思想是对马克思的继承与发展。他们的实质是相同的，即全世界无产者联合起来，推翻资本主义的统治，建立共产主义社会。

马克思依据对资本主义社会形态的特点及其本质的考察和研究，从生产力和生产关系的矛盾运动中得出了共产主义取代资本主义的历史必然性的结论，得出了"随着大工业的发展，资产阶级赖以生产和占有产品的基础本身也就从它的脚下被挖掉了。它首先生产的是它自身的掘墓人。资产阶级的灭亡和无产阶级的胜利是同样不可避免的"[②] 科学结论。这一结论指引、鼓舞着世界各国无产阶级进行革命，走向胜利。马克思的理论活动和革命实践活动是同无产阶级的解放事业紧紧地联系在一起的。他根据资本主义已形成世界体系的现实，认为无产阶级革命是国际性的事业。马克思要求各国无产阶级协调行动。《共产党宣言》中提出

---

① 《马克思恩格斯全集》第 39 卷，人民出版社 1974 年版，第 87 页。
② 《马克思恩格斯选集》第 1 卷，人民出版社 1995 年版，第 284 页。

的"全世界无产者，联合起来！"响彻欧洲，响彻世界。19 世纪
70 年代以后，在欧洲的资本主义国家，无产阶级同资产阶级的
矛盾日益激化，工人革命运动蓬勃发展，革命形势日益成熟。马
克思密切关注欧洲政治局势的发展，期望欧洲实现无产阶级革命
的胜利。欧洲虽然陆续爆发了无产阶级革命，但是，并没有取得
最终胜利，反而是经济文化相对落后的俄国首先取得了社会主义
革命的胜利。这是马克思未曾预料到的。

　　马克思的思想对列宁有着极深的影响。列宁是这样理解的：
"社会主义的伟大奠基人马克思和恩格斯，在几十年中考察了工
人运动的发展和世界社会主义革命的成长，清楚地看到：从资本
主义过渡到社会主义，需要经过长久的阵痛，经过长时期的无产
阶级专政，摧毁一切旧东西，无情地消灭资本主义的各种形式，
需要有全世界工人的合作，全世界的工人则应当联合自己的一切
力量来保证彻底的胜利。他们并且说过，在 19 世纪末，'将由法
国人开始，而由德国人完成'。"① 然而，当资本主义发展到帝国
主义阶段，革命形势却出现了新的特点。列宁提出，在帝国主义
阶段，由于资本主义经济和政治发展不平衡规律的作用，帝国主
义链条中就会产生某个薄弱的环节，而无产阶级就可能在这一薄
弱的环节上实行突破，然后在一国或数国革命的基础上推进世界
革命。世界革命的目标，就是在国际范围内推翻资本主义的统
治，建立统一的世界苏维埃共和国。

　　国际社会主义革命先锋队的光荣使命交给了俄国的被剥削劳
动阶级。在十月革命胜利初期，列宁一直希望社会主义革命向西
方扩展，"俄国人开始了，德国人、法国人、英国人将去完成，
社会主义定将胜利"②。他认为，无产阶级革命可以首先在一国
开始，但是，它的命运又是同世界革命的命运紧紧联系在一起

---

① 《列宁全集》第 33 卷，人民出版社 1985 年版，第 278 页。
② 同上书，第 279 页。

的。西方国家取得社会主义的胜利，才能形成对俄国革命有利的大环境。当苏维埃政权遭到帝国主义国家的武力干涉而面临被颠覆的危险时，列宁更是盼望西方快速取得社会主义革命的胜利。列宁说："在完全摆脱资本主义并开始向社会主义过渡的道路上，我们刚刚迈出了最初的几步。我们不知道，而且也不可能知道，过渡到社会主义还要经过多少阶段。这取决于具有相当规模的欧洲社会主义革命何时开始，取决于它轻易地、迅速地还是缓慢地战胜自己的敌人，走上社会主义发展的康庄大道。"①

二　新生苏维埃政权的巩固需要世界革命

十月革命胜利后，列宁一度对欧洲爆发世界无产阶级革命寄予热忱的期待。他不仅从理论上论述俄国革命与世界革命的血肉联系，而且还一度把苏俄的存亡与欧洲无产阶级世界革命的爆发联系在一起。外交人民委员契切林在全俄苏维埃第五次代表大会上曾总结道："1917 年底和 1918 年初，我国对外政策的基本特点是革命攻势。对世界革命的迫切期望，决定了我国对外政策的方向。当时认为，俄国革命只不过是世界革命的先声。当时苏维埃国家的对外政策是越过各国政府直接向各国无产阶级呼吁。无论是它那与资产阶级政府尖锐对立的行动，还是它的言词，以及那具有强烈鼓动性的攻势，都是特意用来激发各国革命的无产阶级进行反对帝国主义、反对资本主义制度的国际革命斗争的。"②

新生的苏维埃政权的巩固需要世界革命。俄国社会主义革命是在帝国主义经济政治发展不平衡条件下发生的。它的胜利在世界上是一个划时代的成就。然而这并不能立即改变俄国面临的内

---

① 《列宁全集》第 34 卷，人民出版社 1985 年版，第 44—45 页。
② 陈之骅主编：《苏联史纲（1917—1937）》，人民出版社 1991 年版，第 261 页。

忧外困的形势。苏维埃俄国从诞生之日起就处于帝国主义列强的军事包围、政治孤立和经济封锁之中。俄国虽然走在了世界无产阶级革命的前头，但新生的苏维埃俄国与国际资本主义之间的力量对比极为悬殊。俄国国内的各种反动阶级也仇视这个政权，不断进行破坏活动。新生的无产阶级政权面对猖狂的敌人几度出现被颠覆的危险。资产阶级只要还有一线希望就用最有效的手段——战争来解决这个根本问题。根本不要过渡，根本不要新制度！——这就是资产阶级的回答。内忧外患一再将苏维埃俄国推向无比艰难的境地。这时，苏俄政府多么需要西欧革命的火焰啊！西欧革命的胜利已经成了列宁及其革命同志的强大精神支柱。俄国革命只不过是国际无产阶级大军中的一支队伍，俄国所进行的革命能否取得成就和胜利取决于国际无产阶级大军的发动。这是当时列宁及布尔什维克党的认识。一位学者对当时的世界革命理论进行了分析，他这样写道："世界革命理论在夺取政权中并没有实际效用，但它是这场革命的心理依靠。它在逻辑上是雄辩有力的，却经不住事实层面的检验。它的理论依据中包含着对西方资本主义发展和自调节能力潜力的严重低估，与此相联系的，是对西方工人阶级中改良主义情绪的估计的严重不足。当它那'由俄国发起、在西欧解决'的战略设想运用于实践时，便暴露出了固有的重大缺陷，并带来沉重的挫折。由于以上原因，今天即使是对十月革命抱肯定态度的人物，也大都对世界革命理论持否定态度。瓦·沃洛布耶夫称赞十月革命为恰当其时的革命，同时却批判说'列宁把希望寄托在世界革命上是理论上的严重失误'。这种看法并不为错，但沃洛布耶夫似乎认为没有世界革命理论十月革命也能成功，这就未免太肤浅了。在我看来，恰恰是有'严重失误'的世界革命理论对俄国革命起到了不可缺少的历史作用。没有它，布尔什维克党发动十月革命就没有了精神支持，就未必敢于发动这场革命。换言之，十月革命与世界革命理论不可分割，如果你否定这一理论，你就无法肯定十月革命；

如果你仍肯定十月革命，你就只好承认，这个理论不论如何错误，毕竟是历史中间的重要一环。"①

苏俄需要世界革命以巩固社会主义的胜利。在十月革命胜利以前、在十月革命刚刚胜利的时候以及在签订布列斯特—里托夫斯克和约时期，列宁都一再表达了这种要求。"列宁的底线就是必须要保住苏维埃政权。只有这个政权存在，才可能利用这个政权控制的国家中的一切资源和力量，去做迎接、推动世界革命所需要做的一切。假如失去了政权和对国家的控制，能做的还有什么呢？"② 列宁及布尔什维克党认为没有国际上世界革命的支持，无产阶级革命是不可能取得最终胜利的。"还在革命以前，以及在革命以后，我们都是这样想的：要么是资本主义比较发达的其他国家立刻爆发或者至少很快爆发革命，要么是我们灭亡。尽管有这种想法，我们还是尽力而为，做到不管出现什么情况无论如何都要保住苏维埃制度，因为我们知道，我们的工作不仅是为了自己，而且是为了国际革命。"③

列宁曾认为，俄罗斯社会主义苏维埃共和国暂时还是处在帝国主义强盗势力的波涛汹涌的大海中的一个孤岛。如果欧洲无产阶级短期内不进行革命，俄国革命就难以坚持。他告诫全党："从全世界历史范围来看，如果我国革命始终孤立无援，如果其他国家不发生革命运动，那么毫无疑问，我国革命的最后胜利是没有希望的。我们已经把全部事业掌握在布尔什维克一党的手里，当我们肩负起这个事业时，确信各国的革命正在成熟起来，不管我们会遇到怎样的困难，不管我们会遭到多大的失败，国际社会主义革命最终（不是马上）一定会到来，因为它正在到来；它一定会成熟，因为它正在成熟起来，而且会完全成熟。我再说

---

① 张光明：《社会主义由西方到东方的演进——从马克思到邓小平的社会主义思想史考察》，云南人民出版社 2004 年版，第 140—141 页。

② 邢广程主编：《列宁对社会主义的探索》，长春出版社 2009 年版，第 171 页。

③ 《列宁全集》第 42 卷，人民出版社 1987 年版，第 40 页。

一遍，能把我们从所有这些困难中拯救出来的，是全欧洲的革命。"① 所以，最大的历史课题就是必须唤起国际革命。

列宁认为，当时苏维埃俄国的任务就是维护、捍卫和保持住这个社会主义力量，这个社会主义火炬，这个对全世界有着强烈影响的社会主义策源地。1918 年 7 月 29 日，面对英、法帝国主义支持下的捷克斯洛伐克军的叛乱，列宁在全俄中央执行委员会、莫斯科苏维埃、工厂委员会和工会联席会议上发表讲话，表达了对世界革命的基本看法。列宁说："我们知道：我们的努力必然会导致世界革命；帝国主义政府发动的战争不可能靠帝国主义政府的力量来结束。这场战争只有靠全体无产阶级的努力才能结束，在我们这个无产阶级的共产党掌握政权而其他国家还保留资产阶级资本主义统治的时候，我们的任务，我们的迫切任务，再说一遍，就是保持住这个政权，保持住这个社会主义的火炬，继续使它尽可能迸发出更多的火花，促使社会主义革命的熊熊烈火烧得更旺。"② 而保卫住苏维埃社会主义共和国，不仅是为了苏俄自己，还是为了国际革命。"我们保卫苏维埃政权就是对各国无产阶级反对本国资产阶级的无比艰巨的斗争的最好的、最有力的支援。现在，对社会主义事业来说，再没有也不可能有比俄国苏维埃政权的崩溃更大的打击了。"③ 一定要克服前进道路上的一切障碍，不管这些障碍多么严重；把苏维埃政权保持住，直到世界各国工人阶级行动起来，高举起世界社会主义共和国的大旗！

列宁多次表达了努力推进欧洲革命，以巩固俄国苏维埃政权的现实性要求。"布尔什维主义是抱着实行国际革命的目的的。我们也从不隐讳我们的革命只是一个开端，只有当我们在全世界

---

① 《列宁选集》第 3 卷，人民出版社 1995 年版，第 441 页。
② 《列宁全集》第 35 卷，人民出版社 1985 年版，第 8 页。
③ 《列宁全集》第 33 卷，人民出版社 1985 年版，第 406 页。

点燃同样的革命火焰的时候，这个革命才会到达胜利的终点。"①
列宁认为，苏维埃政权面临的动荡不定的局面也许一直要延续到
全世界工人阶级起来推翻资本的时候为止。"革命在一个国家虽
以辉煌的成就开始，但以后可能要经历痛苦的时期，因为只有在
全世界范围内，只有靠各国工人的共同努力，才能够最终取得胜
利。"② 可以看出，列宁在一定程度上是从俄国革命和欧洲革命
的相互依存、以欧洲革命巩固俄国革命的角度来期盼世界革命。
列宁把欧洲革命看作苏维埃政权能否生存、巩固和继续发展的前
提。列宁和俄国革命者迫切希望社会主义革命向西方扩展，欧洲
革命立即爆发，从而形成对俄国有利的大环境，以帮助俄国无产
阶级巩固政权。

三　十月革命胜利初期列宁对世界革命的热切期盼

　　苏维埃俄国社会主义制度的建立是马克思、恩格斯关于社会
主义和共产主义思想的第一次成功的实践。列宁及布尔什维克党
在领导俄国人民取得政权以后，根据当时革命斗争高涨的形势，
对世界革命的进程估计得比较乐观，期盼着俄国的革命烈火能够
迅速烧向整个资本主义世界，以实现社会主义在全世界的胜利，
使社会主义代替资本主义。特别是在苏维埃政权建立后，西方资
本主义对新生的社会主义制度的极端仇视和武装进攻，竭力想把
新生的社会主义俄国扼杀在摇篮中，更坚定了列宁的世界革命理
想以及对世界革命的期盼。从十月革命胜利后的 1917 年到 1920
年，对世界革命满怀期待和抱有必胜信心的言论，充满了这段时
期列宁及布尔什维克党的历史文献。列宁自己也承认，"自从

---

①　《列宁全集》第 38 卷，人民出版社 1986 年版，第 180 页。
②　《列宁全集》第 34 卷，人民出版社 1985 年版，第 313 页。

1917 年我们同俄国资产阶级共和政府作斗争时起，自从 1917 年末我们建立了苏维埃政权时起，我们就经常地、不止一次地向工人指出，我们根本的、主要的任务和取得胜利的基本条件就是至少要把革命扩展到几个最先进的国家中去"①。虽然列宁有时也认识到实现世界革命的任务是非常非常困难的。但是，对社会主义在世界上的胜利的热切企盼仍然是他这段时间里挥之不去的理想。

列宁坚决反驳了左派社会革命党人认为"西欧可耻地保持沉默"，因此"俄国的社会主义革命可能仍然是孤立的"说法，列宁说："只有瞎子才看不见德国和西欧的工人群情激愤。德国无产阶级的上层分子、社会党知识分子，也象其他各国一样，大多数都是护国派。但是无产阶级的下层却违反自己上层的意志，准备响应我们的号召。"② 列宁坚信西欧一定会发生革命。尤其是德国，人民群众暗中的不满正在增长，它必然会酿成人民的运动。"我们不能用法令来制造革命，但是我们能够促进革命。我们将在战壕里举行有组织的联欢，将帮助西欧各国人民发动不可战胜的社会主义革命。"③ 从十月革命的胜利到国际社会主义革命的胜利，期间不可能有什么分界线，其他各国的革命是必然要爆发的！这就是革命者的宣言！

列宁对当时国际上和国内发生的革命行动十分关注。他认为，在帝国主义战争期间，资产阶级的地位最不稳定。战争的苦难使一切交战国都在酝酿着反对本国帝国主义政府的斗争。在乌克兰和顿河地区，在西欧都不断发生革命运动，革命势力的烈焰在整个腐朽的世界旧制度上越烧越旺。这一切使列宁坚信世界革命在日益壮大，工人和被剥削劳动群众在争取社会主义的斗争中

---

① 《列宁全集》第 40 卷，人民出版社 1986 年版，第 319 页。
② 《列宁全集》第 33 卷，人民出版社 1985 年版，第 56 页。
③ 同上书，第 57 页。

将团结一致。各国劳动人民汇合成一个全人类的大国家，共同努力建设新的社会主义大厦已经为期不远了。列宁相信劳动群众的国际团结，相信他们一定能够扫除争取社会主义斗争道路上的一切障碍。这也是列宁认为世界革命将很快到来的一个重要因素。

列宁对世界革命胜利的热切期盼溢于言表。在争取签订屈辱的布列斯特和约的谈判期间，列宁仍然满怀热忱地期盼世界革命的到来，他说：现在，历史前进得更快，"在一切先进国家内部，社会主义革命，即远比以前的资产阶级革命更深刻、更具人民性、更强大的革命，正在成熟起来，不可阻挡地成熟起来"[①]。世界革命的到来是毫无疑问的，"欧洲的社会主义革命应该到来，而且一定会到来。我们对社会主义取得最终胜利的一切希望，都是以这种信心和科学预见为基础的"[②]。

1918 年 3 月举行的俄共（布）第七次代表大会上，列宁表达了对国际形势的基本认识。在列宁看来，资本主义国家不能和苏维埃共和国和睦相处，所以，必须唤起世界革命。俄国革命最大的历史课题就是：必须解决国际任务，必须唤起国际革命，必须从仅仅一国的革命转变成世界革命。只有把已在俄国取得胜利的社会主义革命转变为国际工人革命，才是这个革命能够巩固的最可靠的保证。"俄国社会主义无产阶级将竭尽全力并用自己拥有的一切手段来支持一切国家无产阶级兄弟的革命运动。"[③] 这次大会，表达了列宁、布尔什维克党和苏维埃政府对世界革命的渴望。

列宁并不是一个盲目乐观的世界革命主义者。他也看到唤起国际革命，从仅仅一国的革命转变成世界革命是非常困难的。俄国革命的胜利是由于碰上了一个幸运的时机，即帝国主义国家已

① 《列宁全集》第 33 卷，人民出版社 1985 年版，第 386 页。
② 《列宁选集》第 3 卷，人民出版社 1995 年版，第 392 页。
③ 《列宁全集》第 34 卷，人民出版社 1985 年版，第 33 页。

分裂成两大集团而进行着你死我活的搏斗，以致无论哪一个帝国主义强盗集团都无法集中较大的力量来反对俄国革命。因此，列宁说："每一个认真考虑过欧洲社会主义革命的经济前提的人都不会不了解，在欧洲开始革命要困难得多，而在我国开始要容易得多，但是要继续下去，却比在欧洲困难。这个客观情况使得我们不得不经历异常艰难、异常急剧的历史转折。"① 虽然，列宁也会说："我们指望国际革命必然发生，但这决不是说，我们像傻瓜一样指望它在某个短时期内必然发生。"我们"革命是不能按定单制造的，不是预定好在某个时刻发生的，而是在历史发展过程中逐渐成熟起来，并在由一系列错综复杂的内部和外部原因所决定的时刻爆发的"②。但是，十月革命胜利后，苏维埃政权面临的国内国际的巨大困难，以及欧洲此起彼伏的革命活动，又使列宁对世界无产阶级革命的胜利充满信心，因此，列宁一面说，社会主义革命完全有可能在几星期以后，甚至在几天以后就会胜利，也决不能把希望寄托在这上面；另一面又情不自禁地期盼西欧无产阶级革命的迅速胜利。

列宁乐观地认为，尽管苏维埃政权的处境是艰难的，但是只要看看四周，就不能不对胜利充满信心。因此必须把苏维埃政权保持到西欧革命开始的时候。只有闭着眼睛不看和堵上耳朵不听的人，才觉察不到在全世界范围内孕育着的社会主义革命的风暴。"被事变进程暂时推到了社会主义革命前列的我国，现在正经受着开始分娩的特别厉害的痛苦。我们有一切根据来极其坚定地和充满信心地展望未来，这个未来正在为我们准备新的同盟者，准备社会主义革命在许多更先进的国家里的新的胜利。我们可以自豪并且深以为幸的，就是我们最先在地球的一角打倒了资本主义这只野兽，它使地球沾满了血污，它把人类引到了饥荒和

---

①《列宁选集》第 3 卷，人民出版社 1995 年版，第 440 页。

②《列宁全集》第 34 卷，人民出版社 1985 年版，第 500 页。

野蛮化的地步，现在不论它怎样凶狠残暴地作垂死的挣扎，它都必然会很快地遭到灭亡。"① 全世界正在酝酿着大事变。西欧革命的大火迸射火花和烈焰已经日益频繁，国际工人革命的胜利已经为期不远。列宁认为，第一次世界大战在造成俄国人民陷入巨大灾难的同时，也是世界各国的灾难，只有世界革命才是各国的出路。"我们遭到的灾难，是国际性的灾难；要摆脱这个灾难，除了国际性的革命，没有其他出路。既然我们不得不经历这种暂时孤立无援的痛苦时期，那么，我们就应该全力以赴，坚忍不拔地度过这个困难时期，我们知道，我们终归不会孤立无援，我们遭到的灾难正在向欧洲各国蔓延，而且其中任何一个国家，如果不举行一系列的革命，就找不到出路。"②

列宁在1918年10月批驳考茨基的"国际主义"时，指出："如果欧洲有革命形势存在，马克思主义者就必须指望欧洲革命。社会主义无产阶级的策略在有革命形势时和没有革命形势时是不可能一样的，这是马克思主义的起码的真理。"③ 列宁指出，在战前很久，一切马克思主义者，一切社会主义者都认为，欧洲战争一定会造成革命形势。列宁高度重视无产阶级国际主义，他认为，资产阶级是联合的，是一种国际力量，无产阶级自然应该联合起来，进行世界革命。俄国无产阶级的任务是把无产阶级革命引向世界革命，革命的目标是在国际范围内推翻资本主义的统治，建立"统一的世界苏维埃共和国"。

共产国际就是在十月革命胜利引起世界革命高潮的形势下，于1919年3月建立的。列宁满怀信心地指出："第三国际即共产国际的成立是国际苏维埃共和国即将诞生的前兆，是共产主义即将在国际范围内取得胜利的前兆。"④ 共产国际实际上是指导无

---

① 《列宁全集》第34卷，人民出版社1985年版，第446—447页。
② 同上书，第413页。
③ 《列宁选集》第3卷，人民出版社1995年版，第647页。
④ 《列宁全集》第35卷，人民出版社1985年版，第506页。

产阶级为建立世界苏维埃共和国而斗争的国际策略中心。列宁在共产国际成立的大会的闭幕词中表达了对国际共产主义运动的必胜信心："不仅在东欧各国，而且在西欧各国，不仅在战败国，而且在战胜国（例如在英国），苏维埃运动都在日益广泛地展开，这个运动无非是以建立新式民主即无产阶级民主为目的的运动，这个运动是向无产阶级专政、向共产主义的完全胜利迈出的最重要的一步。……全世界无产阶级革命的胜利是有保证的。国际苏维埃共和国的建立已经为期不远了。"① 列宁要求各国的无产阶级坚持国际主义原则，号召全世界无产者和被压迫民族在反对资本主义的斗争中团结一致，相互支援，为在世界范围内消灭资本主义制度作出自己的贡献。

可以看到，当时列宁的基本思想是，在第一次世界大战造成的极其复杂和特殊的历史条件下，俄国无产阶级完全可能突破帝国主义的最薄弱环节取得胜利，俄国革命仅仅是世界革命的第一把火，它将点燃欧洲革命的熊熊烈火。同时，列宁还认为没有其他欧洲国家取得革命的胜利，没有其他欧洲国家革命的支持，俄国难以坚持很久。从这个角度出发，列宁及党的领袖们不能不怀着热切的期待心情关注欧洲国家的革命形势，期待世界革命的爆发。欧洲国家的每一次革命都会使他们欢欣鼓舞。社会主义革命已经开始了，它一定会在俄国和全世界继续走向胜利。这是列宁的坚定信念！

但是，面对严酷的现实，从实际出发的冷静最终战胜了世界革命的激情。"列宁与布尔什维克领导层，其中包括后来形成的'左派共产主义者'，在对世界革命意义的认识上没有分歧。列宁也支持托洛茨基在布列斯特合约谈判期间，要尽量拖延谈判和签署合约，以等待欧洲革命首先是德国革命的爆发。不过，列宁与他们最大的不同、不在于为了世界革命苏维埃俄国能做什么，而

---

① 《列宁全集》第35卷，人民出版社1985年版，第503页。

在于不能做什么。当由'左派共产主义者'控制的莫斯科区域局提出'为了国际革命的利益，我们认为，做好可能丧失目前完全流于形式的苏维埃政权的准备是合适的'时，被列宁给予了激烈抨击。"①列宁在看到西方国家有革命形势，但西方何时爆发革命却根本无法断定、苏维埃政权面临德国军队的进攻从而有可能导致苏维埃政权毁灭的条件下，作出了不能拿苏维埃政权的生存去作赌注，必须马上签订布列斯特和约的决定。

以列宁为首的"主和派"、以托洛茨基为代表的"不战不和派"和以布哈林为代表的"主战派"围绕布列斯特和约发生了激烈的争论。但是仔细分析列宁、布哈林和托洛茨基的言论就会发现，列宁与布哈林在会不会爆发世界革命上并没有分歧。他们都共同瞩目于世界革命，不同之处只在于对革命进程的判断上的差别。列宁的头脑相对冷静现实，认为不能和冒险家一样，拿革命成果作盲目的孤注一掷。同德国这样的敌人进行战争，单靠热情是不够的。列宁指出，深信德国革命会成熟，认真帮助它成熟，这是革命的无产阶级国际主义。而直接或间接地、公开或隐蔽地宣称，德国革命已经成熟，并且以此作为自己策略的基础，这没有丝毫的革命性，这只是空谈。此时，社会主义革命还很虚弱，因为德国正在酝酿的革命还没有前来援助俄国。拒绝德国人提出的和约的政策"也许适合人们追求漂亮、动人、鲜明那种欲望，可是完全不顾已经开始的社会主义革命的现阶段的阶级力量和物质因素的客观对比"②。不顾客观形势而一味鼓吹革命战争的革命空谈会断送革命！

列宁极力主张签订布列斯特和约，表现了他在世界革命迟迟未到来，俄国国内又面临非常严峻的危机的情势下，不能盲目期

---

① 邢广程主编：《列宁对社会主义的探索》，长春出版社 2009 年版，第 171—172 页。

② 《列宁全集》第 33 卷，人民出版社 1985 年版，第 252 页。

待世界革命，必须首先保住新生的苏维埃政权的正确判断。但即使是这样，列宁每天在争论之余也紧张地去读报纸寻找德国已经发生了革命的消息。这在今天显得难以理解，但在当时却是完全正常的。"能够寄希望于世界革命、又现实明智地把握政策策略的底线，正是列宁世界革命思想比他的同事们深刻的地方。"①后来，列宁在谈到布列斯特和约时，这样说道："我们的敌人曾指望俄国的苏维埃政权迅速崩溃，但是这并没有发生。我们正好利用了历史给予我们的喘息时机来巩固自己，使敌人不可能用武力征服我们。我们赢得了速度，我们赢得了一些时间，不过我们为此交出了很多空间。"②列宁认为是值得的。因为当时苏俄并没有牺牲根本的利益，只是牺牲了次要的利益而保存了根本的利益。1918年11月13日，全俄中央执行委员会宣布废除布列斯特和约。

四　进军波兰的尝试

1920年8月，对世界革命的热切企盼，对"共产主义在全世界的胜利已为期不远了"的乐观判断，使列宁作出了进军波兰的决定。1920年4月下旬风云突变，波兰地主和资产阶级的军队，无视苏维埃俄国一再表示的真诚的和平愿望，在英、法等帝国主义的唆使和支持下，悍然进攻乌克兰。与此同时，盘踞在克里木的弗兰格尔白卫军也倾巢出动，乘机发动新的进攻。波兰的进攻是协约国企图摧毁苏维埃共和国的又一次尝试。正在集中精力医治战争创伤、重建经济生活的苏维埃人民不得不再一次动员起来，投入保卫无产阶级政权的斗争。这场苏波战争进程曲折。先是波兰军队进攻，占领了日托米尔、科罗斯坚、基辅等地。5

---

① 邢广程主编：《列宁对社会主义的探索》，长春出版社2009年版，第172页。
② 《列宁全集》第40卷，人民出版社1986年版，第60—61页。

月底红军展开反攻，于 1920 年 6 月 5 日收复乌克兰，6 月 12 日解放基辅，8 月中旬推进到波兰边界。在是否越过边界的问题上，俄共内部存在分歧。利用红军的高昂士气和当时的优势帮助波兰建立苏维埃政权的意见占了上风。在对波战争的初期胜利的鼓舞下，许多人力图把正义的防卫战争变成积极的进攻战争。许多人认为：波兰无法战胜我们，而胜利离我们却近在眼前了。对波战争的胜利证明了俄国革命只是国际革命链条中的一环；俄国革命的事业是巩固的、不可战胜的，因为革命事业正在全世界发展。他们认为在波兰胜利后，德国，进而在整个欧洲革命将取得胜利。

　　红军的胜利，对世界革命的渴望，使列宁和苏维埃政府萌发了利用军事上的胜利继续前进，乘势燃起欧洲革命烈火的念头，作出了向华沙进军来唤起世界革命的尝试。列宁认为，为了第一个社会主义国家的生存，必须争取各国无产阶级的帮助，同时，胜利了的俄国无产阶级也有义务支援其他国家的革命。虽然列宁也清醒地认识到，拯救和巩固新生的苏维埃共和国是压倒一切的任务。但是，胜利的形势使急于乘胜前进的想法占了上风。列宁揭露了国际帝国主义的虚伪面目："当我们节节胜利地进攻波兰时，整个欧洲都号叫起来，说他们希望和平，说整个世界都已经厌战，该是媾和的时候了。可是当波兰人进攻的时候，就没有人叫厌战了。"[①] 因此，粉碎波兰军队，就是粉碎维系当时国际关系整个体系的凡尔赛和约。如果波兰成为苏维埃国家，华沙工人得到了他们所盼望和欢迎的苏维埃俄国的帮助，那么凡尔赛和约就会被粉碎，由于战胜德国而建立起来的整个国际体系就会垮台。这就是对波战争的国际意义。

　　在胜利的鼓舞下，苏俄试图"用刺刀试探一下波兰无产阶级

---

　　① 《列宁全集》第 39 卷，人民出版社 1986 年版，第 317—318 页。

的社会革命是否已经成熟"①，决定利用军事力量来帮助波兰建立苏维埃政权，帮助波兰工人推翻它们的政府。列宁在总结苏波战争的经验教训时承认：当时苏维埃政权的整个政策处于一个转折点，在此之前，苏维埃政权打的是一场防御战，在苏维埃政权打败了高尔察克、尤登尼奇、邓尼金等一个个得到协约国支持的敌人后，防御帝国主义的战争便告结束，苏俄赢得了战争。之后，"新的任务摆在我们面前。反对全世界帝国主义战争的防御阶段已经结束，我们可以而且应当利用军事形势来开始进攻战。当他们进攻我们时，我们打击了他们。现在我们要尝试进攻他们，以帮助波兰建立苏维埃政权"②。以列宁为代表的一些布尔什维克领导人认为波兰的无产阶级居民非常成熟，农村无产阶级受过良好的教育，因此，应当帮助他们建立苏维埃政权。资产阶级仍然像从前那样疯狂地反对苏维埃俄国，同时，也可以看到工人在迅速地成长起来，工人革命正在日益迫近。"只要国际资产阶级对我们动起手来，他们的手就会被本国工人抓住。这就是对波战争的国际意义。"③

列宁认为，帮助波兰建立苏维埃政权不仅是苏维埃俄国政治生活中，而且是全世界政治中一个极其重要的转折。"赢得苏波战争胜利，打碎这个最后堡垒和支柱，扫清把革命推向中东欧、西欧的道路，无论是对苏俄还是对世界革命都将具有重大而深远的意义。"④ 当时帝国主义世界是靠凡尔赛和约来维系的，而波兰则是这个凡尔赛和约中强有力的一环，突破了这一环，也就打破了整个凡尔赛和约。只要红军再胜利地向前推进几天，不仅华沙要被攻破，而且凡尔赛和约也要被粉碎。世界将掀开崭新的一页。红军向华沙的挺进对西欧和整个世界形势都产生了极大的影

---

① 《列宁全集补遗》（1），人民出版社 2001 年版，第 416 页。
② 同上书，第 415 页。
③ 《列宁全集》第 39 卷，人民出版社 1986 年版，第 322 页。
④ 邢广程主编：《列宁对社会主义的探索》，长春出版社 2009 年版，第 177 页。

响，从而完全打乱了互相斗争着的国内外政治力量原有的对比关系。列宁对革命的胜利满怀信心："迄今为止，我们一直是单枪匹马地面对全世界，惟一的梦想就是抓住他们之间的些许缝隙，这样敌人就不会把我们压倒了。现在我们说：我们现在成长壮大了，你们只要胆敢进攻，我们就会以反进攻来回敬，好让你们明白，你们所冒的风险不仅是输掉几百万，你们已经在尤登尼奇、高尔察克和邓尼金身上输掉一大笔，你们还要冒这样的风险：你们每出动一次，苏维埃共和国的领土就扩大一次。迄今为止俄国不过是受人嘲弄和议论的对象，议论的是如何更好地由尤登尼奇、高尔察克和邓尼金来瓜分它。可现在俄国说：我们走着瞧吧，看看谁在战争中更厉害。这就是现在提出的问题。这就是整个政治、全世界政治的变化。日后历史学家将不得不指出，这是一个新时期的开端。"①

结果却是苏俄以武力推进世界革命的尝试失败了。红军的进入没有引起工人革命，而是激起了波兰人的爱国感情。在波兰军队的反扑下红军被迫撤退。9 月 19 日，波军在白俄罗斯重新发动进攻，进展不大。至此波兰已疲惫不堪，不得不同意缔结和约。1920 年 10 月 12 日双方签订了初步和约。1921 年 3 月 18 日签订了正式和约。"尽管这次向波兰进军没有成功，但列宁和布尔什维克党推动世界革命的方针没有发生根本性变化。转入防御也好，寻找时机准备再次发动进攻也罢，都是为了实现一个目标，那就是欧洲革命和世界革命。这一点在列宁那一代布尔什维克领导人中是坚定不移的，它不会因为一次不成功的实践就发生动摇，更不可能就此改变。"② 我赞同这样的认识。

---

①《列宁全集补遗》（1），人民出版社 2001 年版，第 417 页。
② 邢广程主编：《列宁对社会主义的探索》，长春出版社 2009 年版，第 180 页。

五　列宁晚期对世界革命的期盼

列宁虽然有一国能自力更生地建设社会主义的思想，但是他从无产阶级事业的国际性出发，仍然认为社会主义事业的最终的胜利取决于世界革命的到来。在他生命的晚期，在西方迟迟不能爆发革命的情况下，列宁又将希望转向了东方。他在《宁肯少些，但要好些》一文中仍这样认为："斗争的结局归根到底取决于如下这一点：俄国、印度、中国等等构成世界人口的绝大多数。正是这个人口的大多数，最近几年来非常迅速地卷入了争取自身解放的斗争，所以在这个意义上说，世界斗争的最终解决将会如何，是不可能有丝毫怀疑的。在这个意义上说，社会主义的最终胜利是完全和绝对有保证的。"①

列宁是一位坚定的马克思主义者，"他不是不知道物质生产力以及与之相适应的文化水平匮乏对于建立社会主义社会的致命危害。之所以1917年十月革命之后，列宁以及几乎所有布尔什维克领导人都反复强调必须把新生的苏维埃国家的命运与世界革命的胜利联系起来的原因"②。当时列宁认为没有其他欧洲国家取得革命的胜利，没有其他欧洲国家革命的支持，俄国的苏维埃政权难以坚持很久。从这个角度出发，列宁及党的领袖们不能不怀着热切的期待心情关注欧洲国家的革命形势，期待世界革命的爆发。欧洲国家的每一次革命都会使他们欢欣鼓舞。"尽管饥饿和寒冷折磨着我们，尽管帝国主义者对我们俄罗斯苏维埃共和国的侵犯给我们带来种种苦难，我们仍然充满信心，坚信我们的事业是正义的，坚信世界苏维埃政权必然取得胜利。"③ 社会主义

---

①　《列宁选集》第4卷，人民出版社1995年版，第796页。

②　张光明：《略论"倒过来的革命"——关于列宁的〈论我国革命〉》，《社会主义研究》2009年第5期。

③　《列宁全集》第37卷，人民出版社1986年版，第283页。

革命已经开始了，它一定会在俄国和全世界继续走向胜利。这是
列宁的坚定信念！

但是很不幸，世界革命并没有如愿在欧洲发展起来，在苏维
埃俄国一国社会主义胜利的形势下，除了把战略重心由国际转向
国内，列宁再没有别的办法可想，与其把苏维埃政权的生存寄托
在西欧革命的胜利上，不如独立地进行自己的国内建设。列宁认
识到这样的发展道路注定是艰难的，"我们的敌人曾不止一次地
对我们说，我们在一个文化不够发达的国家里推行社会主义是冒
失行为。但是他们错了，我们没有从理论（一切书呆子的理论）
所规定的那一端开始，我们的政治和社会变革成了我们目前正面
临的文化变革，文化革命的先导。现在只要实现了这个文化革
命，我们的国家就能成为完全社会主义的国家了。但是这个文化
革命，无论在纯粹文化方面（因为我们是文盲）或物质方面
（因为要成为有文化的人，就要有相当发达的物质生产资料的生
产，要有相当的物质基础），对于我们说来，都是异常困难
的"①。正是由于对此中艰难早已看到，所以列宁在《论我国革
命》中提出"先革命，后建设"的思路时，他也并没有完全放
弃对世界革命的盼望，在这一时期的文章中，列宁在很多地方流
露了这样的想法。可以说，列宁终其一生都没有放弃对世界革命
的期望。列宁在晚期依然满怀着对世界革命胜利的期盼，他十分
清醒地估计到敌人力量的强大和自身的严重弱点，十分担心在这
种小农和极小农的生产条件下，在经济遭到破坏的条件下能不能
支持到西欧资本主义发展到社会主义的那一天。

此时，国际局势也出现了一些变化，西方革命推迟了，欧洲
有些国家的资产阶级被迫向本国被压迫阶级作一些不大的让步，
这些让步推迟了这些国家的革命运动，造成某种类似"社会和
平"的局面。而东方出现的新的革命形势，显现了新的希望。列

---

① 《列宁选集》第4卷，人民出版社1995年版，第773—774页。

宁晚年对东方革命寄予极大希望。第一次世界大战,使东方最终加入了革命运动,这些国家的发展开始按照整个欧洲的资本主义的方向进行。在这些国家里开始出现整个欧洲的那种动荡。全世界正进入一种必然引起全世界社会主义革命的运动,这对苏维埃俄国是有利的。

列宁也高度重视苏俄自身发展的重要性,他同时强调:"我们关心的并不是社会主义最终胜利的这种必然性。我们关心的是我们俄国共产党,我们俄国苏维埃政权为阻止西欧反革命国家扼杀我们所应采取的策略。为了保证我们能存在到反革命的帝国主义的西方同革命的和民族主义的东方,世界上最文明的国家同东方那样落后的但是占人口大多数的国家发生下一次军事冲突的时候,这个大多数必须能赶得上建立文明。"① 为此,列宁制定了一些新的策略,包括极其谨慎地对待农民,改革国家机关、大机器工业,发展电气化等。

总之,列宁坚持马克思的社会主义观,坚信社会主义革命是国际性的,是全世界无产阶级的共同事业。"在不同时期,列宁使用过多种词汇如'世界革命'、'国际革命'、'欧洲革命'、'东方革命'等来表述其世界革命思想,尽管词义有不同侧重,但强调的都是俄国之外的革命运动与形势。"②

① 《列宁选集》第 4 卷,人民出版社 1995 年版,第 796 页。
② 邢广程主编:《列宁对社会主义的探索》,长春出版社 2009 年版,第 164 页。

第七章 "传统社会主义观"与 "新社会主义观"评析

近年来，理论界出现了"传统社会主义观"与"新社会主义观"的提法。有研究者指出："'传统的社会主义观'是一个非常笼统的概念，内涵外延都不清楚。它究竟包含什么样的内容？'传统'的时限又是从哪里算起？对这些问题，提出和使用这个概念的文章没有明确交待。根据有的文章在评述'传统的社会主义观'时，从马克思、恩格斯、列宁、斯大林一直讲到毛泽东的这种情况，以及把'传统的社会主义观'同'传统的马克思主义'混同使用的情况，大体可以认为，'传统的社会主义观'系指从马克思到毛泽东的马克思主义的社会主义观。"① 的确，在很多人那里，"传统社会主义观"大体指的是马克思的社会主义观、列宁早期社会主义观、斯大林的社会主义观及毛泽东的社会主义观。"新社会主义观"指的是列宁晚年的社会主义观及邓小平开创的中国特色社会主义观。"列宁晚年形成了新的社会主义观"，"邓小平新社会主义观是对传统社会主义观的突破"是比较常见的提法。"传统社会主义观"与"新社会主义观"的提法，在有些人那里肯定了中国特色社会主义对马克思主义的科学继承与发展，在有些人那里却是内涵模糊不清、似是而非的；

---

① 木子、廖鹤：《"传统的社会主义观"辨析》，《教学与研究》1994 年第 6 期。

在有些人那里，二者则是对立的，"传统社会主义观"这个提法带有强烈的否定含义。鉴于"传统社会主义观"与"新社会主义观"的提法颇为流行，讲清楚马克思的社会主义观是不是科学的，将马克思主义的社会主义观划分为"传统社会主义观"和"新社会主义观"是否科学，"新社会主义观"与马克思的社会主义观究竟是一种什么样的关系，以及坚持马克思主义的社会主义观在当今时代的意义，非常必要。本章试图对此作一点探讨。

一 理论界关于社会主义观的一些提法

近年来，理论界出现了对"什么是社会主义"说不清楚的看法。这些困惑反映在如何认识邓小平的社会主义观、中国特色社会主义观与马克思主义的社会主义观上，出现了多样的认识，"传统社会主义"和"新社会主义"这两个词语在不同人那里有不同的指向内容，有不同的理解。在此，我列举几种有代表性的观点。

观点一：马克思社会主义观的基本内容是关于生产资料社会所有制、计划经济体制和按劳分配的制度设计的论证。这些论证在学理上存在着许多悬而未决的问题，因此，总的说，它们不可能在社会主义实践中付诸实施，更不可能成为中国改革开放事业所依赖的理论资源。中国以坚持社会主义方向为前提的改革开放要得以顺利进行，必须探索新的社会主义观。①

观点二：传统社会主义观对"什么是社会主义"这个问题的回答基本上是在"制度"、"生产关系"领域兜圈子，这是长期没有搞清楚怎样建设社会主义、致使社会主义运动遭受重大挫折

---

① 参见《马克思社会主义观的基本问题》，《当代世界社会主义问题》2008 年第 3 期。

的主要原因之一。① 邓小平社会主义本质论是对传统社会主义观
的根本突破。他没有再具体地去强调社会主义的具体经济政治制
度，而是在目的和目标的层次上认识社会主义。"解放和发展生
产力"、"共同富裕"讲的都是社会主义制度所要达到的目的。
邓小平对社会主义的认识已经超越了制度的狭隘眼界。制度是手
段，必须为社会主义的目标服务。作为手段，它必须围绕目标设
计，为了实现最终目标，制度就不应该有固定不变的模式。②

观点三：我国三十年的改革开放始终是在马克思主义—社会
主义的语境下进行，并且，出于意识形态传统和现实政治的考
虑，改革不能不在这一语境下进行。但是，经典马克思主义的社
会主义观与当今时代条件和中国国情距离遥远……一方面要坚持
马克思主义和社会主义；另一方面，马克思主义经典理论和社会
主义既有实际经验很少能够为中国的改革开放提供合理的说明，
这一情形，促使改革的领导者不得不坚持不懈地致力于寻找对马
克思主义和社会主义的新解释。中国特色社会主义的新社会主义
观就是在这一矛盾运动中产生和发展的。马克思主义创始人的社
会主义观，除了个别观点能够成为中国改革开放事业可资借鉴的
理论资源外，其他大多数观点和论证主要说来只具有思想史上的
学术价值，没有很强的现实针对性。因此，要在坚持马克思主义
意识形态传统的前提下进行社会主义的改革事业，必须寻求对社
会主义的新理解。马克思主义中国化的问题也由此而生。③

观点四：传统的马克思主义十分强调阶段斗争和无产阶级专
政，而邓小平的社会主义观，是以解放生产力、发展生产力为契

---

① 参见魏恩政、丁法迎《超越制度的追问：什么是社会主义？——邓小平社会
主义观探析》，《理论学刊》2005 年第 5 期。
② 参见魏恩政、魏联合《中国新社会主义观的形成与发展》，《当代世界社会主
义问题》2009 年第 1 期。
③ 参见《马克思社会主义观的基本问题》，《当代世界社会主义问题》2008 年
第 3 期。

机，以建设高度的物质文明和精神文明为条件，以消除两极分化、实现共同富裕为目标。邓小平围绕解放和发展社会主义生产力问题，突破了传统社会主义观，树立了新社会主义观。传统的社会主义观虽没有对社会主义本质下过正式定义，但多年来形成了一种习惯的看法：决定社会主义制度的，一是社会主义公有制；二是按劳分配；三是无产阶级专政。这三者通常被看成是社会主义本质性的特点。这种观点有一个最大的弱点，就是忽视了生产力，忽视了共同富裕。就是说，它既忽视了社会主义的目的，又忽视了达到这一目的的物质基础。①

观点五：传统社会主义理论和实践上的困境，催生了中国的改革开放。为了迅速提高人民生活水平，恢复社会主义的生机和活力，恢复人们对于社会主义的信心，中国在 20 世纪 70 年代末走上了以经济建设为中心的改革开放道路。改革开放的实践很快取得了明显的成效，然而在理论上却同传统的社会主义观发生了冲突，有些人开始怀疑改革开放的路线和政策是否符合社会主义。为了坚持改革，坚持改革的社会主义方向，必须解放思想，更新观念，要求人们从思想上改变传统的社会主义观。②

观点六：社会主义只能从实践中去体会，从字面上去争论社会主义是否应有一个标准的定义和定型的模式毫无意义。关于什么是社会主义不可能有一个终极的定义和模式。社会主义没有一个完备的定义和定型的模式，人们只能从实践出发不断丰富、完善、深化对社会主义的认识。社会主义不可能有一个完备的标准的放之四海而皆准的定义和模式。社会主义存在于实践当中，而实践是不断发展变化的，因而社会主义不可能是一成不变的。况

---

① 参见邢贲思《社会主义观上的重大突破——读〈邓小平文选〉第三卷》，《中共党史研究》1994 年第 2 期。

② 参见薛建立《改革开放与邓小平社会主义观的重大转型》，《河南师范大学学报》2011 年第 5 期。

且，由于历史条件和人的认知能力的限制，由于实践的具体形式和内容的制约，为社会主义规定一个一劳永逸的完备定义和定型模式同样是不可能的。①

观点七：当马列本本与当代社会主义现实发生差异或者某些结论有所碰撞时，我们必须尊重实践，勇于突破传统社会主义观念的束缚。一旦出现这类碰撞时，我们既不能以现代眼光苛求于前人，也不能按传统社会主义的定论随意剪裁今天的现实。如果本本与现实发生矛盾，我们宁可以现实突破本本，而不能以本本剪裁现实。②

观点八：斯大林变更马克思和恩格斯的社会主义标准，在私有制、剥削阶级已经消灭，社会主义公有制已经建立、按劳分配原则已经确立的情况下，宣布苏联基本上建成了社会主义社会，应该说是实事求是的，是马列主义与俄国社会主义革命和社会主义建设相结合的产物。斯大林 20 世纪 30 年代宣布苏联基本建成社会主义坚持了社会主义的基本标准。反之，如果离开具体国家的社会历史条件，把经典作家的某些论断当成教条，在已经达到基本标准的条件下，一味脱离实际地坚持"高标准"，那么，根据许多国家社会主义建设的实践来看，即使在无产阶级夺取政权之后上百年，甚至几百年，都未必能达到所谓的"标准社会主义"。而历史发展证明，被人视为"低标准"的社会主义，"非经典"的社会主义，即实践中的社会主义，不仅曾经在苏联，而且在今天的中国和其他一些国家，显示了它强大的生命力，而且促进了这些国家的经济和社会发展。坚持所谓"传统的"、实际上是不切实际的"高标准"来否定苏联的社会主义建设成果，也否定现实社会主义国家存在的合理性。

---

① 参见叶剑锋《列宁社会主义观动态发展评析》，《政治学研究》2002 年第 3 期。

② 参见袁秉达《从科学理论体系的视角领悟列宁晚期思想的价值》，《上海党史与党建》2010 年第 8 期。

按照传统的"高标准",中国、朝鲜、越南、古巴等现存的社会主义国家,不要说是"社会主义",就连向社会主义过渡的资格都没有!难道社会主义的标准是先验的吗?后人对于社会主义的理论不可以发展与修改吗?马恩从来都没有把自己对于未来社会的预测性看法强加于人的意思,为什么一定要斯大林"遵守"这一标准,不准作任何的发展与前进呢?在飞速发展的革命现实面前,是固守前人的所谓高标准而自取灭亡;还是在变化了的社会现实面前突破传统的社会主义理论,有所创新、有所发展,从而赢得社会主义的更大发展呢?①

可以看出,有人认为"传统社会主义观"是马克思头脑中臆想的"设想",并认为这种"设想"早已被后来的社会主义实践证明是"空想",认为马克思的社会主义观解释不了现实中国的社会主义。一些人较多地使用"缺陷"、"错误"或"僵化"、"过时"之类的词汇评价马克思的社会主义观。在这些人看来,"传统社会主义观"一词传达出浓厚的马克思主义过时论的味道。我认为,把马克思主义的社会主义观划分为"传统社会主义观"与"新社会主义观"的提法中,有很多不妥当甚至错误的认识,随意使用这些词汇,不利于科学准确地理解马克思主义,而是"淡化了马克思主义关于社会主义和共产主义的理想,使人们模糊了现阶段社会主义建设和改革的方向"②。这些观点提出了这样一些问题:马克思的社会主义观是"僵化的本本"、"抽象的原则"、"过时的"吗?如何认识邓小平社会主义观、中国特色社会主义观,它们是完全不同于马克思主义"传统社会主义观"的"新社会主义观"吗?中国特色社会主义新在何处呢?可以看到,如何科学理解马克思主义理论的基本问题,如何全面认识马

---

① 陈开仁:《实事求是地评价一国建成社会主义理论——与郑异凡同志商榷》,《当代世界社会主义问题》1995年第2期。

② 《程恩富选集》,中国社会科学出版社2010年版,第165页。

克思主义的社会主义观，如何科学理解中国特色社会主义对马克思主义的继承与发展等，相关问题需要在理论上进行辨析和澄清。

二 我看"传统社会主义观"

在一些人那里，"传统社会主义观"常常与这样一些词汇相联系：僵化的本本、固有观念、抽象的原则、狭隘的制度性、推测、具有不确定性、束缚、过时的、落后的、错误的，等等。那么，马克思的社会主义观是僵化的本本、抽象的原则吗？对现实社会主义来说，马克思的社会主义观具有不确定性，是束缚吗？列宁早期的社会主义观、斯大林的社会主义观和毛泽东的社会主义观都是传统的、过时的甚至错误的吗？我认为，这关系到如何理解马克思的社会主义观的科学性，如何看待它对现实社会主义的指导作用，如何看待社会主义建设的理论与历史等问题，这都是马克思主义的根本问题。

马克思关于未来社会的设想奠定在对人类社会发展规律的深入考察基础之上，是对人类社会发展的必然趋势的科学描述。马克思通过研究资本主义的发展过程，创立了唯物史观和剩余价值理论，揭示了资本主义制度在人类历史上的暂时性，得出资本主义必然灭亡，社会主义必然胜利的普遍真理。社会主义之所以必然胜利的根本原因在于生产力和生产关系的矛盾运动，在于资本主义生产方式的内在矛盾：社会的物质生产力发展到一定阶段，便同它们一直在其中运动的现存的生产关系或财产关系发生矛盾，于是这些关系便由促进生产力的发展变成了生产力的桎梏。那时社会革命的时代就到来了。具体来讲，这一矛盾反映在资本主义生产方式的进程中就是：随着资本主义生产力发展到一定阶段，与之相伴随的资本主义生产关系就必然容纳不下它自身所创造的生产力，昔日起推动作用的资本主义生产关系就必然成为生产力发展的桎梏，同时，资本主义生产方式使得社会日益分化成为两个阶级，即无产阶级和资产阶级，这样，资本主义生产方式不仅创造了推翻自己的物质力量，而且还创造了自己的掘墓人——无产阶级。

马克思科学地指出了人类社会的发展必然是从资本主义走向共产主义。马克思科学预测了未来社会，提出了未来社会区别于资本主义的最有决定意义的特征，为无产阶级指出了奋斗目标。马克思科学地断言，未来的共产主义社会将在生产力高度发达的基础上消灭剥削，消灭阶级，实行生产资料公有，实行计划经济，最终从按劳分配过渡到按需分配，实现人的自由而全面的发展。虽然他们对未来社会的认识还只是一种设想、预测，然而这是科学的设想和预测。正如恩格斯所说的："我们对未来非资本主义社会区别于现代社会的特征的看法，是从历史事实和发展过程中得出的确切结论；脱离这些事实和过程，就没有任何理论价值和实际价值。"① 邓小平高度肯定了马克思主义的理论指南作用："马克思主义的另一个名词就是共产主义。我们多年奋斗就是为了共产主义，我们的信念理想就是要搞共产主义。在我们最困难的时期，共产主义的理想是我们的精神支柱，多少人牺牲就是为了实现这个理想。"② 马克思主义从未发展到否定生产资料公有制、承认商品生产、承认阶级差别的"新社会主义观"。当前一些人往往拿社会主义实践进程中某个阶段实际达到的社会经济状态，与马克思从彻底消灭资本主义这个高度来认识的社会主义作比较，把处于一定发展阶段的社会主义，例如把当今大力发展社会主义市场经济时期的社会主义，作为未来社会的标准，用来验证马克思，这就导致把对发展进程中的社会主义的认识与马克思的社会主义观混为一谈，这就不能不导致或多或少地否定马

---

① 《马克思恩格斯全集》第 36 卷，人民出版社 1975 年版，第 419—420 页。
② 《邓小平文选》第 3 卷，人民出版社 1993 年版，第 137 页。

克思社会主义观的科学性，进而用所谓的"新社会主义观"取代马克思的社会主义观。有研究者也评论了这种认识，他指出："从无产阶级夺取政权到掌握全部生产资料，从国家所有到社会所有，都是需要一个过程的。理论认识上忽略了这个过程，再加上把现实中的公有制等同于社会所有制，这就不免使人提出这样的疑问：为什么现实中人们看到的社会主义不是马克思恩格斯说的那种社会主义呢？由此也就有了对他们社会主义观的另一种'发展'：凡是马克思恩格斯肯定但现实社会主义做不到的，就被说成是给社会主义'附加'上去的，例如说'计划经济'不是社会主义应有的，而是'附加'的；凡是马克思恩格斯否定但现实社会主义需要的，反而被说成是社会主义应有的，马克思恩格斯则是'空想的'，例如商品经济等等。实际上，这都是没有正确理解马克思恩格斯的表现。"[①] 该研究者深刻地指出了问题所在以及应当如何正确区分和认识。

在"传统社会主义观"这个提法中还提出了一个重要问题，就是如何正确认识社会主义建设实践和探索中出现的错误认识和曲折。对此，我赞同这样的认识，"应当把马克思主义关于社会主义的基本观点和基本原理同在社会主义实践中出现的某些错误认识、错误观点以及个别原理因历史条件变化而失效的现象，严格区别开来。因为前者是对社会本质的正确认识，是实践经验的正确总结，是客观规律的正确反映，是经过长期历史考验而形成的科学理论。所谓马克思主义的社会主义观，只能是指这方面的内容。至于在社会主义实践和探索中出现的错误认识和错误观点，比如有的是脱离实际的主观主义错误，有的是对马克思主义的教条式理解并附加到马克思主义身上的，有的是在新的客观条件下仍然习惯于沿用的旧观点、旧方法和旧经验的经验主义错误等等，既不是产生自马克思主义，也根本不符合马克思主义的精

---

① 智效和：《辨正马克思的社会主义观》，《经济科学》2002 年第 4 期。

神实质，当然不能把它们放进马克思主义和马克思主义的社会主义观中去"①。十月革命胜利后，社会主义制度的创立者和继承者对社会主义本质的认识都是依据马克思、恩格斯对未来共产主义社会的科学设想，即公有制、计划经济、按劳分配等基本特征来开展社会主义建设的，应该说，这种认识从马克思主义是社会主义国家的理论指南的意义上来说是没有问题的，马克思主义是社会主义革命和建设的科学指南，而以其他的什么理论，那就不是我们所说的社会主义了。所以在这个意义上来讲，"传统社会主义观"万万不可丢弃。搞不清马克思的社会主义与现实中的社会主义之间的一脉相承的关系，无助于说明马克思主义的科学性，相反还会造成社会主义观的多元化和随意性，导致各讲各的社会主义。

三　我看"新社会主义观"

自党的十一届三中全会以来，中国共产党人在社会主义建设和改革开放的实践中，逐步形成了一整套关于建设社会主义的新见解、新思路和新策略。如何认识这些新的理论探索，如何以马克思主义的话语体系解读当代中国特色社会主义，这是当前理论界面临的重要问题。有的研究者在肯定邓小平社会主义观的理论价值时，把邓小平的社会主义观及其开创的中国特色社会主义观与以往的马克思主义的社会主义观简单地对立起来，认为以往马克思主义社会主义观是"传统"的社会主义观，是不符合当代条件和实践发展的社会主义观。这种观点是不正确的。中国特色社会主义观是对马克思主义的坚持与发展，必须正确理解二者的关系，我们通过以下几个方面加以深入分析。

第一，中国特色社会主义观是对现实社会主义的准确定位。

---

① 木子、廖鹤：《"传统的社会主义观"辨析》，《教学与研究》1994 年第 6 期。

邓小平开创的中国特色社会主义观关于社会主义的新认识的一个新，就是科学考察了现实社会主义所处的发展阶段，讲清楚了马克思讲的社会主义与现实中的社会主义之间的关系，科学判断了经济文化落后国家走上社会主义道路后处于怎样的历史方位的问题。

马克思在1875年写的《哥达纲领批判》中，首次提出未来社会将经历第一和高级两个阶段的学说。列宁把第一阶段称为社会主义社会，高级阶段称为共产主义社会，并提出每一个发展阶段都有一个多级发展过程，即大阶段里有小阶段。社会主义国家在实践中出现的带有普遍性的失误，就是没有判断清楚所处的发展阶段，或者把社会主义社会看得很短暂，因而急于向共产主义过渡；或者即使认识到社会主义是一个很长的历史阶段，但对本国社会主义所处的发展阶段估计偏高，从而提出了一些超越阶段的理论，作出了一些超越阶段的行为。

党的十一届三中全会以后，邓小平深刻总结了国际国内社会主义建设的经验教训，重新审视了以往马克思主义者对社会主义社会发展阶段的认识，作出了中国是社会主义社会，但还处于不发达的初级阶段的论断，提出在我国这样经济文化比较落后的国家进入社会主义社会以后必须经历一个很长的初级阶段的马克思主义的新的科学论断。初级阶段的含义有两层：其一是就社会性质来说，我国已经是社会主义社会，必须坚持社会主义方向；其二是从发展程度来说，我国社会主义社会的成熟程度还很低，还很不发达，我们必须从这个基本的客观实际出发搞改革和建设，而不能要求过高，操之过急，急于求成。这个科学论断的提出，把我们党的路线、方针、政策置于现实的基础之上，从而避免了右的错误或者重蹈过去超越阶段的"左"的错误。

邓小平社会主义初级阶段理论，第一次准确判断了中国走上社会主义道路后的历史方位，把理想社会主义与现实社会主义统一起来，克服了几十年来中国的社会主义建设一直未能正确判定历史发展阶段的失误。马克思主义的最高目的是实现共产主义。按照马克思主义的观点，共产主义社会是建立在生产力高度发展的基础上的，是物质极大丰富的社会，因为物质极大丰富，才能实现各尽所能、按需分配的共产主义原则。社会主义是共产主义第一阶段，这是一个很长的历史阶段。社会主义时期的任务很多，一个主要任务就是发展生产力，使社会物质财富不断增长，人民生活一天天好起来，为进入共产主义创造条件。邓小平指出，社会主义初级阶段不是泛指任何国家进入社会主义社会都会经历的起始阶段，而是特指中国生产力落后，商品经济不发达条件下建设社会主义必然要经历的特定阶段。在社会主义初级阶段中应当解决工业化、生产商品化、社会化、现代化的任务，完成资本主义社会经过几百年完成的发展经济的任务。

第二，中国特色社会主义观是对马克思主义的继承和发展。

2013 年 1 月 5 日，习近平在新进中央委员、候补委员学习贯彻党的十八大精神研讨班上的讲话中，把中国特色社会主义同十月革命的胜利、苏联社会主义模式的形成、我国改革开放前的社会主义实践一起，看作是科学社会主义发展的历史进程中的不同的时间段。中国特色社会主义是科学社会主义发展进程中的一个历史阶段，而不是科学社会主义之外的、与科学社会主义不同的东西。党的十七大和十八大都指出，中国特色社会主义，既坚持了科学社会主义的基本原则，又根据中国的具体国情和时代特点，具有鲜明的中国特色。

有的人的"新社会主义观"往往与突破、独创性、经验社会主义观等词语相联系。我认为，不能用现实社会主义的多样性、民族特色抹杀马克思的社会主义。邓小平开创的中国特色社会主义观与马克思主义在本质上是统一的，统一于马克思主义的基本原理，统一于当代中国特色社会主义的伟大实践，绝非是对马克思主义基本原理的否定。中国的社会主义建设始终坚持社会主义的根本原则，在改革开放中提出一系列的新观点和新见解，为马克思主义赋予新的时代内容。中国特色社会主义从未离开过马克思主义的发展轨道，它是对马克思主义的继承和发展。中国特色社会主义是坚持而不是抛弃公有制、计划经济、按劳分配和无产阶级专政。商品生产和市场经济在人类社会早就存在了，人们如果仅仅从商品生产和市场关系角度来考量，并不能真正把握社会主义市场经济的实质。马克思指出："商品生产和商品流通是极不相同的生产方式都具有的现象，尽管它们在范围和作用方面各不相同。因此，只知道这些生产方式所共有的抽象的商品流通的范畴，还是根本不能了解这些生产方式的不同特征，也不能对这些生产方式作出判断。"① 市场经济和社会主义基本经济制度的结合，是有利于解放和发展生产力的措施，同时我们搞的是社会主义市场经济，"社会主义"这几个字是不能没有的，建立和完善社会主义市场经济的过程，也就是公有制经济在平等的市场竞争中不断发展壮大，从而保持主体地位的过程。邓小平多次宣布："我是个马克思主义者"②，强调我们搞改革开放，把工作重点放在经济建设上，没有丢马克思，没有丢列宁，也没有丢毛泽东，老祖宗不能丢啊。苏东剧变表明，借口时代的变化而修正马克思主义，借口发展马克思主义而否定马克思主义的基本原理，是会把社会主义革命和建设事业引上邪路，最终葬送社会主义的。

第三，中国特色社会主义观是对社会主义的本质特征与具体建设方式的正确理解。

社会主义制度必然有其基本原则和本质特征，也会有体现自己的具体体制和建设方式。这是两个不同的层次，前者是本质规定，是这个制度而不是别的制度所应当具备的特征，是必须坚持的基本原则；后者是特殊性，是马克思主义基本原则在不同国

---

① 《马克思恩格斯全集》第23卷，人民出版社1972年版，第133页。
② 《邓小平文选》第3卷，人民出版社1993年版，第173页。

家、不同历史条件下的具体运用。这方面的内容由于各国国情和发展阶段的不同而有所不同，有所变化。

社会主义观应该讲的是社会主义的基本原则和本质特征，而不是具体体制和建设方式。然而，一些文章在使用"传统社会主义观"这个概念时，把这样两种不同层次的内容混为一谈，有的甚至是从否定第一层次内容的意义上使用，这对于人们正确把握社会主义的本质，坚持社会主义基本制度是不利的。马克思主义的社会主义观是从什么是社会主义的基本原则和本质特征的角度讲的，是一种定性认识；邓小平讲的"社会主义也可以搞市场经济"、我们对社会主义"还没有完全搞清楚"等，是从现实的经济文化相对落后国家应该如何建设社会主义的角度讲的。现在看来，计划和市场问题属于社会主义经济的具体运行机制范畴，这曾经是长期存在争议的问题。马克思把商品经济和私有制联系在一起，认为未来社会在全社会占有生产资料的基础上实行的是产品经济，商品和货币将退出历史舞台，这对国际共产主义运动有着长期影响。在社会主义制度建立之初，各国普遍实行高度集中的计划经济体制，按计划经济模式搞建设。当前一些人往往以现实社会主义中存在市场经济为依据，否定马克思，说马克思的社会主义是空想，因为他没有预料到社会主义仍然存在市场经济，这是站不住脚的。的确，在马克思、恩格斯的著作中从来没有使用过"社会主义市场经济"这个词语，在他们讲的未来社会中，也从来没有商品生产或商品经济、市场经济的地位。然而现实社会主义建立在经济文化相对落后的国家，与马克思关于生产力高度发达基础上产生的未来社会有着根本的不同。中国现在还处在社会主义初级阶段，我们不能用现实的社会主义来指责、批评马克思，说他的社会主义是空想。有研究者指出了这种错误认识："人们往往不注意马克思社会主义观的这个特点，拿社会主义实践进程中某个阶段实际达到的社会经济状态，与马克思、恩格斯从彻底消灭资本主义这个高度来认识的社会主义作比较，进而把对争取社会主义过程中的'社会主义'（'过渡时期'一定阶段上的社会状态）的认识与马克思的社会主义观混为一谈，这就不能不导致或多或少地否定马克思社会主义观的科学性，用对建设社会主义实践的阶段性认识取代马克思的社会主义观，并且使社会主义观花样翻新，五花八门（不同国家不一样，同一国家不同阶段也不一样），丧失了内在的一致性。"[①] 但是该研究者对现实社会主义所处的发展阶段有不同认识，他认为："马克思预见的共产主义社会第一阶段实现了社会所有制，不存在商品经济、阶级和国家。这些预见是科学的逻辑结论，并无空想成分。马克思是从劳动者获得彻底解放的高度来认识什么是社会主义的，社会主义是以过渡时期完成了消灭阶级的任务为前提的。20世纪以来的社会主义远未完成马克思讲的过渡时期的历史任务，离共产主义第一阶段尚远，不能从社会主义发展过程的角度，用对现实社会主义的认识，混淆、取代甚至否定马克思的社会主义观。"[②]

社会主义建设的曲折证明，现实社会主义国家的条件决定了发展市场经济是解放和发展生产力的有效途径。邓小平认识到，现实社会主义建设面临的问题是用什么方法才能更有利地发展生产力。我们过去一直搞计划经济，但多年的实践证明，在某种意义上说，只搞计划经济会束缚生产力的发展。社会主义和市场经济之间不存在根本矛盾。邓小平提出："计划多一点还是市场多一点，不是社会主义与资本主义的本质区别。计划经济不等于社会主义，资本主义也有计划；市场经济不等于资本主义，社会主义也有市场。计划和市场都是经济手段。"[③] 把市场经济与社会主义制度结合在一起，是邓小平理论体系中极具创新意义的成果，既为经济发展注入了活力，又有效地发挥了社会主义制度优

① 智效和：《辨正马克思的社会主义观》，《经济科学》2002年第4期。
② 同上。
③ 《邓小平文选》第3卷，人民出版社1993年版，第373页。

越性，极大地促进了社会生产力的发展。

对于邓小平关于市场经济的新探索，有人认为他突破了把社会主义和市场经济对立起来的传统观念，于是转而认为马克思讲得不对了，认为连马克思也没有搞清楚什么是社会主义，这些人以马克思没有预见到现实社会主义还有多种经济成分，还有商品生产和商品交换为据，认为邓小平的"新社会主义观"突破了传统社会主义观的僵化、保守，传统社会主义观是过时的，甚至把马克思关于社会主义基本特征的预见归结为一种主观的设计。也有人攻击说中国不是搞社会主义而是搞资本主义，其根本的理由主要有两点：一是中国特色社会主义实行的这一系列举措不符合马克思主义经典作家笔下的社会主义的本质特征，抛弃了生产资料公有制、计划经济和按劳分配等；二是有些社会政策中有一些资本主义的东西，如存在剥削、非公有经济占很大比重等。从中可以看出，一些人对邓小平对马克思社会主义观的发展的理解是同不能正确理解社会主义的本质特征与具体建设方式之间的区别相联系的。邓小平开创的中国特色社会主义的"新"在于开创了社会主义建设方式的新篇章。邓小平说："社会主义是一个很好的名词，但是如果搞不好，不能正确理解，不能采取正确的政策，那就体现不出社会主义的本质。"① 从社会主义的基本原则和基本特征的角度讲，公有制、计划经济、没有阶级、没有国家、按劳分配等都是界定一个制度是社会主义制度而不是别的什么制度的定性判断。所谓马克思主义的社会主义观，正是指这些基本原则，在这一方面，没有也不能有什么"传统的"和"新"的区别。因为它们反映的是一般规律和普遍原则。从如何建设社会主义的角度讲，在经济文化比较落后的国家就不能不利用多种经济成分和发展市场经济，不能不利用资本主义。从这样的角度理解，马克思的社会主义不存在商品经济，与我国社会主义发展

---

① 《邓小平文选》第 2 卷，人民出版社 1994 年版，第 313 页。

的现阶段仍然离不开商品经济，并不矛盾。

理清邓小平开创的中国特色社会主义观与马克思的社会主义观的区别与联系，对于搞好我国的社会主义建设，科学总结和借鉴社会主义建设历史的曲折都具有极大的意义。邓小平关于"什么是社会主义，怎样建设社会主义，这个问题我们过去没有完全搞清楚"、"不解放思想不行，甚至于包括什么叫社会主义这个问题也要解放思想"等论断，引起了极大的关注。但是很多人对这句话的理解是偏颇的、断章取义的。有人认为邓小平否定了马克思主义的科学性，抛弃了马克思主义，否定了过去的社会主义，实际上，这句话及类似的话语被很多人曲解了。这些话语不是说马克思、恩格斯没有搞清楚什么是社会主义，也不是说马克思主义的后继者对马克思、恩格斯设想的未来社会的基本制度属性、基本特征没有搞清楚，而是说马克思主义者对现实社会主义建设中的具体实现方式及途径没有完全搞清楚。对邓小平的这一论断，要全面理解，不能流于片面、不能断章取义。

四 对斯大林的社会主义观的一点认识

在"传统社会主义观"和"新社会主义观"的提法中，如何认识斯大林的社会主义观受到重点关注并存在尖锐的对立观点。对于斯大林的社会主义观，有这样一种观点，就是认为斯大林的社会主义理念，并不是真正意义上的科学社会主义。有研究者认为，十月革命后，在苏联建立的制度是不符合科学社会主义本质要求的，斯大林按照他的社会主义观建立的社会主义。这种社会主义模式，无论是从政治还是从经济上看，与马克思主义经典作家的设想都相距甚远。[①] 有人认为，斯大林是社会主义理论

---

① 参见陆南泉《扬弃斯大林模式坚持走中国特色社会主义光明大道》，《探索与争鸣》2009 年第 2 期。

的最大误导者。斯大林所杜撰的社会主义理论和制度有许多是似是而非，经不起推敲的（如全民所有制、商品和价值规律等），却披上马克思主义的外衣，被后人误认为是"科学社会主义"和"社会主义基本制度"。斯大林创建社会主义所依据的理论，是早期的马克思主义，强调阶级斗争，无产阶级专政，将其空想的社会主义，从外部强加于社会，因而背离了历史唯物主义，脱离了本国实际，最后导致失败。斯大林主义不同于马克思主义，因而不能作为"科学社会主义"的内容。将斯大林所设置的社会主义制度，作为社会主义的基本制度来捍卫，既不符合马克思主义原理，脱离实际，又束缚了中国的发展。中国前30年和后30年的对比，足以证明斯大林所创造的社会主义制度已经成为历史。①理论界的纷乱认识显示出正确认识斯大林的社会主义观的基本内容，理清斯大林的社会主义观与马克思的社会主义观之间的异同，探寻斯大林在社会主义认识方面存在的问题，都是重要的理论问题。

本书认为，在理解和坚持马克思关于未来社会的科学预测上，斯大林虽然在某些方面存在偏差、片面甚至误解和错误，但斯大林的社会主义理论的核心和根本，仍然是马克思的科学社会主义理论，不能把斯大林的社会主义观与马克思的社会主义观对立起来。十月革命胜利后，苏联所建立的社会主义与马克思所设想的社会主义显然是不同的，二者之间存在着巨大的差异，而且，此种差异决不是短时间就能消除的。遗憾的是，斯大林忽视了这一区别，坚持马克思关于未来社会的科学预测并立即付诸苏联的建设实践。在斯大林那里，始终饱含着对社会主义理想的热烈追求，他高度关注社会主义目标，重视社会主义理想的实现。正因为斯大林坚持了马克思关于未来社会的预测，它在当时影响

---

① 参见何伟《突破对斯大林的"两个凡是"》，《探索》2009 年第 4 期；何伟：《"斯大林模式"今天怎样影响我们》，《炎黄春秋》2010 年第 8 期。

了党内大多数人，极大地调动了苏联人民的积极性，鼓舞人民为实现社会主义而奋斗，推动了国际共产主义运动的发展。

马克思关于未来社会的科学预测是社会主义革命和建设的理论指南，斯大林以实现马克思关于未来社会的科学预测为目标并没有问题，那么，斯大林在社会主义观上的问题在哪里呢？有一种说法是，斯大林没有搞清"什么是社会主义、怎样建设社会主义"这个基本问题。本书认为，没有搞清楚社会主义理想与社会主义现实的区别才是最根本的问题。斯大林在社会主义观上的一个主要问题是教条式地看待马克思关于未来社会的科学预测，机械地照搬了马克思关于未来社会的设想，急于在当时的苏联实现这一设想，没能处理好经济文化相对落后的国家在社会主义建设过程中理想与现实、目的与手段之间的关系，如斯大林宣布停止实行新经济政策，过急过快地推进工业化和农业集体化，从思想根源上看，就是想尽快建成他理想的社会主义。斯大林没有认识到马克思所设想的社会主义与苏联现实社会主义之间的巨大差异，事实上，现实社会主义在经济文化落后国家的首先胜利，带来了一系列的理论难题和现实难题，需要理论上的科学阐释和实践中的科学探索才能得以解决。而斯大林并未认识到这一点。

斯大林没有搞清楚苏联的社会主义与马克思的社会主义的差别，没能探索出一条建设现实社会主义的正确道路。斯大林脱离了苏联的具体国情，忽略了实现社会主义的诸多条件。在领导苏联开展社会主义建设的过程中，斯大林没有像列宁那样去寻找社会主义理想与社会主义现实之间的过渡环节，而是为了实现社会主义，一方面，降低了社会主义的标准，人为地缩短实现社会主义的历史进程；另一方面，采用了不恰当的手段，不顾生产力发展水平比较低下的现实，试图用不断变革生产关系的办法来推动社会主义的实现。斯大林追求尽快实现理想社会主义，坚持超越发展阶段的发展战略，不能客观、冷静地探讨经济文化相对落后国家建设社会主义的规律，导致实践中急躁冒进等一系列"左"

的做法。在这样的指导思想下的发展战略虽然在一定的历史时期内取得了巨大成就，在一定程度上促进了生产力的发展，但积累了相当多的问题。

世界社会主义运动的曲折昭示了处理好科学原则与现实情况的合理结合的重要性。斯大林违背现实生产力的发展状况，过快过急地追求理想社会主义的实现所造成的问题，显示了在现实社会主义建设中如何看待社会主义理想，如何解决现实社会主义面临的问题关系重大。社会主义制度首先在经济文化相对落后的国家建立，造成了马克思关于未来社会的科学描述与现实的社会主义制度并不符合，这种现实是造成许多理论问题和现实问题的重要原因。由于现实的社会主义并不是在发达的资本主义国家实现的，如果机械教条地照搬马克思对未来社会的论述，仅按照理论原则和理想来建设现实社会主义，必然会导致脱离本国的国情和超越社会主义的发展阶段。社会主义建设的历史表明，在经济文化不发达的基础上建立起来的社会主义国家，长期以来未能正确认识它所处的发展阶段，脱离客观实际，超越生产力的发展程度去追逐社会主义理想的实现，是它们没有能够充分发挥社会主义制度的优越性，以致在与资本主义的较量中渐渐败下阵来的一个重要原因。

五　毛泽东社会主义观与邓小平 社会主义观的一脉相承

一些时间以来，毛泽东的社会主义观与邓小平的社会主义观被一些人割裂甚至对立起来，亟须澄清。有人认为毛泽东的社会主义观是不符合当代现实的"传统社会主义观"，邓小平的社会主义观是创造性的"新社会主义观"、"现代社会主义观"，突破了"传统社会主义观"关于社会主义基本特征的描述，两者存在根本区别。这种观点认为，"传统社会主义观"关于社会主义的认识——公有制、计划经济、按劳分配、无产阶级专政——有很大的弱点，必须用发展生产力、发展市场经济、实行多种所有制经济并存和实现共同富裕的"现代社会主义观"或"新社会主义观"取而代之。毛泽东的"传统社会主义观"的问题在于把一些空想的、僵化的、抽象的观念当作社会主义原则加以坚持，等等。这些观点反映出对科学社会主义理论的否定、对毛泽东思想的否定和对邓小平理论的错误理解。毛泽东与邓小平在对生产力、公有制、计划经济、按劳分配、政治与经济的关系等方面的认识并不存在根本不同。毛泽东与邓小平始终坚持马克思主义关于未来社会的科学理论和基本认识，二者是一脉相承的。对于这些基本认识的坚持与追求构成了毛泽东和邓小平社会主义观的基本内容。

在社会主义观上将毛泽东与邓小平对立，扰乱了人们的思想，搅乱了人们对社会主义的制度规定性和发展规律的认识。对毛泽东社会主义观与邓小平社会主义观的区别与联系进行深入研究，有助于从理论上回应各种错误思潮对毛泽东思想和邓小平理论的曲解与误导，有助于科学认识中国社会主义建设的历史与现实，坚定马克思主义的科学信念。

（一）关于所有制

在所有制问题上，毛泽东的确存在过追求"一大二公三纯"，试图割掉"资本主义的尾巴"，追求又大又公，即规模大、公有化程度高，并认为"一大二公三纯"的所有制形式是实行"两个过渡"的最好形式。他认为通过不断提高生产资料的公有程度，就能够加快走向共产主义的步伐，人民公社是由社会主义过渡到共产主义的最好形式。在这方面，毛泽东的主要问题在于过早地要求"使生产资料的社会主义所有制成为我国国家和社会的唯一的经济基础"①，而没有估计到其他所有制在很长的时期中

---

① 《建国以来重要文献选编》第 4 册，中央文献出版社 1993 年版，第 702 页。

存在和发展的必然性与必要性。

有人认为邓小平的社会主义观突破了对公有制的坚持，超越了毛泽东。事实上，邓小平不是抛弃了基本制度特征去认识社会主义，而是超越了仅仅从基本制度特征去认识社会主义的片面性错误，增加并突出了社会主义的物质基础这个方面，从而全面地反映了社会主义本质。认为邓小平不再将社会主义与生产资料公有制联系在一起，这是对邓小平的歪曲。任何社会都是以一定的制度体系为表征的，特别是基本的经济、政治制度承载着社会的本质要求，反映着社会的本质属性。社会主义是维护和实现社会主义整体利益、为所有社会成员更好地创造生存和发展条件的社会制度。建立和完善公有制，是实现和维护社会整体利益的制度基础。这不是人为的设定，而是社会发展规律的客观要求。生产资料所有制是区别社会形态、代表社会性质的根本标志和制度特征。没有公有制，就没有社会主义；放弃公有制，就等于放弃了社会主义。但公有制的实现程度和实现形式，要同生产力发展的基本状态相适应，才有利于促进生产力的发展。毛泽东的失误在于超越社会发展阶段，跨越生产力发展的实际水平，急于推进生产关系的变革。邓小平从我国社会主义初级阶段的实际出发，确立了以公有制为主体、多种所有制经济共同发展的基本经济制度。这一基本经济制度，反映了社会主义初级阶段的生产关系，是对毛泽东时期社会主义建设经验的科学总结。建设和发展中国特色社会主义，既要毫不动摇地巩固和发展公有制经济，又要毫不动摇地鼓励、支持和引导非公有制经济发展，这是邓小平的明确要求。邓小平多次强调坚持公有制的主体地位，是我国必须坚持的社会主义根本原则。早在改革开放之初，邓小平就说过："过去行之有效的东西，我们必须坚持，特别是根本制度，社会主义制度，社会主义公有制，那是不能动摇的。"① 把公有制排除在社会主义

---

① 《邓小平文选》第 2 卷，人民出版社 1994 年版，第 133 页。

本质之外，无论在理论上还是在实践中都是极其有害的。

（二）关于经济体制

在经济体制问题上，毛泽东曾认为计划经济是社会主义经济体制，商品经济和市场经济是资本主义。毛泽东主观上是想实行共产主义高级阶段在产品经济的基础上实现的计划经济，但是实践证明，把经济文化相对落后的现实社会主义等同于不存在商品货币关系的未来共产主义阶段是脱离实际的。经济文化相对落后国家的现实决定了发展商品经济和市场经济是解放和发展生产力的有效途径。邓小平认识到，多年的实践证明，只搞计划经济会束缚生产力的发展，社会主义和市场经济之间不存在根本矛盾。在中国社会主义建设的初期，计划经济曾取得过巨大的成就，但"多年的经验表明，要发展生产力，靠过去的经济体制不能解决问题。所以，我们吸收资本主义中一些有用的方法来发展生产力。现在看得很清楚，实行对外开放政策，搞计划经济和市场经济相结合，进行一系列的体制改革，这个路子是对的"[1]。邓小平认为，中国发展市场经济是社会主义利用这种方法来发展社会生产力。"不要以为，一说计划经济就是社会主义，一说市场经济就是资本主义，不是那么回事，两者都是手段，市场也可以为社会主义服务。"[2] 邓小平从现实中国的生产力发展的需要来认识市场经济，把市场经济定位为发展生产力的一种手段，他并没有否定计划。实行计划与市场的有机结合是邓小平社会主义市场经济理论中非常重要的内容。邓小平指出："计划与市场的关系问题如何解决？解决得好，对经济的发展就很有利，解决不好，就会糟。"[3] 把计划经济和市场经济结合起来，就更能解放生产

---

① 《邓小平文选》第3卷，人民出版社1993年版，第149页。

② 同上书，第367页。

③ 同上书，第17页。

力，加速经济发展。在这一点上，毛泽东与邓小平的区别只在于对于现实中国社会主义建设所采用的经济体制方式的不同。

（三）关于改革的政治方向

"突出政治"与"突出经济"被有的人视为毛泽东的社会主义观与邓小平的社会主义观的根本区别。有人甚至认为，毛泽东只讲政治，邓小平只讲经济。事实上，邓小平始终注重改革的政治方向，他说："在经济问题上，我是个外行，也讲了一些话，都是从政治角度讲的。比如说，中国的经济开放政策，这是我提出来的，但是如何搞开放，一些细节，一些需要考虑的具体问题，我就懂得不多了。"[①] 邓小平提出"三个有利于"，即各项工作都要把有利于发展社会主义社会的生产力，有利于增强社会主义国家的综合国力，有利于提高人民的生活水平，作为总的出发点和检验标准。正是在邓小平的带领下，中国社会生产力快速发展，人民生活水平迅速提高，取得了举世瞩目的成就。

把改革开放、解放思想归结为不问"姓社姓资"，这是对邓小平思想的严重歪曲。在任何社会里，生产力总是在一定生产关系中发展的，发展经济始终有一个在什么所有制基础上、依靠谁、为了什么目的而发展的问题，也就是说，始终有一个政治方向的问题。邓小平肯定并继承了毛泽东从生产关系、社会制度角度认识中国的基本判断，认为当代中国最为突出的优势是社会主义制度的确立，社会主义制度在中国已经显示了它推动生产力发展和社会进步的优越性。邓小平在党的十一届三中全会上，把党的工作中心转移到经济建设上，同时又提出了"一个中心，两个基本点"的党的基本路线，因此决不能把邓小平理论、党的基本路线归结为"突出经济"。邓小平认为，中国的改革开放如果离开了坚持四项基本原则，就没有根，没有方向，这是一个很重要

---

① 《邓小平文选》第3卷，人民出版社1993年版，第77页。

的问题。改革伊始，他就提出"四个坚持"："我们要在中国实现四个现代化，必须在思想政治上坚持四项基本原则。这是实现四个现代化的根本前提。这四项是：第一，必须坚持社会主义道路；第二，必须坚持无产阶级专政；第三，必须坚持共产党的领导；第四，必须坚持马列主义、毛泽东思想。"① 邓小平再三强调，到什么时候都要讲政治。他认为只讲"四化"，不讲社会主义，就忘了事情的本质，也就离开了中国的发展道路，他说："我多次解释，我们搞的四个现代化有个名字，就是社会主义四个现代化。我们实行开放政策，吸收资本主义社会的一些有益的东西，是作为发展社会主义社会生产力的一个补充。"② 中国特色社会主义正是坚持了社会主义的政治方向，才不断前进。邓小平从一开始就说得很清楚，怕社会主义走邪路而不开放，就不可能发展社会主义；而看不到开放可能带来的消极因素，也就是"西化"、"分化"的后果并加以克服，就不是我们所说的改革开放。"历史经验教训说明，不开放不行。开放伤害不了我们。我们的同志就是怕引来坏的东西，最担心的是会不会变成资本主义。恐怕我们有些老同志有这个担心。搞了一辈子社会主义、共产主义，忽然钻出个资本主义来，这个受不了，怕。影响不了的，影响不了的。肯定会带来一些消极因素，要意识到这一点，但不难克服，有办法克服。你不开放，再来个闭关自守，五十年要接近经济发达国家水平，肯定不可能。"③

毛泽东的社会主义观为什么会遭到这么多的否定，其问题在哪里？如何理解这些问题？需要认真研究。对于毛泽东的社会主义探索应当给予科学的评判，在"历史与现实的观照下，我们应当对于毛泽东思想中的一些观点的现实价值与意义给予科学的评

---

① 《邓小平文选》第2卷，人民出版社1994年版，第164—165页。

② 《邓小平文选》第3卷，人民出版社1993年版，第181页。

③ 同上书，第90页。

价与估量：既不是拔高，并以此来低估当代中国的马克思主义；也不是贬低，避免从历史源流的角度动摇中国共产党的旗帜"①。

马克思关于未来社会的科学预测是以高度发达的生产力、社会化大生产和充分发展的商品经济为前提的。在这样的前提下，主张未来社会实行公有制，消灭以私有制为基础的市场经济，消灭商品和货币关系。如果脱离这些前提，仅从马克思主义创始人论述的字面去理解，难免产生误解和教条主义。毛泽东对马克思关于未来社会所有制、经济运行机制、分配方式的构想，既有正确的继承、发展，也有教条化的理解和搬用。毛泽东晚年在领导社会主义建设过程中出现的失误，有的是对经典作家思想的误解甚至曲解，忽视了马克思主义科学体系的严整性，对某些论述断章取义；有的是对经典作家的思想作了教条化的理解，忽视了马克思主义的实践性和开放性，脱离了客观实际。毛泽东把马克思提出的一些关于未来社会的设想教条化神圣化，忽视了这是以生产力高度发达的资本主义社会为前提条件和客观基础的，而我国是一个经济文化相对落后的国家。毛泽东对社会主义建设的长期性和艰巨性认识不足，特别是对当时应当建设什么样的社会主义缺乏清醒的认识，表面看来我们的社会主义实践是在以马克思主义为指导，有理有据，但实际上已经自觉不自觉地出现了把马克思主义教条化，出现了对马克思主义、社会主义的错误理解。对于新生不久的人民共和国来说，社会主义是一件崭新的事业，出于一种美好的愿望，党和人民迫切希望迅速改变中国一穷二白的落后面貌。毛泽东带领全党发动了"大跃进"；实行了"一大二公"、"政社合一"的人民公社模式；实行取消计件工资和奖金，限制商品生产与流通渠道的平均主义政策；取消农村家庭副业和多种经营，取消个体经济，在城乡大割"资本主义尾巴"。毛泽

---

① 陶德麟、何萍主编：《马克思主义哲学中国化的理论与历史研究》，北京师范大学出版社 2011 年版，第 489 页。

东的社会主义观存在理想化和教条化的问题。毛泽东晚年没有坚持实行符合国情的路线和政策，而是估计过高，急于过渡，这些教训应该作为马克思主义中国化过程中的曲折，以历史唯物主义的态度加以总结，而不能因此彻底否定毛泽东的成就。毛泽东社会主义观方面存在的问题，不在于像某些人所理解的，以生产资料公有制、计划经济、按劳分配为目标，坚持了马克思关于社会主义的基本原则和方向，而是在于在条件不成熟、不具备的情况下，脱离实际地推行了这方面的内容。在毛泽东时期，这些原则只是实行得不合时宜，过于超前，并不是说这不是马克思主义社会主义观的基本内容。

毛泽东关于社会主义的探索形成了一系列正确的和比较正确的理论观点和方针政策，也有一些正确的思想主张并未在当时的实践中一以贯之地坚持下去，有的甚至还一度形成了严重的背离。但是，对待毛泽东的失误，不能走向对马克思的社会主义观的否定，走向对毛泽东的社会主义观的否定，肯定邓小平理论的开创性贡献，不能以否定毛泽东思想为基础。"什么叫社会主义，什么叫马克思主义？我们过去对这个问题的认识不是完全清醒的。"[①] 邓小平的这段话是从反对教条化、僵化地理解社会主义的角度提出的，并不是否定马克思主义，否定毛泽东思想，否定社会主义建设的历史。邓小平理论与毛泽东思想在本质上是统一的，统一于马克思主义的基本原理，统一于中国社会主义建设的伟大实践。在如何认识毛泽东的社会主义观与邓小平的社会主义观的关系问题上，理论界存在着一些误解甚至错误理解，一些人为了突出邓小平理论而否定毛泽东思想，最终走向了对马克思主义的否定。

以邓小平的社会主义观贬低甚至否定毛泽东的社会主义观会瓦解马克思主义。一些人为了突出邓小平理论的价值，为了强调

---

① 《邓小平文选》第 3 卷，人民出版社 1993 年版，第 63 页。

中国特色社会主义理论的发展及创新，就把邓小平社会主义观与毛泽东社会主义观简单地对立起来，这种认识，一方面，反映出由于实践和认识发展的复杂性，一些人不自觉地以形而上学的态度对待马克思主义理论及其历史发展；另一方面，也反映出一些人是有意制造两者的对立以达到瓦解马克思主义的整体科学性的目的。对于这一问题，必须有清醒的认识，进行科学的剖析。有研究者这样评价："邓小平的伟大之处在于他纠正历史错误的时候，没有从一个极端走向另一个极端。邓小平肯定和继承了毛泽东从生产关系、社会制度角度认识国情的基本成果，认为当代中国国情另一重要方面是社会的性质，最为突出的优势是社会主义制度的确立，社会主义制度在中国已显示了它推动生产力发展和社会进步的优越性。"① 这是有道理的。

　　毛泽东和邓小平坚持和捍卫了马克思主义的社会主义观，保证了社会主义建设事业始终高举马克思主义的伟大旗帜。毛泽东的社会主义观贯穿了科学社会主义的基本原则和基本精神。邓小平开创的中国特色社会主义理论体系是随着中国特色社会主义道路的开创逐步形成的，也是在总结毛泽东探索社会主义建设的经验教训基础上发展起来的，它既包含着对毛泽东社会主义建设思想的继承，也更多地体现着对毛泽东社会主义建设思想的超越，但是这种超越不是另起炉灶。毛泽东的社会主义观与邓小平的社会主义观是一脉相承的，都来源于马克思、恩格斯的社会主义观，是科学社会主义在中国不同历史时期的传承，都是马克思主义的基本理论形态。作为同一个理论体系发展而来的不同的理论成果，毛泽东与邓小平的社会主义观并没有原则性的差异。

　　有学者这样阐释了关于社会主义观的认识："马克思、恩格斯和列宁的社会主义经济制度观及其公式＝完全社会所有制＋完

---

① 杨军：《邓小平社会主义观再探》，中国社会科学出版社 2010 年版，第 74 页。

全社会按劳分配＋完全计划经济。那种认为列宁主张社会主义有商品生产和商品交换的看法是不精确的，因为列宁与马克思和恩格斯一样，强调在从资本主义社会向社会主义社会过渡的时期，才存在商品货币关系。而斯大林和毛泽东降低了社会主义的经济制度标准，其社会主义经济制度观及其公式＝两种公有制＋货币型按劳分配＋商品型计划经济。""马克思主义经典作家关于进入社会主义起点标志的不同观点，属于三种科学社会主义及其经济制度观。由于划分标准的独特性，因而狭义的三种科学社会主义观都是可以成立的，各个社会主义国家可以自由选择（越南实行'定向社会主义的市场经济'，就选择了马、恩、列这种社会主义观），并不妨碍广义社会主义的建设和改革。不过，我们没有必要用其中的一种理论去有意贬低或否定另外两种理论，因为它们属于划分标准的分歧，而非社会发展本质和最终方向的区别。中国特色社会主义关于初级社会主义经济观的真正贡献，在于共产党执政后不是急于消灭市场经济和私有制，而是有效地利用它们去为社会主义服务。"① 这也是全面认识社会主义观问题的一个视角。

六　坚持科学的马克思主义社会主义观

中国社会主义建设的理论一脉相承，而不是用所谓"新"马克思主义取代"传统"的马克思主义。"传统社会主义观"、"现代社会主义观"、"新社会主义观"这些提法把邓小平开创的中国特色社会主义同马克思列宁主义、毛泽东思想对立起来，其根本错误就在于否定了科学社会主义理论的统一性。

第一，制造"传统社会主义观"与"新社会主义观"的对立是对马克思主义的误读。

---

① 《程恩富选集》，中国社会科学出版社2010年版，第190—191页。

社会主义观是对社会主义的本质认识。本质从根本上说明了社会主义这个事物，或者说从根本上区别了社会主义与其他社会形态的差别。如果社会主义的本质改变了，就不能称其为社会主义了。马克思主义的社会主义观，是关于社会主义的理论体系，是关于社会主义及其发展规律的总的看法和基本观点，这样一些基本观点、基本原则，反映了社会主义的一般规律和普遍原则，只要是搞社会主义，无论过去、现在和将来，都必须坚持这些根本原则，没有也不能有什么"传统的"和"新的"区分。

如果"什么是社会主义"可以随各国的现实状况和需要随意定义的话，那样的社会主义是毫无意义的。马克思关于未来社会的科学描述，应当是现实社会主义国家进行革命和建设的理论指南。由于当前世界上的社会主义国家并不具备实现这些特征的条件就篡改马克思关于未来社会的科学理论是错误的。如果各讲各的社会主义，马克思主义的指导必将落空，社会主义建设也会迷失方向。在社会主义观问题上似是而非甚至错误的认识必然导致对马克思主义基本理论的曲解、歪曲及否定，最终影响对马克思主义指导地位的坚持和捍卫。

第二，"传统社会主义观"与"新社会主义观"的划分，反映了理论片面迎合现实的问题，而片面的迎合会导致对马克思主义理解的混乱。

一些人的"新社会主义观"，以现实社会主义进程中实际达到的社会经济状态来对比、检验马克思，把一定发展阶段的对社会主义的认识作为标准，用来检验、评判社会主义。有的人简单地把现实中的社会主义与马克思讲的社会主义相对比评判，以为既然我们已经是社会主义了，那么马克思就是空想。比如，一些论者认为新经济政策的实施表明列宁的社会主义观发生了根本改变，就是他们以现实社会主义来剪裁列宁的社会主义观。由于现实社会主义需要商品经济，有人就把列宁在新经济政策时发展商品货币关系的思想说成是改变了马克思的计划经济思想，从而认为列宁的社会主义观发生了改变。还有一些论者从中国今天的现实需要出发来谈论社会主义，凡是我们今天现实生活中存在的或者仍然需要的，就认为是永远存在的，比如中国现阶段存在的多种经济成分和商品货币关系；凡是我们今天暂时不能完全实现的，就认为是社会主义不应该有的，比如公有制、计划经济。有研究者也注意到了这种现象："人们往往根据现实生活来评判理论。拿现实生活中存在的矛盾和问题来贬低甚至否定马克思的科学理论，比如经常有人说马克思没有预料到社会主义还有多种经济成分和商品经济等等。这就是说，人们在实践中既不遵从马克思，然而出了问题又常常归罪于马克思。本来是科学的理论，却被一些人无端地斥为过时的教条；本来是科学巨匠，却遭受极端的不公。"① 在这样的评价标准下，马克思主义的社会主义观自然就被改变或否定了。我认为，这样的认识是错误的，混淆了现实社会主义与马克思的社会主义，导致人们越来越搞不清什么是社会主义了。我们要看到社会主义理想的实现需要一个长期的过程，期间必然经历不同的发展阶段，现实社会主义正是在这样的发展过程中迈向理想社会主义的一个阶段，不能从社会主义发展过程的角度，用对现实社会主义的认识，混淆、取代甚至否定马克思的社会主义观。

第三，片面强调实践，会导致对马克思主义理论的指导意义的否定。

有人认为，应当从现实实践出发，不应当从抽象原则出发去看待社会主义。这种说法貌似有理，但言下之意却是，坚持马克思的社会主义观就是从抽象原则出发，这就否认了马克思社会主义观的科学性，否认了马克思主义对现实中国的解释力；这就是认为只能从中国社会主义建设实际出发来谈论社会主义，否则就

---

① 石镇平：《关于什么是社会主义的探讨》，《马克思主义研究》2009 年第 4 期。

会使社会主义变成空想。这种强调只有实践才能出真知，认为要根据现实的发展来判定社会主义的观点，有其合理性，但也存在局限。如果说思想认识必须等实践完全证明才能称其为科学的合理的，那么，思想理论有什么作用？理论研究又有何用？社会主义是一种崭新的社会制度，而一种新制度从产生、发展到完成其历史任务通常要经历数百年的时间。在这漫长的现实发展过程中，作为马克思主义者，我们没有必要也不能苛求马克思为我们今天的现实社会设计详尽的具体方案。同时，如果把他们的理论当成现成的公式来剪裁现实，那么，结果也会使他们的理论没有任何理论价值和实际价值。而单靠实践和现状来认识社会主义，必然会产生这样的问题：或者拔高现实社会主义，把现实社会主义往马克思设想的未来社会"靠"；或者从现实社会主义出发剪裁马克思，把马克思设想的未来社会解释成现实社会主义的样子。这两种作法都是错误的。这种单靠实践和现状来认识社会主义必然会导致说不清楚什么是社会主义。

第四，在社会主义观问题上，不能以发展为名篡改甚至否定马克思主义。

在如何认识马克思的社会主义观问题上，有这样一种看法，就是认为马克思的社会主义观产生于 19 世纪，而现在人类社会已经进入 21 世纪，实践是不断发展的，人的认识也是不断发展的，所以对社会主义的看法也应该是不断发展的，因此今天的人们不应该拘泥于马克思对社会主义设想，而应该与时俱进地发展马克思的社会主义理论。的确，社会主义在实践中必然会碰到许多新问题，马克思主义理论不应该是凝固不变的，而应随着实践的发展而发展，但是，它的发展是在自身基础上的自我丰富，自我更新，自我发展，是一个一脉相承的发展过程，而不是用所谓"新"马克思主义取代"传统"的马克思主义。如果将马克思的社会主义观看成是过时的、落后的，应当突破、抛弃，那样的发展将注定是对马克思主义的背离。

　　中国特色社会主义理论，比较系统地初步回答了在中国这样一个经济文化比较落后的国家如何建设、巩固和发展社会主义的一系列基本问题，用新的思想、观点继承和发展了马克思主义，也就是说，这种发展是以坚持马克思主义为前提的，是在马克思主义的基础上一脉相承的发展，而不是割断历史、另起炉灶的发展，它和马克思主义的关系，是继承和发展的关系，而不是所谓"传统"和"新"的关系。可以看出，在社会主义观问题上，存在着以发展为名篡改或否定马克思主义的问题，应当反对那种认为社会主义的标准是动态的，对于一些与马克思主义经典作家在社会主义认识上不一致的地方，就统统称为"发展"的做法。马克思主义的社会主义观当然需要发展，但是，真正的发展应该是在坚持的基础上发展，如果连坚持都谈不上又怎么能够称得上发展呢？

　　马克思、恩格斯一再申明他们的理论是发展的理论，而不是必须背得烂熟并机械地加以重复的教条，同时，过头的发展也不是马克思、恩格斯所赞同的。回顾历史，苏联和中国都曾经历过不顾生产力的现实状况而急于建成社会主义的时期，其结果使社会主义制度的优越性得不到充分体现，社会主义事业经历了曲折坎坷，这是社会主义建设进程中的深刻教训，但是，用含混不清的"新社会主义观"取代马克思主义的社会主义观，也会犯错误，从而有悖于社会主义方向的坚持，以致最终影响社会主义的建成。

参考文献

著 作

《马克思恩格斯选集》第1—4卷，人民出版社1995年版。

《马克思恩格斯专题文集》（十卷本），人民出版社2009年版。

《列宁全集》第1—60卷，人民出版社1984—1990年版。

《列宁选集》第1—4卷，人民出版社1995年版。

《列宁全集补遗》（1），人民出版社2001年版。

《列宁专题文集》（四卷本），人民出版社2009年版。

《斯大林全集》第1—13卷，人民出版社1953—1958年版。

《斯大林选集》（上、下卷），人民出版社1979年版。

《斯大林文集》（1934—1952），人民出版社1985年版。

《邓小平文选》第1—3卷，人民出版社1993—1994年版。

田改伟主编：《马克思恩格斯列宁斯大林论民主》，中国社会科学出版社2015年版。

贺瑞：《列宁主义与新民主主义》，人民出版社2015年版。

顾玉兰：《列宁帝国主义论及其当代价值》，社会科学文献出版社2015年版。

尹彦：《党内高层民主的设计》，厦门大学出版社2015年版。

顾玉兰：《列宁主义及其当代价值研究》，中国社会科学出版社2014年版。

赵纪梅：《列宁苏维埃制度建设思想及其现实意义研究》，中国社会科学出版社 2014 年版。

李文峰：《早期西方马克思主义对列宁政治哲学的思考》，中国社会科学出版社 2014 年版。

贾淑品：《列宁、卢森堡、考茨基与伯恩施坦主义》，人民出版社 2013 年版。

何萍：《在社会主义的入口处：重读列宁〈国家与革命〉》，人民出版社 2013 年版。

余源培：《政治是一种艺术：重读列宁〈共产主义运动中的"左派"幼稚病〉》，人民出版社 2013 年版。

刘维春：《列宁帝国主义论的再理解》，社会科学文献出版社 2013 年版。

田文峰、刘从德：《列宁帝国主义理论及其当代价值研究》，中国社会科学出版社 2013 年版。

顾训宝、刘从德：《列宁执政党学习思想研究》，中国社会科学出版社 2013 年版。

向祖文：《苏联经济思想史：从列宁、斯大林到戈尔巴乔夫》，社会科学文献出版社 2013 年版。

曹浩瀚：《列宁革命思想研究》，中央编译出版社 2012 年版。

俞敏、李小珊：《列宁后期重要著作与理论创新》，人民出版社 2012 年版。

张慕良：《列宁民主集中制奥秘初探》，中央编译出版社 2012 年版。

张晓忠：《列宁全球化思想及其中国化研究》，人民出版社 2012 年版。

张士海：《列宁主义观：历史流变研究》，山东大学出版社 2012 年版。

韦定广：《后革命时代的文化主题——列宁文化思想研究》，人民出版社 2011 年版。

王昌英：《列宁时代观研究》，中央编译出版社 2011 年版。

张国安：《列宁法治思想研究》，知识产权出版社 2010 年版。

吴恩远：《苏联史论》，人民出版社 2007 年版。

苑秀丽：《理想与现实：列宁的两制关系思想及当代启示》，新华
　出版社 2007 年版。

程恩富主编：《马克思主义经济思想史》（五卷本），中国出版集
　团东方出版中心 2006 年版。

李延明：《马克思恩格斯的未来世界——科学共产主义原理》，安
　徽人民出版社 2006 年版。

李慎明主编：《历史的风——中国学者论苏联解体和对苏联历史
　的评价》，人民出版社 2007 年版。

宋士昌主编：《科学社会主义通论》，人民出版社 2003 年版。

陆南泉：《苏联兴亡史论》（修订版），人民出版社 2004 年版。

陈之骅等主编：《苏联兴亡史纲》，中国社会科学出版社 2004
　年版。

邢广程：《苏联高层决策七十年》，世界知识出版社 1998 年版。

陈之骅主编：《苏联史纲（1917—1937）》，人民出版社 1991
　年版。

陆南泉等主编：《苏联国民经济发展七十年》，北京机械工业出版
　社 1988 年版。

张建华著：《俄国史》，人民出版社 2004 年版。

张光明：《社会主义由西方到东方的演进——从马克思到邓小平
　的社会主义思想史考察》，云南人民出版社 2004 年版。

曹长盛主编：《苏联演变进程中的意识形态研究》，人民出版社
　2004 年版。

江流、陈之骅主编：《苏联演变的历史思考》，中国社会科学出版
　社 1994 年版。

黄宗良、孔寒冰：《社会主义与资本主义关系：历史、理论与评
　价》，北京大学出版社 2002 年版。

黄宗良主编：《社会主义与资本主义两制关系史论》，红旗出版社
　1993 年版。

吕有志等编：《并存与斗争——社会主义与资本主义》，浙江大学
　出版社 2002 年版。

严书翰等：《经济全球化条件下的资本主义与社会主义关系》，当
　代世界出版社 2003 年版。

边鹏飞等：《反思与求索——当代资本主义和社会主义发展进程
　若干问题研究》，中国社会科学出版社 2004 年版。

刘建飞：《美国与反共主义——论美国对社会主义国家的意识形
　态外交》，中国社会科学出版社 2001 年版。

张泽森、田锡文：《20 世纪的资本主义和社会主义》，中国言实
　出版社 2005 年版。

叶宗奎等编：《国际共产主义运动简史》，中国人民大学出版社
　1987 年版。

何宝骥编：《国际共产主义运动史》，辽宁人民出版社 1985 年版。

徐善广编：《国际共产主义运动史》，湖北教育出版社 1985 年版。

周作翰等主编：《国际共产主义运动史》，湖南大学出版社 1986
　年版。

李慎明主编：《2006 年：世界社会主义跟踪研究报告——且听低
　谷新潮声》，社会科学文献出版社 2007 年版。

靳辉明主编：《社会主义的历史·理论·前景》，社会科学文献出
　版社 2004 年版。

刘金质：《冷战史》，世界知识出版社 2003 年版。

周作翰等主编：《国际共产主义运动史》，湖南大学出版社 1986
　年版。

高放主编：《国际共产主义运动通史教程》，北京师范大学出版社
　1986 年版。

邓介曾等主编：《当代国际共产主义运动史新编：1945—1987》，
　西南交通大学出版社 1988 年版。

黄安淼、严宜生、杜康传主编：《当代国际共产主义运动》，中国
　　人民大学出版社 1991 年版。

向青等主编：《苏联与中国革命：1919—1949》，中央编译出版社
　　1994 年版。

林军：《俄罗斯外交史稿》，世界知识出版社 2002 年版。

赵明义：《当代社会主义》，山东大学出版社 2001 年版。

吴江：《社会主义资本主义沟通论》，中国社会科学出版社 2003
　　年版。

俞良早：《东方视域中的列宁学说》，中央党校出版社 2001 年版。

俞良早：《关于列宁学说的论争》，中央党校出版社 2006 年版。

俞良早：《创论“东方列宁学”》，南京师范大学出版社 2004
　　年版。

张云飞：《跨越“峡谷”——马克思晚年思想与当代社会发展理
　　论》，人民出版社 2001 年版。

靳辉明、荣剑：《超越与趋同——马克思的东方社会理论及其当
　　代思考》，中国人民大学出版社 1988 年版。

赵尚东：《跨越峡谷：马克思东方社会发展设想与中国特色社会
　　主义》，西北大学出版社 2000 年版。

孙来斌：《“跨越论”与落后国家经济发展道路》，武汉大学出版
　　社 2007 年版。

赵家祥、丰子义：《马克思主义东方社会理论的历史考察和当代
　　意义》，高等教育出版社 2002 年版。

彭大成：《列宁的社会主义观》，湖南师范大学出版社 2002 年版。

沈志华主编：《苏联历史档案选编》，社会科学文献出版社 2002
　　年版。

杨家荣主编：《苏联怎样利用西方经济危机》，世界知识出版社
　　1984 年版。

樊亢主编：《苏联社会主义经济七十年——苏联经济发展史》，北
　　京出版社 1992 年版。

刘克明等主编：《苏联政治经济体制七十年》，中国社会科学出版社 1990 年版。

邢书纲主编：《苏联是怎样引用和利用西方资金和技术的》，上海三联书店 1988 年版。

〔苏〕安·安·葛罗米柯主编：《和平共处——苏联对外政策的列宁主义方针》，生活·读书·新知三联书店 1965 年版。

〔苏〕基里林主编：《国际关系和苏联对外政策史》（1917—1945），中国社会科学出版社 1990 年版。

〔苏〕特鲁哈诺夫斯基编：《国际关系和苏联对外政策史（1917—1939）》第一卷，世界知识出版社 1965 年版。

〔苏〕依·弗·伊瓦辛等：《国际关系与苏联对外政策（1917—1924）》，中国人民大学出版社 1955 年版。

〔苏〕波梁斯基等主编：《苏联国民经济史》，生活·读书·新知三联书店 1964 年版。

〔法〕夏尔·贝特兰：《苏联国内阶级斗争（1917—1923）》，上海人民出版社 1975 年版。

〔苏〕阿赫塔姆江等合编：《苏联对外政策编年史（1917—1978）》，商务印书馆 1983 年版。

〔俄〕罗伊·梅德韦杰夫：《让历史来审判——论斯大林和斯大林主义》，东方出版社 2005 年版。

〔苏〕谢瓦尔德纳泽等：《苏联外交反思》，世界知识出版社 1989 年版。

〔俄〕米·谢·戈尔巴乔夫：《戈尔巴乔夫回忆录》，社会科学文献出版社 2003 年版。

〔俄〕米·谢·戈尔巴乔夫：《戈尔巴乔夫言论选集》，人民出版社 1987 年版。

〔美〕小杰克·马特洛克：《苏联解体亲历记》，世界知识出版社 1996 年版。

〔俄〕瓦·博尔金：《戈尔巴乔夫沉浮录》，中央编译出版社 1996

年版。

［苏］伊·费·伊瓦辛：《苏联外交简史》，商务印书馆 1995 年版。

［苏］阿赫塔姆江等合编：《苏联对外政策编年史（1917—1978）》，商务印书馆 1983 年版。

［俄］雅科夫列夫主编：《新经济政策是怎样被断送的》，人民出版社 2007 年版。

［苏］梁士琴科：《苏联国民经济史》，人民出版社 1960 年版。

苏联科学院经济研究所编：《苏联社会主义经济史》，生活·读书·新知三联书店 1979 年版。

论　文

陈世珍：《马恩通信中的唯物史观和社会主义观》，《前线》2015 年第 8 期。

王进芬、雷芳：《列宁"政治遗嘱"中党内民主思想的文本解读》，《科学社会主义》2015 年第 1 期。

鞠立新：《论列宁晚期关于全面改革的思想与实践及其重要启示》，《毛泽东邓小平理论研究》2015 年第 6 期。

彭进清、聂智：《对列宁社会主义经济建设与管理思想发展阶段划分的几点看法——兼对流行观点的商榷》，《湖南师范大学社会科学学报》2015 年第 3 期。

彭进清：《列宁提出了社会主义商品经济思想吗》，《求索》2015 年第 6 期。

蔡亚志：《列宁关于党的纯洁性思想及其当代价值》，《马克思主义研究》2015 年第 2 期。

姜春磊：《列宁金融资本理论的再诠释——基于〈帝国主义是资本主义的最高阶段〉的文本源流》，《南京政治学院学报》2015 年第 5 期。

蔡潇：《西方国际关系流派视阈中的列宁帝国主义理论》，《科学
　社会主义》2015 年第 4 期。

石伟：《组织的"集中"与思想的"民主"——列宁主义政党纪
　律的价值张力及其和解》，《社会主义研究》2015 年第 3 期。

苑秀丽：《马克思主义国家学说的战斗性》，《马克思主义研究》
　2015 年第 8 期。

苑秀丽：《社会主义建设的开创性探索——列宁〈论粮食税（新
　政策的意义及其条件)〉研读》，《思想理论教育导刊》2015
　年第 6 期。

冯颜利、姚元军：《列宁无产阶级专政思想及其当代价值》，《马
　克思主义研究》2015 年第 7 期。

刘维春：《民主的陷阱——西方马克思主义、后马克思主义对列
　宁民主思想的历史回应》，《洛阳师范学院学报》2015 年第
　7 期。

周尚文：《列宁在处理农民问题上的矛盾和纠结》，《社会科学》
　2015 年第 11 期。

朱继东：《列宁对马克思主义意识形态理论的发展及其当代启
　示》，《理论探索》2014 年第 5 期。

苑秀丽：《新经济政策与列宁社会主义观》，《马克思主义研究》
　2014 年第 6 期。

姜安：《列宁"帝国主义论"：历史争论与当代评价》，《中国社
　会科学》2014 年第 4 期。

苑秀丽：《社会主义观的一脉相承——从毛泽东思想到邓小平理
　论》，《郑州师范教育》2014 年第 3 期。

苑秀丽：《列宁关于社会主义的基本思想及其重大现实意义——
　读〈列宁专题文集·论社会主义〉》，《思想政治教育研究》
　2014 年第 6 期。

刘文杰、周向军：《列宁的马克思主义观》，《山东大学学报》
　（哲学社会科学版）2013 年第 4 期。

李述森：《论列宁的马克思主义观》，《理论学刊》2013 年第 7 期。

苑秀丽：《"传统社会主义观"与"新社会主义观"评析》，《马克思主义研究》2013 年第 8 期。

有林：《重读列宁关于新经济政策的论述》，《思想理论教育导刊》2012 年第 10 期。

李媛：《当代视野下的列宁和列宁主义》，《文汇报》2010 年 5 月 31 日。

姚开建：《列宁关于资本主义的论述及其当代意义》，《马克思主义研究》2010 年第 11 期。

张兴茂：《列宁关于社会主义的思想及其当代意义》，《马克思主义研究》2010 年第 12 期。

刘同舫：《列宁的辩证唯物主义和历史唯物主义思想及其当代意义》，《马克思主义研究》2010 年第 12 期。

龚云：《列宁的马克思主义思想及其当代意义》，《马克思主义研究》2010 年第 12 期。

徐崇温：《社会民主主义—民主社会主义：历史、理论和现状》，《马克思主义研究》2007 年第 4 期。

侯惠勤：《意识形态的变革与话语权》，《马克思主义研究》2006 年第 1 期。

周新城：《一个事关我国走什么道路的大问题——评谢韬〈只有民主社会主义才能救中国〉》，《马克思主义研究》2007 年第 4 期。

王振华：《后冷战时期国际关系中的意识形态因素》，《世界社会主义研究》2006 年第 3 期。

薛汉伟：《新经济政策的内在矛盾和历史命运》，《当代世界社会主义问题》1996 年第 2 期。

李屏南：《论马克思主义社会主义观的与时俱进》，《社会主义研究》2003 年第 4 期。

葛霖生：《论列宁斯大林时期的苏联经济发展战略》，《俄罗斯中亚东欧研究》1982 年第 2 期。

坚毅：《列宁斯大林的概括与马克思恩格斯的本意——对人类社会历史发展规律的再认识》，《理论月刊》1999 年第 7 期。

马龙闪：《斯大林与列宁晚年的改革思想》，《东欧中亚研究》2001 年第 4 期。

梅传声：《对斯大林社会主义观的若干反思》，《社会主义研究》2004 年第 4 期。

杨玲：《斯大林对社会主义的认识与列宁之差异》，《理论探讨》2005 年第 4 期。

高玉生：《西方技术与苏联经济》，《世界知识》1983 年第 10 期。

高健生：《正确认识和利用资本主义的基本前提及其实践意义》，《社会科学》1992 年第 8 期。

柳光青：《苏联利用西方经济危机的特点》，《国际展望》1983 年第 22 期。

杨文达、李忠诚：《苏联与西方的经济关系》，《现代国际关系》1984 年第 2 期。

关贵海：《科技因素对苏联经济的影响》，《当代世界与社会主义》2003 年第 5 期。

徐天新：《论苏联在二战结束前后的对外政策》，《世界历史》1995 年第 5 期。

郑异凡：《对新经济政策的不同诠释及其命运》，《当代世界与社会主义》2005 年第 6 期。

姜汉斌：《苏联的农业集体化并非执行了列宁的合作社计划》，《世界历史》1988 年第 1 期。

姜长斌：《论从新经济政策到全盘集体化的转变》，《史学集刊》1984 年第 3 期。

陆南泉：《当今中国应对苏联剧变思考些什么问题》，《探索与争鸣》2011 年第 12 期。

刘书林：《社会主义的"苏联模式"与中国特色社会主义》，《思想理论教育导刊》2009 年第 3 期。

陆南泉：《苏联剧变的根本原因和中国应吸取的教训》，《当代世界社会主义问题》2011 年第 3 期。

赵耀：《列宁晚年社会主义思想的三重涵义》，《马克思主义研究》2000 年第 3 期。

赵耀：《列宁新经济政策的基本思路》，《理论前沿》1999 年第 6 期。

石镇平：《重新解读列宁的新经济政策》，《烟台大学学报》2004 年第 7 期。

俞敏：《新经济政策与列宁的科学价值观》，《江汉论坛》2005 年第 5 期。

朱旭红：《论列宁的社会主义价值观》，《马克思主义研究》1999 年第 2 期。

柳植：《在小生产占优势的国家怎样建立社会主义的经济基础？——学习列宁著作的笔记》，《陕西师大学报》1979 年第 4 期。

王力军：《论列宁在新经济政策时期的国家资本主义思想》，《济南大学学报》2009 年第 1 期。

胡增文：《新经济政策：列宁稳定社会的重大政策举措》，《湖北社会科学》2008 年第 1 期。

唐宝林：《马克思主义在中国的曲折历程——兼论两种马克思主义观》，《广东党史》1999 年第 1 期。

高继文：《论中国特色社会主义与苏联模式的关系》，《理论学刊》2011 年第 4 期。

黄宗良、肖枫、俞邃、季正矩、王瑾：《热话题与冷思考——关于苏联剧变 20 周年若干问题的对话》，《当代世界与社会主义》2011 年第 4 期。

石振平：《为马克思的社会主义观辩护：论马克思社会主义观的

科学性及当代价值》,《马克思主义研究》2010 年第 9 期。

外文部分

Jane Degras. Soviet documents on foreign policy, London: Oxford University Press, 1951 – 1953.

United States Department of State. Papers relating to the foreign relations of the United States, 1919. The Paris Peace Conference Volume I, Washington, D. C. U. S. Government Printing Office, 1919.

E. Malcolm Carroll, Frederic B. M. Hollyday. Soviet communism and Western opinion, 1919 – 1921. Chapel Hill : University of North Carolina Press, 1961.

Abernon, Edgar Vincent. 1857 – 1941, The eighteenth decisive battle of the world : Warsaw, 1920, London : Hodder and Stoughton, Ltd. 1931.

后　　记

　　本书是我主持的一项国家社会科学基金项目的最终成果的丰富和完善。关于这一问题的最早思考和写作可以追溯到 2006 年《理想与现实——解读列宁的社会主义观》(《当代世界与社会主义》2006 年第 1 期) 一文。这篇文章的写作是对当时学术界一个较为流行的观点的不同思考。在这之后就有了国家社会科学基金项目：列宁的社会主义观及当代启示的成功申报。

　　本书在写作之初颇为艰难，经过了反复的、认真的思考。在较为全面地了解了学术界的认识，在自己的思想中较为全面地理清了思路的基础上，才开始了写作。在写作过程中，面对学术界一些人的不清楚、人云亦云让我颇为感慨。这使我认识到正本清源地进行马克思主义基本理论研究十分必要，也是每一个马克思主义理论研究者的职责所在。

　　在写作的过程中，我一次次地为列宁的思考所折服，也为自己不能穷尽文献而焦虑，再一次不想完成这本书，再一次不想出版。所幸的是，经过不断的思考，我自己对这一问题取得了较为深入的认识，感觉这本书的写作基本上达到了自己的目的，从目前来看，也算是比较圆满吧。希望这本书能够推动对列宁的社会主义观的理解。

　　在本书的写作过程中，我参考了很多国内外学者的研究，从中吸取了有启发的观点，参考了有价值的材料，引用了有价值的论述。在写作过程中，我尽力将所参考的论著、观点和材料列出，但是，疏漏一定难免。若有理解和引用的不准确，还请有关专家学者批评指正，并向各位专家学者致以真挚的感谢。由于本人水平的限制，在一些问题上的表述难免不够周密、严谨，恳请专家学者批评指教。

在本书的写作过程中，得到很多专家、朋友和亲人们的支持和关注，在此表示深深的感谢！其中特别需要感谢的是我亲爱的儿子璨璨。自孩子出生以来，爸爸妈妈的亲昵陪伴让他快乐幸福地成长。只是在本书的最后修改过程中，陪伴孩子的时间不得不减少，孩子的成长是很快的，我也一直很珍惜。愿在未来的美好时光中，妈妈和儿子一起快乐相伴！

苑秀丽

2016 年 1 月 1 日